용어로 이해하는

질적연구방법

홍영숙 · 강이화
김동민 · 김한별 · 박승민
오영범 · 이동성 · 이현주 · 정상원 · 조재성 공저

QUALITATIVE RESEARCH METHODS
UNDERSTOOD THROUGH TERMINOLOGY

학지사

머리말

2014년 한국의 질적 연구 확산을 위하여 출범한 한국질적탐구학회는 2024년 학회 창립 10주년을 맞이하며 춘계학술대회를 통해 지난 10년의 학회 활동을 회고하고 앞으로의 활동을 기약하였습니다. 한국질적탐구학회는 현재 복합학 분야 질적 연구 관련 학술지 인용지수 1위를 기록하고 있으며, 학술대회 참가인원 및 학술지 투고/게재 편수 등을 고려할 때에도 한국의 명실상부한 질적 학회로 성장하였습니다.

19세기까지 거슬러 올라가 서구에서 시작된 질적 연구가 한국에 처음 소개된 것은 1990년대 이후였으며, 그 시점에 서구인문사회과학계의 질적 연구는 이미 주류적 연구방법으로 자리매김을 하고 있었습니다. 한국의 초기 질적 연구는 양적 연구가 주류인 학계 환경과 질적 연구 지도자의 절대적 부족으로 질적 연구물의 생산이 미미하다가 2010년대 중반에 이르러 전세계적인 주류적 질적 연구에 대한 인식 확산과 더불어 질적 연구자 인구가 매우 빠르게 신장하였습니다. 현재는 질적 연구에 관심을 지닌 연구자가 점점 더 늘고 있고 아울러 질적 연구물의 생산도 확연히 증가함을 볼 수 있는데, 연구의 수행과정 및 연구물 작성의 질(quality)에 있어서는 전반적으로 아직 미흡함이 많이 발견됩니다. 좋은 질적 연구물의 생산을 위해서는 연구방법론에 대한 이론적·철학적 바탕에 대한 이해가 우선되어야 합니다. 그러나 한국 사회과학계의 맥락에서 질적 연구방법의 근간에 대한 이해를 공부할 수 있는 창구는 그리 많아 보이지 않고, 연구자 개인이 수많은 질적 연구방법론 각각을 제대로 공부하기에는 시간적 측면에서 너무 암담할 수 있기에 한국질적탐구학회에서는 『용어로 이해하는 질적 연구방법』이라는 이 책의 출판을 기획하였습니다. 질적 연구방법은 그 철학적 바탕을 품고 있는 주요 용어들로 이론화되어 방법론으로 정립됩니다. 따라서 주요 용어의 이해는 그 연구방법론에 대한 이해로 연결된다고 할 수 있습니다.

경험 탐구를 통한 인간 이해를 목적으로 출발한 질적 연구는 시간이 흐르면서 다양한 질적 연구방법으로 발전하였습니다. '인간 경험의 이해'라는 본질적 목적에서는 정확히 일치하는 질적 연구방법들이 경험 탐구에 대한 이론적·인식론적 접근에서만 약간의 차별성을 띠며 분화된 것입니다. 어떤 연구 주제를 가지느냐에 따라 어떠한 질적 연구방법을 적용할지가 정해지게 됩니다.

『용어로 이해하는 질적 연구방법』에서는 10가지 질적 연구방법을 다루며 총 10장으로 구성되어 있습니다. 각 장을 크게 둘로 나누어, 앞에는 해당 연구방법론에 대한 간략한 개관, 뒤에는 주요 용어 해설로 구성하였습니다. 각 장의 제목과 집필은 다음과 같습니다.

01 근거이론(박승민)
02 내러티브 탐구(홍영숙)
03 문화기술지(이동성)
04 사례연구(김한별)
05 생애사 연구(강이화)
06 실행연구(조재성)
07 초상화법(이현주)
08 포토보이스(오영범)
09 합의적 질적 연구(김동민)
10 현상학적 질적 연구(정상원)

이 책의 출판 목적이 궁극적으로 연구자들이 논문을 효율적으로 빠르게 작성하는 데에 도움을 주기 위함은 분명합니다. 그러나 각 질적 연구방법 용어의 이해는 본질적 이해와 실천을 추구하는 연구방법론의 이해로 연결됨을 확신하였기에 출판을 결정할 수 있었습니다. 이 책을 통해 연구자들에게 단지 논문 작성의 도구로서의 연구방법에 대한 이해가 아니라, 인간 경험에 대한 관념과 정신이 바탕이 되는 연구방법론에 대한 이해로 이어지기를 염원합니다.

2025년 12월

한국질적탐구학회 학회장 홍 영 숙

차례

01

근거이론

1 근거이론 개관

근거이론(Grounded Theory) 방법은 삶의 현장에서 일어나는 다양한 현상을 설명하는 기초적 · 실체적 이론을 그 현상을 경험한 사람들의 체험 자료를 중심으로 생성해 내는 것에 초점을 두는 질적 연구방법 중 하나로, 이 방법론을 개발한 Glaser와 Strauss(1967)에 의해 처음 학계에 소개되었다. 근거이론 접근은 특정 현상에 대한 기초적 이해가 필요할 때, 그 이해의 요소들에 대해 현장의 목소리 또는 자료를 가지고 하나의 초기 이론 또는 소이론으로 구성하는 것을 목적으로 하는 연구 주제에 활용된다. 즉, 어떤 특정한 상황과 관련된 현상을 추상적이고 분석적인 도식으로 이론을 형성하거나 발견하는 데 있다. 이러한 상황은 시간이 흘러감에 따라 그 상황에 놓여 있는 개인이 경험하는 다양한 상호작용, 즉 개인과 개인 간의 상호작용뿐만 아니라 개인과 집단, 개인과 그 상황을 둘러싼 맥락 등과의 상호작용의 과정을 거쳐 흘러가는 양상을 띤다. 이처럼 특정한 현상에 대해서 사람들이 어떻게 행동하고 반응하며 상호작용하는가를 깊이 있게 연구하기 위해, 연구자는 면접 자료를 수집하고, 현장에 직접 참여하고 관찰하는 등의 다양한 질적 자료를 최대한 두텁게 수집한다. 수집된 자료를 가지고 연구자는 범주를 발전시키고 연결 지어, 이론적 가설을 진술하거나 이론적 모형을 제시하는 과정을 거친다(Creswell & Poth, 2018). 이때 연구 참여자들의 주관적 경험 세계를 읽어 내거나, 그대로 기술하거나 또는 해석하는 것에서 더 나아가, 연구 결과로서 구성된 가설적 이론이 최대한 독자들에게 보편적으로 이해되거나 설득력을 가지도록 연구 결과를 체계적으로 구성하여 제시하려고 노력한다. 때문에 근거이론 접근은 그 특징상 여타 다른 질적 연구방법들에 비해 자료 분석과 결과 제시에 있어 체계성을 더 강조하는 것으로 인식되기도 한다(박승민, 2017).

근거이론 방법론의 탄생 배경 및 변천사를 간단히 살펴보기로 한다. 앞서 언급한 대로, 근거이론 방법론의 시작은 사회학자 Glaser와 Strauss가 후기 실증주의와 상징적 상호작용 이론을 철학적 바탕으로 하여 발전시킨 질적 연구방법에 관한 결과물을 1967년에 『근거이론의 발견(The Discovery of Grounded Theory)』이라는 책으로 출판하면서부터로 본다. Strauss는 질적 연구에 있어 오랜 역사와 전통을 가진 미국 시카고 대학교에서 석·박사 졸업을 하였다. 그는 상호작용주의, 실용주의 그리고 Dewey의 경험주의의 영향을 받았다. 그의 스승인 Blumer(1969)의 저술들은 후에 Strauss가 근거이론 방법론을 개발하는 데 큰 영향을 끼쳤으며, 근거이론 방법론 개발에 있어 중요한 이론적 기반인 상징적 상호작용론은 Blumer의 스승이었던 George Herbert Mead에 의해 주창되었다. 사회학과 심리철학을 넘나들며 연구하고 가르쳤던 Mead(1934)는 『마음, 자아 그리고 사회(Mind, self and society)』라는 저서에서, 인간은 어떠한 사건에 반응하기 전에 그 의미가 이미 그 개인의 마음속에 구축되며, 개인은 자신과 관련하여 다른 사람의 태도를 추정하고 예측하는 능력이 있기 때문에 인간의 상호작용을 해석하고 통제하는 데 있어 그 개인의 마음이 어떤 역할을 하는지에 관심을 가져야 한다고 주장했다.

Glaser는 미국 컬럼비아 대학교에서 박사학위를 받았으며, 처음에는 양적 연구방법의 영향을 받았으나, 박사학위 취득 후 1960년에 캘리포니아 샌프란시스코 주립대학교에서 Strauss가 수행하는 대형 연구 프로젝트에 박사 후 연구원으로 참여하면서 질적 분석에 관심을 갖게 된다. 이때 산출된 결과물이 『죽음에 대한 인식(Awareness of Dying)』(1965)이다. 이를 통해 Glaser는 어떤 현상에 대해 개념을 밝히고, 발전시키고 연관시키기 위해 자료 간의 비교가 필요하다는 것을 인식하게 되었다. 실증적 연구를 강조하는 컬럼비아 대학교의 학문적 전통의 영향을 받았지만, Glaser 역시 이론 개발을 위한 경험적 자료의 수집, 그리고 그 자료들의 지속적 비교가 질적 연구를 하는 데 있어 중요한 부분이라고 여겼다(Glaser & Strauss, 1967).

이와 같은 배경에 더하여, Glaser와 Strauss는 기존 사회학 분야의 선험적인 이론적 접근을 비판하면서 사회 속 인간의 삶의 현장에서 일어나는 여러 현상을 그 사회 구성원이 제공하는 다양한 자료를 통해 이해하고, 그 결과물을 지식과 개념 등을 포함한 하나의 이론적 구조로 귀납적으로 정리되어 제시하는 것에 초점을 두었다. 그리고 이렇게 도출된 이론은 다시 삶의 현상을 이해하고 현장의 문제를 해결하는 데 적용될 수 있다고 보았다. Glaser와 Strauss는 특히 현장(field)에서 나타나고 경험된 일련의 일 또는 사건들에 주목하고, 특정 현상이 일어난 바로 그 현장에 있는 사람들의 행동, 상호작용, 사회적 과정 등에 대해 수집된 '자료에 근거한 이론(theory grounded in data)'이 바로 그 현상을 보다 체계적으로 이해하는 데 도움이 된다(Glaser & Strauss, 1967)는 점을 강조하였다.

이후에 Strauss는 상징적 상호작용론에 보다 관심을 가지고 근거이론 방법의 체계적 절차를 다듬고 발전시켜 나갔다. Blumer(1969)는 사회 안에서 일어나는 현상들은 개인과 사회 간의 상징적 의사소통을 통해 이해할 수 있다는 것을 기본 전제로 삼았다. 이러한 전제는 Strauss로 하여금 사회에서 일어나는 삶이란 하나의 과정이고, 사건의 연속으로 이해할 수 있기 때문에 인간의 행동에 있어서도 항상 변하는 상황과 과정의 연속을 통해서 이해할 수 있다고 보는 관점을 자료 분석 절차에 도입하는 것에 영향을 주었다. 그리고 사회의 구성원인 인간이 의식하는 새로운 의미와 행위도 타인 또는 맥락 등 여러 조건과의 직간접적인 상호작용 과정 속에서 나타나며, 따라서 과정을 이해하는 것이 중요하다고 보았다. 이에 따라, 이후 Strauss는 Corbin과의 공동 작업을 통해 자료 수집과 분석을 위해서는 다음의 여덟 가지를 철학적 전제로서 고려해야 한다고 주장하였다.

첫째, 실제로 진행되고 있는 것을 발견하기 위해 현장으로 나아갈 필요가 있다는 것, 둘째, 학문의 발전 및 사회적 활동의 기초로서 자료에 근거한 이론의 관련성 및 적절성이 중요하다는 것, 셋째, 인간 행동과 현상은 매우 복잡하고 다양하다는 것, 넷째, 개인은 문제적 상황에 대응하여 적극적 역할을 배운다는 것, 다섯째, 개인은 의미라는 기초위에 행동한다는 것, 여섯째, 의미는 상호작용을 통해 정의 및 재정의된다는 것, 일곱째, 사건과 과정이 가진 발전과 전개되는 본질에 대한 민감성이 필요하다는 것, 여덟째, 조건, 행동, 결과 간의 상호관계에 대한 인식이 연구에 중요하다는 것이다(Strauss & Corbin, 1998: 박승민, 2017 재인용).

이러한 전제는 인간이 주변과의 상호작용을 통해 성장해 간다는 실용주의적 관점에 토대를 둔 것으로, 실제적이고 더욱 현장 중심의 연구를 강조하는 쪽으로 이 방법론을 발전시키는 데 영향을 주었다.

한편, 근거이론 방법론을 Strauss와 함께 탄생시킨 Glaser는 이후 연구 절차의 체계성 및 기법을 보다 강조하는 Strauss와 심각한 견해 차이를 갖게 되면서 갈라서게 되었다. Glaser는 1992년 발간한 『근거이론 분석의 기초: 글레이저의 방법(Basics of Grounded Theory Analysis: Emergency vs. forcing)』의 상당 부분을 할애하여, Strauss가 Corbin과 함께 작업하여 출판한 『근거이론의 단계(Basics of Qualitative Research: Grounded Theory Procedures and Techniques)』의 내용을 특히 조목조목 비판하였다. 특히 Strauss가 사회적 실재의 복잡성을 하나의 선형적이고 형식적인 기법과 절차로 제한해 버렸으며, Strauss가 축코딩 절차에 포함시킨 코딩 패러다임(coding paradigm)은 연구자가 선입견적으로 또 이론적으로 코딩된 개념들을 강제적으로 엮어 분석하는 것이라고 비판하였다(Glaser, 1992). 이와 같은 이견 끝에, Strauss와 Glaser는 의견 차이를 좁히지 못하고 각자의 철학적 기반 및 분석 절차 측면에서의 강조점을 달리하여 각자 방법론을 발전시켰다.

이후 두 사람의 제자인 Charmaz는 Glaser와 Strauss의 방법이 모두 객관주의를 바탕으로 한 방법이라고 보고, 사회 안에서 살아가는 연구 참여자들이 구성해 내는 현상과 그를 바탕으로 하여 도출된 이론의 의미가 주관성을 띨 수밖에 없다는 점에 주목하였다. Charmaz(2006)는 저서 『근거이론의 구성(Constructing Grounded Theory: A Practical Guide through Qualitative Analysis)』에서 지식은 사회적이고 상황적인 산물이며, 이 지식은 연구 참여자, 사회구조, 연구자, 연구자의 지위 및 상호작용 등 복잡한 과정들이 반영된, 참여자가 구성해 내는 것이라는 점을 강조하였다. 따라서 이를 전반적으로 바라보고 성찰하는 연구자의 역량이 중요하며, 연구 참여자들과 연구 과정에 미칠 수 있는 연구자의 영향력에 대한 반영성을 강화해야 한다고 본다.

Charmaz(2006, 2009)의 구성주의 근거이론의 기본 전제는 다음 세 가지로 요약된다.

첫째, 자료는 여러 차원의 실재와 그들 간의 상호작용을 통해 모이며, 참여자와 연구자가 이를 토대로 공동으로 구성해 가는 것이다. 이 과정에서 참여자뿐만 아니라 연구자의 가치, 우선성, 지위, 행위가 자료를 바라보는 관점에 영향을 끼칠 수 있다. 둘째, 사회 안에서 살고 있는 구성원들이 제공하는 자료에 더하여 산출된 근거이론은 그 이론이 독자들과 연구 참여 당사자들에게 얼마나 신뢰를 받을 수 있는지, 도출된 이론이 얼마나 독창적이라고 받아들여지는지, 독자들과 얼마나 공명(resonance)하는지, 그리고 실제 현장에서의 유용성이 어떠한지에 대해 점검해 보아야 한다. 셋째, 자료 분석에 있어서는 연구자와 참여자가 함께 공명하는 존재로서 자료를 함께 구성해 나가며, 이러한 과정이 분석에까지 이어진다는 것을 인정한다.

이상 살펴본 바와 같이, 근거이론 방법론은 그 발전사에 있어 큰 흐름을 주도한 세 학자의 견해의 공통점과 차이점을 가지고 있으며, 특히 자료 분석 절차에서 차별성을 지니고 있다. 따라서 연구자 스스로가 자신의 연구에 적용할 때에는 연구 주제와 연구 목적, 그리고 어떤 강조점을 지닌 방법을 적용하는 것이 연구 주제의 구현에 적합한지를 잘 검토하여 결정하는 것이 중요하다. 국내 사회과학 분야의 경우, 근거이론을 활용한 연구들은 주로 Strauss와 Corbin의 방법론을 가장 많이 사용하는 것으로 보고되고 있다(김수진, 2024; 김지은, 2019; 변기용, 권경만, 이현주, 홍바울, 2020; 양홍식, 김현주, 2020; 최정희, 2023). 이러한 경향은 방법론적 편리성, 특히 질적 연구를 처음 시작하거나 경력이 짧은 연구자들의 입장에서는 마치 가이드라인을 제시하듯이 친절하고도 체계적으로 절차를 안내하고 있는 Strauss와 Corbin의 방법이 훨씬 더 쉽고 편리해 보이기 때문에 더 높은 선호로 이어지는 것으로 이해된다. 물론 실제 연구에 돌입하게 되면 Strauss와 Corbin의 방법이 결코 쉬운 방법이 아님을 곧 깨닫게 되므로, 이 방법론에서 소개하고 제시하고 있는 용어의 의미와 적용에 대해 정확한 학습과 이해가 필요할 것이다.

2 근거이론 주요 용어 해설

이 절에서는 주로 자료 분석과 관련된 용어를 중심으로 설명하기로 한다.

이론적 민감성theoretical sensitivity

이론적 민감성은 근거이론과 자주 연관되는 용어로서, Glaser(1978)가 근거이론 방법에 대해 쓴 책의 제목이기도 하다. 이론적 민감성은 연구자의 개인적 자질을 의미하는데, 수집된 자료의 미묘한 뉘앙스와 의미를 지각하고 구분할 수 있는 능력이다. 연구자는 어떤 방면의 경험과 이전의 독서량에 따라 각기 다른 정도의 민감성을 가지고 연구 상황에 접근할 수 있다. 연구 과정 동안 그 민감성은 더욱 발전할 수도 있다. 질적 연구를 수행할 때 가장 중요한 문헌 고찰의 목적도 연구자의 '이론적 민감성'의 증진일 것이다. 또한 이론적 민감성은 연구자가 연구의 엄격성에 위협이 될 수 있는 잠정적 편견을 막는 방법이기도 하다(Schreiber & Stern, 2001). Strauss와 Corbin(1990)은 이론적 민감성이 통찰력이라는 자질로 연관되며, 자료에 의미를 부여하고 이해할 수 있는 능력, 관련이 있는 것과 없는 것을 구분해 낼 수 있는 능력이라고 정의하였다. 따라서 이론적 민감성을 지닌 연구자는 개념적으로 밀도 있게 잘 통합된 이론을 자료를 통해 발전시킬 수 있다고 보았다.

이처럼 연구자의 이론적 민감성 함양과 증진을 위해 문헌 고찰이 유용하게 활용될 수 있다. 이론적 민감성은 다양한 자료로부터 얻을 수 있는데, 정기적으로 발간되는 학술지, 서적, 연구 보고서 등과 같은 다양한 종류의 이론과 기록들을 포함한다. 이러한 문헌들을 접하면서, 이를 배경으로 연구하고 있는 현상과 함께 진행되고 있는 것을 '세밀하게 감지하고 예리하게 볼 수 있는 능력'을 갖게 된다(Strauss & Corbin, 1990).

이론적 민감성을 키우는 또 하나의 방법은 연구자가 연구 주제와 관련된 전문적 경험(professional experience)을 쌓는 것이다. 한 분야에서 몇 년 동안 실습하면서 경험을 축적한 사람은 그 분야의 일이 어떻게 돌아가는지, 그리고 어떤 상황에서는 무슨 일이 어떤 이유 때문에 발생하게 되는지를 알 수 있다. 이러한 지식은 설령 명확하지 않아도 연구 과정에 적용해 보고, 듣고 경험하는 일들을 이해하는 데 도움을 준다. 전문 분야의 경험이 많을수록 연구에 사용할 수 있는 기본 지식과 통찰력은 더욱 풍부해질 수 있다. 반면, 이러한 경험 때문에 오히려 '편견'이 생길 수도 있다는 것을 경계해야 할 것이다.

연구자의 개인적 경험(personal experience) 또한 이론적 민감성을 키우는 경로가 된다. 예컨대, 고등학교 복교생의 학교생활 적응이라는 연구 주제는 만일 연구자가 자퇴 후 복학이라는 사건을 경험한 적이 있다면, 수집된 자료에 대해 훨씬 더 잘 이해하고 자료들 간의 민감한 차이를 잘 선별해 내는 '감(sense)'을 발휘할 가능성이 그렇지 않은 사람들보다 더 클 것이다. 분석의 과정에서도 이론적 민감성이 잘 발휘될 수 있다. 자료 분석 과정에서 발견되는 개념과 그 의미, 개념 간의 상호 연관성에 대해 더욱 민감해지는 것은 자료 선택과 자료 분석의 조화를 중요한 작업으로 만드는 데 기여할 수 있다.

이론적 표본추출theoretical sampling

이론적 표본추출이란 연구가 진행되는 동안 원 자료에서 연구 주제에 호응하는 개념을 발견하고, 이를 바탕으로 개념 간의 다양한 관계를 확인하거나 그 확인의 기회를 극대화하는 장소, 사람 및 사건을 통해 자료를 수집하는 것을 말한다(Corbin & Strauss, 2015). 이론적 표본추출의 기준이 되는 개념은 입증된 이론적 관련성(proven theoretical relevance)이다(Strauss & Corbin, 1998). 즉, 코딩 절차를 통해 개념들이 모여 범주의 상태로 묶일 때에 중요하게 고려되는 것을 의미한다. 질적 연구에서의 이론적 표본추출과 양적 연구에서의 표본추출은 근본적인 차이를 갖는다. 양적 연구에서의 표본추출은 일반화를 위해 모집단을 대표하는 표본을 추출하는 것을 기본으로 한다. 따라서 무선표집이나 통계적 방법을 통해 표본을 추출하여 그 대표성을 확보한다. 즉, 대표성 확보를 위한 표집이 양적 연구에서 중요하게 여기는 부분이다. 반면, 근거이론에서의 이론적 표본추출의 목적은 '이론을 발견하고 확인하기' 위한 것에 초점을 맞춘다. 그리하여 처음 근거이론이 창안되었던 시점에는 유사함, 다양함, 최대화, 최소화 등의 세부 기준을 적용하여 표본을 추출할 것이 제안되기도 하였다(Glaser & Strauss, 1967).

Strauss와 Corbin(1998)은 코딩의 단계 및 목적에 따라 이론적 표본추출의 형태가 달리 이루어진다고 하였다. 첫째, 개방코딩 단계에서의 이론적 표본추출은 '개방적 표본추출'의 형태를 띠게 된다. 그리고 다시 세 가지 형태의 방법으로 할 수 있는데, 첫 번째 방법은 '의도적(purposefully)' 방법으로, 범주의 속성 및 차원과 관계 깊은 자료를 찾는 것에 초점을 맞춘다. 두 번째 방법은 '체계적(systematic)' 방법으로, 사람에서 사람으로, 장소에서 장소를 오가며 자료를 수집하는 것을 말한다. 세 번째 방법은 우연한 기회를 통해 자료를 발견하는 것이다.

둘째, 축코딩 단계에서의 이론적 표본추출은 개방코딩을 통해 발견한 범주들의 관계를 발견하고 근거를 확실히 하는 데 초점을 둔다.

셋째, 선택코딩 단계에서의 이론적 표본추출은 '변별적 표본추출(discriminate sampling)', 즉 연구 주제에 대한 답을 찾고 도출될 소이론의 핵심에 해당되는 결과를 도출한다는 측면에서 의미가 있다. 선택코딩의 목적은 이론을 형성하는 차원에 따라 범주를 통합하고 관계에 대한 통합과 진술의 근거를 확실히 하며, 더 보충이 필요한 범주를 메우는 것에 두기 때문이다.

지속적 비교constant comparison와 포화saturation

'지속적 비교'는 자료에서 도출된 개념과 범주들 또는 사건과 사건의 유사점과 차이점을 지속적으로 비교하면서 해당 개념과 범주의 새로운 의미 등을 발견하는 것을 뜻한다. 예컨대, 연구의 원 자료에서 이전에 코드화된 사건들과 개념적으로 유사하다고 발견되는 사건들은 동일한 개념적 명명이 주어지고 같은 코드 아래 놓인다. 코드 내 코드화된 각각의 새로운 사건에는 속성과 차원이 추가될 수 있다. 지속적 비교 절차는 개념 또는 범주의 포화와 밀접한 관련을 가진다. 즉, 원 자료에서 도출한 개념 또는 범주들이 포화될 때까지, 더 이상의 새로운 정보가 발견되지 않을 때까지 지속적으로 추가정보를 찾는 과정과 병행된다. 이를 위해 연구자는 '현장'에 수차례 방문하며 반복 면접을 하거나, 관련되는 자료들을 계속 추가적 · 반복적으로 수집한다. Creswell과 Poth(2018)는 범주의 포화를 위해 통상 20~30회까지의 면접을 할 것을 제안하기도 하였다. 현장을 몇 차례 방문해야 하는지는 정보의 범주들이 포화되었는지, 그리고 복잡한 이론이 충분히 정교화되었는지의 여부에 달려 있다.

Strauss와 Corbin의 분석 절차 및 방법

Corbin과 Strauss(2015)는 근거이론 방법이 가지는 특성에 대해, 첫째, 이론으로 구축된 개념은 연구 과정에서 수집된 자료로부터 도출되며, 둘째, 자료 수집과 분석이 상호 관련되어 있다는 점을 들었다. 초기 자료를 수집한 후 연구자는 자료를 분석하고, 분석에서 도출된 개념이 후속 자료 수집의 기초를 형성하게 되며, 이와 같은 방식으로 연구 과정 전반에 걸친 자료 수집과 분석은 지속적으로 순환하는 과정을 거쳐 가면서 최종 결과로 이어지게 된다고 설명한다.

근거이론 방법은 어떤 현상을 설명하기 위한 이론을 발전시키는 데 있어서, 현상에 적합한 개념들이 아직 확인되지 않고 개념 간의 관계에 대한 이해가 부족하거나, 특정한 현상에 적합한 변인과 그렇지 않은 변인들이 구체화되지 않은 경우, 기존의 이론적 기반이 갖추어지지 않은 분야들이나, 기존 이론이 있으나 수정되거나 명확히 해야 할 필요성이 있는 분야의 연구 주제에 적절하게 활용될 수 있다. 질적 연구는 양적 연구와 달리 연구에서 어떤 결과가 나올지 알 수 없는 상태에서 시작하며, 미리 가설을 정하고 검증하는 연역의 논리 흐름이 아니라, '알지 못하는 상태'에서 탐구하고 발견하며 그 발견물들을 토대로 최종 결론에 도달하는 귀납적 논리의 흐름을 갖는다. Strauss와 Corbin 역시 이론을 도출함에 있어 큰 틀에서는 귀납의 논리로 흘러간다는 점에 있어서는 같은 견해를 갖고 있다. 다만, 1990년과 1998년에 출판된 저서에 설명된 분석 절차에는 '개방코딩(open coding) → 축코딩(axial coding) → 선택코딩(selective coding)'이라는 비교적 체계적이고 명료한 절차가 소개되어 있으며, 특히 축코딩 과정에서 코딩 패러다임(coding paradigm)이라는 일종의 잠정적 분석 틀을 포함시켰다. 이 부분은 특히 Glaser(1992)에게 맹렬한 비판을 받았다. 하지만 질적 연구방법 자체가 갖고 있는 연구 절차의 모호성 및 유연성으로 인해 분석 과정에서 '길을 잃을지 모름'의 상태로 갈까 불안해하는 연구자들에게 이 코딩 패러다임이 좋은 길잡이 역할을 한다는 것도 사실이다. 저자의 견해로는 이러한 절차의 체계성과, 잠정적이라 하더라도 자료 이해에 도움이 되는 분석 틀의 제시, 그리고 각 코딩 절차별로 비교적 명확하게 안내가 되어 있다는 점이 많은 사회과학 분야 연구자가 지금도 Strauss와 Corbin의 방법을 선호하는 이유라고 생각된다. 즉, 연구 결과에 대한 예측이 설계가 명확하지 않고 예측하기도 어렵기 때문에 연구를 수행하는 데 있어 연구자의 판단력과 분별력이 매우 중요할 뿐만 아니라, 가설로서의 결과를 도출할 수 있는 보다 상세한 절차와 방법이 필요하다고 본 것으로 생각된다.

1) 코딩을 위한 전략

면담 등의 주된 자료들을 축어록으로 전사하는 원 자료화 과정이 끝나면, 본격적인 자료 분석 단계 '**코딩**' 작업에 들어간다. 자료코딩은 참여자가 지각하는 현상에 대한 '의미'를 찾기 위한 기본적 첫 과정이라 할 수 있다. 자료 분석 과정 전반에 걸쳐 사용되는 전략(Corbin & Strauss, 2015; Strauss & Corbin, 1990)을 요약하여 소개하면 다음과 같다.

(1) 질문하기

'질문하기'는 원 자료에 있는 참여자의 경험과 상호작용의 본질에 대해 여러 가능한 질문을 통해 살펴보는 것으로서, 모든 분석 단계에서 유용하다. 연구자는 질문을 통해 탐색을 하고, 임시 답을 생각하며, 기존의 상식적 틀 안과 밖에서도 생각해 봄으로써 자료와 보다 친숙해진다. 예컨대, 연구 참여자의 주변인들과의 상호작용 과정에 대해 '누가 반응을 하는가?' '어디에서, 어느 시점에서 반응이 교류되는가?' '반응의 특징은 무엇인가?' '얼마나 반응이 반복되었는가?' '왜 그 반응이 나타났는가?' 등의 육하원칙 질문을 하는 것이다. 이렇게 질문을 구체적으로, 상세하게 바라보는 작업은 자료를 보는 방식과 개념적인 질문을 형성하는 데 도움이 된다.

(2) 비교하기

'비교하기'는 지속적이고 체계적인 비교(constant and systematic comparison)와 이론적 비교(theoretical comparison)를 통해 수행된다.

① 지속적이고 체계적인 비교

연구 참여자 각각이 제시한 자료들을 서로 비교하고 대조하면서 분류하는 작업을 말한다. 이 과정에서는 연구의 대상이 되는 사건과 사건, 사물 대 사물 또는 참여자의 행위대 다른 참여자의 행위 등에 대한 비교분석이 이루어질 수 있다. 참여자 내 비교와 참여자 간 비교 또한 지속적 비교하기 과정 속에서 이루어질 수 있다. 참여자 내 비교란 특정 참여자의 자료로부터 도출할 특정 개념이 원 자료의 어느 부분에서 서로 연관되는지, 참여자가 이 개념을 일관되게 이야기하는지, 이 개념이 시간의 흐름에 따라 어떻게 변하는지 등을 살펴볼 수 있다.

참여자 내 비교와 참여자 간 비교의 예를 박승민(2017)이 소개한 예시와 함께 살펴보기로 한다. 참여자 내 비교의 예로서, 어떤 참여자의 축어록에서 도출한 개념 중 '불규칙한 생활'이 있다고 할 때 자료의 어느 부분에서 그런 연관성이 있는지, 이 참여자가 계속 같은 이야기를 하는지, '불규칙한 생활'이라는 주제가 시간의 흐름에 따라 어떻게 변하는지 등을 살펴볼 수 있다. 참여자 간 비교는 같은 개념이라도 참여자에 따라 그 내용, 양상과 정도가 어떻게 다르게 나타나는지를 살펴보는 것이다. 예컨대, 온라인게임 탈중독 참여자 A는 자발적으로 중독으로부터 벗어나고자 하는 변화 의지나 목표 의식이 강하게 형성되었는데, 주변 사람들이 자신의 게임 행동에 대해 걱정하는 모습을 보면서, 또 성적 저하를 경험하면서 스스로 결심을 하고 대안 행동을 찾는 등의 게임 양 줄이기 노력을 하였다. 반면, 변화의 의지나 목표 의식이 없거나 약하게 형성된 참여자 B는 부모의 강제적 인터넷 사용 제지라는 강력한 중재 요인에 의하여 게임 사용을 차단당한 후 주변과 자신을 돌아볼 수 있었다. 이러한 비교 과정을 통해, 연구자는 변화 의지가 언제 어떻게 형성되느냐에 따라 게임 행동 조절로 가는 과정에 본질적인 차이가 나타나게 됨을 알 수 있다.

② 이론적 비교

이론적 비교(theoretical comparative)를 통해서 범주에 대한 심화 분석을 할 수도 있다. 예컨대, 범주의 속성과 차원이 명확하지 않을 때 특정 범주를 이끌어 내기 위해서 유사하거나 다른 개념들과 비교를 시도하는 것이 여기에 해당된다. Strauss와 Corbin(1990)은 이론적 비교의 기법으로 플립-플롭 기법(flip-flop technique), 현상에 대한 체계적 비교, 붉은 깃발 흔들기(waving the red flag) 등의 방법을 제안하였다.

▶ 플립-플롭 기법

연구자가 분석한 개념을 마치 안에서 밖으로 뒤집거나 아래에서 위로 바꾸는 것처럼 연구의 대상인 사건, 사물, 행위, 상호작용을 이리저리 바꾸어 바라봄으로써, 연구자가 연구하고자 하는 현상에 대한 새로운 관점을 얻어 가는 방법을 말한다. 이렇게 함으로써, 원 자료로부터 도출한 개념의 다양한 변화와 이론적 타당성, 적용 범위, 예외성을 검토할 수 있다.

▶ 현상에 대한 체계적 비교

자료 안의 특정 사건을 분석함에 있어, 참여자가 보고한 경험 내용과 관련 문헌에 나와 있는 내용들을 비교함으로써, 그 사건의 의미를 보다 분명히 밝히는 작업을 말한다.

▶ 붉은 깃발 흔들기

연구 참여자들의 경험 자료들을 분석할 때 개입될 수 있는 연구자의 선입견, 신념 및 가정 등을 면밀히 검토하는 과정을 말한다. 연구자는 자료가 갖는 의미를 분석할 때 '왜'라는 질문을 던지지 않거나 혹여라도 '평소에, 일반적으로, 당연히 그러할 것이다.'라는 마음으로 임할 수 있다. 따라서 연구자는 이점을 늘 기억하는 것이 중요하며, 그런 생각이 들 때마다 마음속으로 '**붉은 깃발 흔들기**', 즉 '경계심을 가지고' 좀 더 포괄적이고 다양한 해석을 할 기회를 찾아야 한다. 이러한 과정을 거쳐 참여자가 자료를 통해 무엇을 말하고 있는지, 또 무엇을 말하고자 하는지에 대해 명확하게 이해할 수 있게 된다.

(3) 단어에 대한 다양한 분석

일반적으로, 단어(word)를 대할 때 그에 대한 일반적 사용이나 경험으로부터 추출된 의미를 부여하게 된다. 연구 참여자들로부터 나온 자료들을 구성하는 '단어'에 어떤 의미가 부여되어 있는지를 면밀하게 분석함으로써, 개념들을 보다 적정하게 발견할 수 있게 된다.

(4) 메모하기와 도표화하기

전체적인 자료 분석 과정에서 메모하기(memoing)와 도표화하기(diagramming)가 이용될 수 있다. 질적 연구를 시작할 때부터 자신만의 연구 노트를 마련하여 끊임없이 메모하고 기록하는 습관은 좋은 질적 연구를 하는 데 매우 필요한 요건이다. 메모는 분석 결과의 서면 기록으로서, 기술적인 메모의 기능은 근거이론의 형성에 핵심적인 역할을 하지만 메모의 목적이 어떻게 성취되는가 하는 것은 연구자의 상상력과 창의성에 달려 있다(김미영, 2001).

Strauss와 Corbin도 메모의 중요성에 대해 강조하면서, "연구자는 자료 분석 과정에서 계속적인 내적 대화에 몰입하고, 순간의 통찰과 아이디어를 계속 기록해야 한다."라고 설명한다. 질적 연구에서의 메모는 평상시 스케줄을 체크하거나, 기억을 떠올리는 데 활용하는 메모와는 성격이 다르다. 근거이론 방법에서의 메모와 도표화는 중요한 분석 도구로서 의미가 크다. 연구의 중요한 절차로서 메모를 하는 것이 처음에는 어색하고 서툴게 느껴질 수 있다. 그러나 어느 시점이 되어 때와 장소를 가리지 않고 연구 주제에 몰입하면서부터는 연상되는 생각이나 질문들을 짧게 적거나 질문에 연결되는 다른 질문들을 하는 등의 순간 포착 메모가 연구자 자신의 생각을 정리하고 결과적으로 연구자의 이론적 민감성 향상과 자료 분석 과정에도 도움이 될 수 있다.

도표(diagram)를 사용하여 압축된 결과를 표현하는 방법도 연구자가 범주 간의 관계와 작용/상호작용의 흐름을 파악하는 데 공헌을 한다. 개념 간의 관계 및 참여자 간의 상호작용을 보다 명확하게 가시화함으로써, 연구 결과를 통합하는 데 도움을 줄 수 있다. 특히 근거이론 방법을 적용한 연구물의 경우, 방대한 자료로부터 도출된 결과들을 한눈에 직관적으로, 또 일목요연하게 요약하기 위한 방편으로서 논문의 결과 부분에 도표화된 결과가 자주 등장하는 것을 볼 수 있다.

2) 자료 분석의 세부 단계

Strauss와 Corbin은 1990년에 발간된 『근거이론의 단계(Basics of Qualitative Research: Grounded Theory Procedures and Techniques)』 초판, 그리고 1998년에 발간된 같은 제목의 2판에서 분석의 절차를 개방코딩, 축코딩, 선택코딩의 세 단계로 설명하였다. Strauss의 타계 이후에는 Corbin이 주 저자로 2008년에 개정 3판을, 2015년에 개정 4판까지 발간하면서, 각 코딩 단계에서의 강조점 측면에서 약간씩의 변화된 부분들을 설명하고 있다. 예컨대, 3판과 4판에서는 분석에 있어 개방코딩 – 축코딩 – 선택코딩의 절차 및 각 코딩 절차에서의 분석 전략들을 초판과 2판에서처럼 마치 매뉴얼과 같이 설명하기보다는 각 코딩에서의 주요 강조 사항 및 분석 시 고려 사항들을 중심으로 설명하고 있다. 특히 4판에서는 연구를 통해 도출된 이론을 설명할 때 코딩 절차별로 도출된 결과들을 중심으로, 딱딱하고 기계적으로 기술하기보다는 연구자가 자료 분석을 하면서 얻은 새로운 통찰(insights)들을 적극적으로 결과 기술에 반영할 것을 강조하고 있다. 그리고 이러한 새로운 통찰력을 자극하는 창의력과 상상력을 연구자가 계속 끌어내어 활용할 것을 격려한다.

이상과 같은 변천사를 거쳐 왔지만, Strauss와 Corbin이 초기에 체계화한 분석 절차와 방법의 큰 틀은 현재에도 사회과학 분야의 많은 연구자에게 활용이 되고 있다. 이러한 점을 고려하여, 이 책에서는 『근거이론의 단계』 초판과 2판에 소개된 각 코딩 단계별로 시행되는 분석들에 대해 박승민(2017)이 정리한 바를 가져와 설명하기로 한다.

(1) 개방코딩open coding

근거이론 방법론에서 말하는 소위 이론화 과정의 첫 단계인 개방코딩은 원 자료를 통해 개념(concept)을 발견하고 이름을 붙이며, 유사하거나 의미상 관련되어 있다고 여겨지는 개념들을 하위 범주(subcategory)로 묶은 후 범주(category)화하는 과정이다. 개방코딩의 목적은 자료로부터 개념과 하위 범주 그리고 범주를 밝히고, 개념들의 속성과 차원을 발견해 나가는 데 있다. Strauss와 Corbin(1998)은 이 단계의 분석은 미시분석(micro-analysis)으로서 이루어진다고 하였다. 즉, 원 자료를 대상으로 단어, 줄, 문장, 문단, 문서 전체 단위의 분석을 통해 특정한 개념과 하위 범주들 그리고 범주들을 생성하고 이들 간의 관계를 제시한다. 이러한 과정을 거치면서 연구 참여자들이 경험한 실제적 사건, 행위, 기억, 분석 과정에서의 자료와 연구자 사이에서 발생하는 상호작용 등이 주로 분석의 대상이 된다. 예를 들면, 먼저 자료를 한 줄 한 줄 읽어 나가면서, 연구자가 보기에 참여자의 경험으로서 의미가 있거나 분석적으로 흥미롭다고 생각되는 진술에 밑줄을 그으면서 여백에 개념을 명명화해 나간다. 개념의 명명은 참여자의 진술 그대로 인용한 경우와 참여자의 진술이 의미하고 있는 바가 추상적 해석을 통해 이루어진다. 개념은 연구 참여자가 경험한 최소 의미 단위를 도출하는 과정이므로, 한 줄의 텍스트에서 하나의 개념이 나올 수도 있고, 한 문단에서 하나의 개념이 도출될 수도 있다. 따라서 주의 깊게 텍스트 한 줄 한 줄을 읽으면서 참여자의 경험의 의미를 잘 살피고 이해하는 작업이 필요하다.

원 자료에서 개념을 발견하여 개념화하고 난 다음에는, 그 개념의 공통속성에 의해 떠오른 의미를 추상화하는 범주화 작업을 하게 된다. 그 후 범주들을 속성(properties)과 차원(dimensions)으로 분류함으로써 범주들 간의 관계를 구분하는 작업을 하게 된다. 속성은 각 범주들이 갖고 있는 고유한 특성(attribute)을 말한다. 그리고 차원은 연속선상에서 속성의 위치, 즉 범주의 일반적 속성이 변화하게 되는 범위를 말한다. 차원을 통해 범주가 더욱 구체성을 띠고 다양한 의미의 스펙트럼을 갖게 된다. 예를 들어, '부작용 발생'이라는 범주가 도출된 경우, 원 자료를 통해 확인한 바 이 범주의 고유한 특성이 부작용이 발생하는 빈도이고, 그 빈도가 잦으냐 드무냐의 연속선상에서 변화가 나타나는 것으로 확인된다면, 이 '부작용 발생' 범주의 속성은 '빈도', 차원은 '잦다–드물다'로 표현될 수 있다.

개념화 및 범주화 초기 단계에서는 연구자가 모든 참여자의 축어록에 대해 명명한 개념과 범주들을 질적 연구 경험이 있는 연구자 또는 전문가의 자문을 통해, 명명한 내용이 이해가 되고 합당해 보이는지를 점검받는 과정을 거쳐야 한다. 이것은 질적 연구의 전체 자료 분석 과정 및 중간에 계속 산출되는 결과에 대한 타당화 과정으로서 매우 중요하다. 이러한 과정을 통해 개방코딩 단계에서는 최종적인 개념과 범주들을 선정한다.

(2) 축코딩Axial Coding

축코딩은 범주들 사이에 서로 연합관계를 만들면서, 개방코딩 후에 새로운 방식으로 자료가 다시 조합되는 것에 대한 일련의 절차를 말한다(Strauss & Corbin, 1998: 박승민 2017 재인용). 다시 말해서, 한 범주를 중심으로 속성과 차원의 수준을 고려하면서 다른 하위 범주들을 연결시키는 것을 의미한다. 축코딩에는 패러다임에 의한 범주분석과 과정분석이 포함된다.

① 범주분석

범주분석 단계에서의 패러다임(paradigm)은 근거이론 접근에서 사용되는 독특한 분석적 도구 또는 관점으로서(Strauss & Corbin, 1990), 연구 참여자가 경험한 중심 현상, 이 현상과 연관된 다양한 조건, 작용/상호작용, 결과에 이르는 범주와 하위 범주들 간의 관계

또는 연결됨을 의미한다. 그리고 이 연결됨의 모양새는 연구 참여자들의 경험 자료로부터 나온 범주와 하위 범주들 간의 관계를 연구자가 탐색하고 엮는 과정을 거쳐 귀납적으로 도출된다.

현상phenomenon

중심 현상이라고 불리기도 하는 '현상'은 '여기서 무엇이 진행되고 있는가'와 관련되어 있다. 즉, 사람들이 자신들이 처해 있는 문제나 상황에 대해 단독으로든 여러 가지가 결합되어서든 행하거나 말하는 모든 것을 나타내는 일이나 사건 혹은 반복된 양상을 의미한다. 연구자는 연구 참여자들이 처한 결정적인 문제 또는 사건이나 양상을 '현상'으로 포착할 수 있다.

인과적 조건causal conditions

인과적 조건은 '현상'을 발생시키거나 발달하게 하는 데 영향을 미친 사건이나 변수들을 의미하며, '현상'의 직접적인 원인이 되는 조건들을 의미한다.

맥락context

맥락은 '현상'에 영향을 미치는 일종의 가족 · 사회 · 문화적 배경 또는 조건 및 환경을 의미한다. 이 맥락의 종류와 결을 민감성을 발휘하여 잘 포착하는 것 또한 연구자가 주의를 기울여야 하는 부분이다.

중재적 조건intervening conditions

중재적 조건은 앞서 언급한 인과적 조건과 맥락적 조건에 해당하는 여러 변수가 현상에 미치는 영향을 조절하고 변화시키는 데 작용하는 조건을 의미한다.

작용/상호작용action/interaction

작용/상호작용은 사람들이 마주치게 되는 상황, 문제, 쟁점을 다루는 방식을 말한다. 즉, 당면한 문제 또는 경험하고 있는 중심 현상을 어떠한 간에 어느 방향으로 다루어 가기 위해서 취해지는 의도적인 행위를 총칭하며, 주로 중재적 조건과 현상 간의 역동적인 반응 과정으로 발견되기도 한다.

결과 consequences

결과는 의도되었든 그렇지 않든 간에 작용/상호작용의 결과로 나타난 결과물들의 총합이라 할 수 있다. 앞에 언급한 대로, 현상과 이를 둘러싼 다양한 조건 간의 작용/상호작용의 결과물이기 때문에 결과의 양상은 매우 다양하게 나타날 수 있다.

② 과정분석

과정분석(process analysis)은 자료에서 작용/상호작용으로 표현되는 범주와 하위 범주들 간의 연속적 연결을 탐색함으로써 시간의 흐름에 따른 상황의 변화를 추적하는 단계(Strauss & Corbin, 1998)를 말한다. 작용과 상호작용 과정에서 나타나는 다양한 범주의 연결, 그리고 중재적 조건과 맥락에 해당하는 범주들이 여기에 미치는 영향과 복잡한 상호관계와 발전양상을 보다 구체적으로 탐색하고 그려 보는 것이다. 이 과정분석은 자료의 속성과 차원에 따라 때로는 미시적 수준(예: 개인의 심리적 변화과정)으로, 때로는 거시적 수준(예: 개인, 가족, 사회와의 상호작용)으로 이루어질 수 있다. 연구자는 과정분석 결과를 압축적으로 제시하기 위해 다양한 형태의 다이어그램과 도표 등을 활용하여 표현할 수 있다.

(3) 선택코딩 Selective Coding

선택코딩은 범주를 통합시키고 정련화시키는 과정으로, 분석의 차원을 이론으로까지 발전시키는 과정이다(Strauss & Corbin, 1998). 이 과정에서의 통합은 오랜 시간에 걸쳐 일어나는 지속적인 과정으로, 연구자와 자료 간의 상호작용을 통해 이루어진다. 선택코딩에서 할 첫 번째 과업은 핵심 범주, 즉 그 연구의 중심 주제를 결정하는 것이다. 다시 말해, 지금까지 도출된 모든 범주를 꿰뚫는 의미를 지닌, 귀납적으로 요약된 범주를 도출하는 것이 선택코딩 단계에서의 주요 과제이다. 핵심 범주를 밝히고 개념의 통합을 촉진하기 위하여 이야기 윤곽 또는 줄거리(storyline) 적기, 도표 사용하기, 메모 정리하기와 검토하기 등의 방법을 사용한다. 이러한 방법들은 표본추출의 방향을 제시하고, 사고를 정리하며, 개념 간의 관계를 파악하면서 연구 결과를 통합하고 정교화하는 데 도움이 된다(김미영, 2001: 박승민 2017 재인용). 또한 이때 조건적 명제(proposition) 또는 가설들이 제시된다. 선택코딩 단계에서 이루어지는 분석 절차들을 보다 자세히 설명해 보면 다음과 같다.

① 핵심 범주 명명하기

핵심 범주(core category) 또는 중심 범주(central category)는 그 연구의 중심 주제를 대변하는 것으로서, '이 연구가 무엇에 관한 것'인지를 알려 주는 문구를 핵심 단어들로 응축, 구성하여 표현하는 것을 말한다. 이는 분석의 마지막 단계로서 모든 범주를 통합시키고 정교화하는 작업이다(Strauss & Corbin, 1998). 중심 범주는 그 연구의 중심 주제를 대변하며, '이 연구가 무엇에 관한 것'인지를 알려 주는 몇몇 단어 안에 응축되어 있는 모든 분석 요소로 이루어져 있다. Strauss와 Corbin(1990, 1998)은 10대의 약물 사용에 대한 연구의 예를 들어 설명하고 있다. 예를 들어, 연구자 A가 연구의 핵심 범주를 '실험의 시기'라고 도출하였을 때 이 설명은 이 연구가 무엇에 관한 것인지, 그리고 참가자의 두드러진 경험이나 문제가 무엇으로 보이는지에 대한 연구자 A 나름의 해석이 들어가 있을 수 있다. 만일 연구자 B가 동일한 자료를 가지고 분석했을 때에는 다른 해석 또는 다른 표현의 핵심 범주가 도출될 수도 있을 것이다. 하지만 일단 연구자 A가 핵심 범주 문구에 대한 설명과 더불어, 어떻게 이러한 핵심 범주명을 명명하게 되었는지에 대해 설명을 제공한다면, 이 연구 보고서를 읽는 독자들은 그 연구자의 논리경로를 따라가서 보았을 때 핵심 범주가 일리가 있고 타당하다는 점에 동의할 수 있을 것이다. 이처럼 보편적 측면에서 독자들이 이해할 수 있도록 핵심 범주를 엄선하여 정하는 것이 중요하다. Strauss(1987)는 핵심 범주 선택의 기준을 다음과 같이 제안하였다.

첫째, 핵심 범주는 다른 모든 범주를 함께 묶는 중요한 설명 개념으로 사용될 수 있도록 충분히 추상적이어야 한다.

둘째, 핵심 범주는 자료에 자주 나타나야 한다. 이것은 모든 또는 거의 모든 경우에 있어서 사례에 그 개념을 가리키는 지표가 존재한다는 것을 의미한다.

셋째, 논리적이고 자료와 일관되어야 한다. 강요는 없어야 한다.

넷째, 일반 이론의 발전으로 이어지는 향후 연구에 사용될 수 있도록 충분히 추상적이어야 한다.

다섯째, 관계의 진술을 통해 각각의 다른 범주들이 핵심 범주와 관련되어 있으므로 깊이와 설명력이 커야 한다.

② 이야기 윤곽 기술

연구자가 자료에서 도출된 결과의 통합에 대해 생각하기 시작할 즈음에는 이미 자료에 충분히 몰입해 있으며, 연구가 무엇에 관한 것인지를 이미 '감을 잡고' 이해하고 있을 것이다. 분석된 결과들을 서술적으로 하나의 이어진 이야기로 엮어 보는 과정을 통해 핵심 범주에 가까이 다가갈 수 있다. 이야기 윤곽(storyline)은 연구의 중심 현상과 각 범주 간의 관계를 서술적으로 기술하고 이러한 기술을 분석적으로 표현하기 위해 개념화하여 제시하는 것을 말한다. 이 이야기 윤곽을 다시 압축하였을 경우 핵심 범주가 된다(Strauss & Corbin, 1990).

③ 가설적 관계진술과 유형 도출

가설적 관계진술은 면접 자료의 분석 과정에서 드러난 현상과 인과적 조건, 맥락, 중재적 조건 그리고 작용/상호작용과 결과 간의 관계를 면접 자료와 지속적으로 대조하여 진술하는 것을 말한다(Strauss & Corbin, 1990). 이렇게 생성된 가설들은 가설 검증을 위한 연구를 통해 확증될 필요가 있다.

만일 자료의 가설적 관계진술의 결과와 그 근거가 되는 자료들을 지속적으로 비교하여 각 범주 간에 반복적으로 나타나는 어떤 패턴이 발견되는 경우, 이를 유형화하여 도출할 수도 있다. 예컨대, 축코딩의 과정분석에서 정리한 각 참여자들의 이야기를 패러다임으로 구성해 보고, 패러다임의 흐름별로 보았을 때 중재적 조건의 개입으로 일어나는 작용/상호작용 과정에서 유사하거나 반복적인 패턴들이 발견된다면, 그 패턴들 중에 유사한 것들끼리 묶거나 정리하는 작업을 통해 유형을 도출할 수 있다.

이상 설명한 과정의 결과로서 드디어 참여자들의 경험 자료에 근거한 '이론'이 도출된다. 이렇게 도출된 이론은 연구자가 특정 문제나 집단이 경험한 바 또는 현상에 밀착하여 쓴 실체적 수준의 이론(substantive-level theory)이라 할 수 있다.

(4) 조건/결과 매트릭스

조건/결과 매트릭스(conditional/consequential matrix; [그림 1-1] 참조)는 국내에서는 일명 '상황모형'으로도 불린다. 연구 중인 현상과 관련된 광범위한 상황을 고려하는 데 유용한 장치로서, 이 모형을 그려 봄으로써 분석자가 상황과 결과의 단계들을 구별하고 연결하는 것을 가능하게 한다(Strauss & Corbin, 1990, 1998; Corbin & Strauss, 2015).

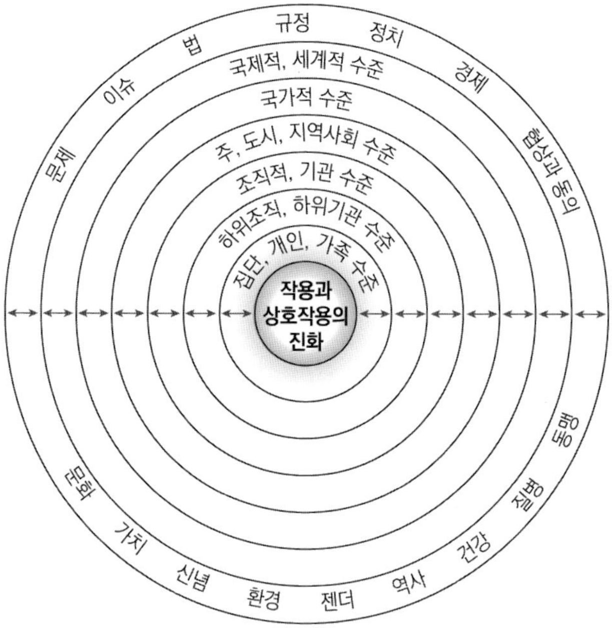

[그림 1-1] 조건/결과 매트릭스(Corbin & Strauss, 2015)

상황모형을 구성하는 데 있어서는 몇 가지 절차를 거치게 되는데, 먼저 미시적 상황(예: 개인 간 상호작용 수준) 또는 조건에서부터 거시적 상황(국제적 수준) 또는 조건에 이르기까지 일련의 스펙트럼상에 놓여 있는 여러 상황별 연구의 결과로 생성된 작용/상호작용의 양상이 어떻게 다르게 나타나는지를 분석하는 절차인 전환체계(transactional system)를 거친다. 조건/결과 매트릭스는 대체로 도표화 또는 다이어그램화하여 제시하는 경향이 있으며, 그 다이어그램을 상세하게 서술함으로써 미시적 상황에서부터 거시적 상황에 이르기까지 작용/상호작용 양상을 독자들이 일목요연하게 이해할 수 있도록 도와준다. 또한 직접적으로 중심 현상과 연결하기 위해, 다양한 상황의 수준별로 또는 수준들 간에 이루어지는 작용/상호작용으로부터 발생한 일, 사건, 우연한 일을 추적하거나 그 반대의 경우도 추적하여 상황경로(conditional path)를 조건/결과 매트릭스를 그리는 데 포함시키기도 한다. 다이어그램은 여러 가지 형태로 연구자가 창의적으로 표현할 수 있다. 이후에 Strauss의 제자인 Clarke(2005)는 조건/결과 매트릭스를 '상황분석(situational analysis)'이라는 분석 절차로 더욱 확장하고 정교화시켰다([그림 1-2] 참조). Clarke의 상황 분석은 근거이론 방법론에서 연구 참여자들의 행위 및 상호작용을 미시, 중간, 거시 수준의 다양한 맥락과 조건에 체계적으로 연결할 수 있는 분석적 장치 혹은 상황적 지도(situational map)를 통해 이루어진다.

[그림 1-2] 상황적 매트릭스(Clarke, 2005)

[그림 1-3]은 자료를 분석하여 최종적으로 도출된 이론을 Corbin과 Strauss(2015)의 조건/결과 매트릭스를 활용하고 더불어 여러 창의적인 그림 표현을 통해 도식화한 예이다.

이 연구는 미국의 상담 및 임상심리 전공 대학원에서 이루어지는 성공적인 멘토링 관계에서 인종과 문화가 어떤 역할을 하는지를 이해하는 데 목적을 둔 연구로서, 연구자들은 9명의 교수 멘토와 15명의 소수 인종 박사과정 학생들을 연구 참여자로 하여 자료 수집 후 근거이론 방법으로 분석하였다. 광범위하게 수집한 자료를 분석하여, 다문화 멘토링에 중요한 다섯 가지의 주제들을 발견하였다. 이 다섯 가지 주제는, 첫째, 소수 인종을 위한 진로 지원 및 지도, 둘째, 멘토와 멘티 간의 관계, 셋째, 멘토와 멘티 각각의 맥락의 중요성, 넷째, 멘토와 멘티를 둘러싼 맥락 간의 상호 연결의 중요성, 다섯째, 맥락 간의 상호작용에 대한 다양한 방향성으로 요약되었다. 연구자들은 이 다섯 가지 주제를 결합하여 다문화, 생태, 관계형 멘토링 모델을 도출하고, [그림 1-3]과 같이 도식화하였다. 이 도식에서 멘토와 멘티를 둘러싼 동심원은 멘토와 멘티의 다양한 상황적 맥락을 보여 주고 있고, 각 동심원의 가는 점선은 맥락이 상호 연결되어 있음을 보여 준다. 각 동심원 가운데 걸쳐 있는 점선 화살표는 각 맥락들이 갖고 있는 역동적인 생태적 · 다방향적 상호작용을 나타낸다. 멘토와 멘티를 둘러싼 동심원을 연결하는 그림 맨 아래쪽의 진회색 화살표는 멘토와 멘티 간의 상호관계를 나타낸다. 또 두 동심원 사이에 있는 세 개의 블록 화살표는 멘토링의 차원 및 기능을 설명하고 있다.

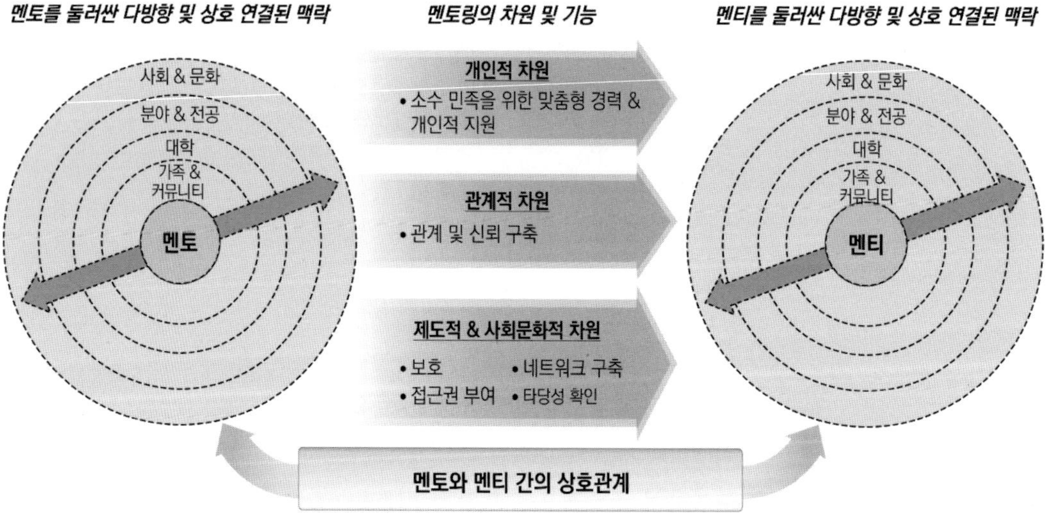

[그림 1-3] 최종적으로 도출된 연구 결과를 도식화한 예(Chen et al., 2015)

Glaser의 방법

Strauss와 Corbin의 체계와 절차를 갖춘 분석방법이 북미 지역에서 압도적으로 각광을 받은 관계로, Glaser의 방법은 그 파급력이 상대적으로 덜한 것처럼 보이지만, 사실 Glaser는 지금까지 근거이론이 처음 만들어질 당시의 기본 정신을 꾸준히 지킬 것을 주장한 근거이론의 공동 창안자이다. 국내에서도 근거이론 방법론을 언급할 때 Strauss와 Corbin을 먼저 꼽을 정도로 Glaser는 상대적으로 덜 알려진 학자인 것도 사실이다. 하지만 미국에서는 Glaser가 설립한 비영리 학술단체 'Grounded Theory Institute'를 중심으로 소위 글레이저리언(glaserian)이나 고전적(classical) 또는 정통(orthodox) 근거이론 방법론으로 불리는 이 방법론에 관심 있는 여러 학문 분야의 학자들과 석·박사 대학원생들이 회원으로 참여하고 있으며, 학술대회 및 세미나를 통해 Glaser의 방법론으로 꾸준히 연구를 진행하고 있다. 이 연구소에서는 국제학술지 『Grounded Theory Review: An International Journal』도 발간하고 있다. 이 저널은 2001년에 첫 호가 발간되었으며, 1967년 Glaser와 Strauss가 처음 근거이론 방법론을 주창한 이래로 소위 '고전적 근거이론과 방법론적 관점'에 동참하는 연구자들의 논문을 중심으로 연 세 차례 발간되고 있다. 이 책에서는 Glaser(1978, 1992)가 초점을 두었던 부분을 중심으로, 박승민(2017)이 정리한 바를 가져와 소개하기로 한다.

1) Glaser 방법의 특징

Glaser의 방법론에서 핵심 키워드는 '**출현**'과 '**생성**'이다. 근거이론에 대한 최초의 저서에서 Glaser는 출현(emergence)이 이론 발견의 핵심이라고 하였다(Glaser & Strauss, 1967). 여기에서 '출현'은 연구자가 인내심을 갖고 귀납적으로 자료 안에서 결과가 나타나기를 기다리는 것이라고 정의 내렸다. 즉, 자료 안에 존재하는 패턴으로부터 자연스럽게 개념과 가설이 '출현'한다는 것이다. Glaser는 사회 안에서 조직화된 사람들의 일상의 삶 속에서 근거이론이 발견되고 출현되어야 한다고 보았다. 연구를 할 때 자료를 수집하고, 코딩하며, 범주들을 통합하고 메모를 만들어 내고, 이론을 구성하는 일련의 과정을 거치지만, 이 과정 전체에 작용하는 기제는 '출현'이 되어야 하며, 출현하는 이론으로 안내되는 것이 그 현상을 가장 잘 보여 주고 설명하는 방법론으로서의 기능이라고 보았다. 이는 연구의 전 과정에 있어 귀납적 흐름을 충실히 지키는 것이 질적 연구방법론으로서 중요하다는 것과 일맥상통한다.

따라서 Glaser는 연구 주제를 처음 선정하는 단계에서부터 '출현'의 논리가 일관되게 적용되어야 한다고 보았다. 그리고 연구자가 미리 규정짓지 말고 인내심을 가지고 기다리라고 권고한다. 또한 Glaser는 범주와 범주의 속성, 핵심 범주 그리고 이론을 발견하는 일련의 모든 과정에서도 자료를 미리 결정된 틀로 바라보아서는 안 되고, '자료'에서 나타나는 관심사에 의해 자료 해석을 자연스럽게 이끌어 내야 한다고 주장한다. 핵심 범주는 충분한 코딩과 분석이 이루어지면 자동적으로 나타난다고 하였다. 때문에 Glaser(1992)는 Strauss가 제안한 축코딩 단계에서의 패러다임 모형에 대해, 연구자들로 하여금 선험적이고 이미 정해진 틀을 놓고 매뉴얼처럼 분석하게 하며 근거이론 본연의 정신에서 벗어나게 하는 잘못된 방안이라고 강도 높게 비판하기도 하였다. 오히려 근거이론을 생성할 때 연구자들 각자가 자기만의 고유한 레시피를 개발하고 가져야 한다고 생각했다(김인숙, 2014).

2) 근거이론 생성 과정

Glaser의 근거이론 생성 과정은 Strauss의 방법과는 달리 핵심 범주와 속성들이 귀납적으로 출현할 때까지 철저하게 자료에 머무르는 것을 강조한다. Schreiberer Stern(2001)은 근거이론이 실체 영역에서 사람들의 행동에 대한 설명 이론으로서 기본적인 사회적 과정(Basic Social Process: BSP)으로 구축된다고 설명하였다. 또 기본적인 사회적 과정에는 핵심 범주 혹은 기본적인 사회심리적 문제(Basic Social-Psychological Problem: BSPP)가 있어 BSP와 BSPP가 이론의 단계와 함께 엮어 가며 중간범위의 이론을 생성하게 된다고 설명하였다.

김인숙(2014)은 Glaser 방법에 대한 압축적이면서도 상세한 정리를 인용하여 근거이론 생성 과정을 설명하였는데, 먼저 자료에서 사건과 사건, 사건과 개념을 비교하여 범주와 속성을 발견하는 것으로부터 시작한다. 그리고 이들 속에서 패턴을 찾아 개념화한다. 다음으로 개념화된 패턴 안에 존재하는 주제를 발견하고 이로부터 많은 범주 및 속성과 관련되고 설명력 있는 하나의 핵심 범주를 선택한다. 이때 선택된 핵심 범주는 확정된 것이 아니며, 이 핵심 범주를 중심으로 이론적 표집을 해 나가면서 범주가 지니는 속성을 지속적으로 정교화하고 명료화하며 포화시켜 나간다. 이러한 일련의 과정을 거쳐 자료로부터 핵심 범주와 속성들이 포화되어 정교화되면 이론적 코드를 사용해 이들을 통합하고, 이로부터 하나의 개념적 가설을 도출한다. 이 개념적 가설이 바로 연구자가 연구하는 주제를 설명하는 근거이론이 되는 것이다.

이러한 일련의 근거이론 생성 과정을 김인숙(2014)은 압축적으로 도표화하여 제시하였다([그림 1-4] 참조). Glaser가 어떤 정해진 틀에 자료를 고정화하여 가두는 것에 대한 반대 입장을 분명히 하였으므로, 독자의 이해를 돕는다는 명목하에 그의 방법론을 도표화하여 소개하는 것이 어쩌면 부적절한 시도가 될 수도 있겠으나, 방법론을 배우는 후학들에게 있어서는 이 도표가 선입견을 강제하지 않는 범위 내에서 방법론의 이해를 촉진하는 데 기여할 수 있을 것이라 생각되어 다음과 같이 인용하고자 한다.

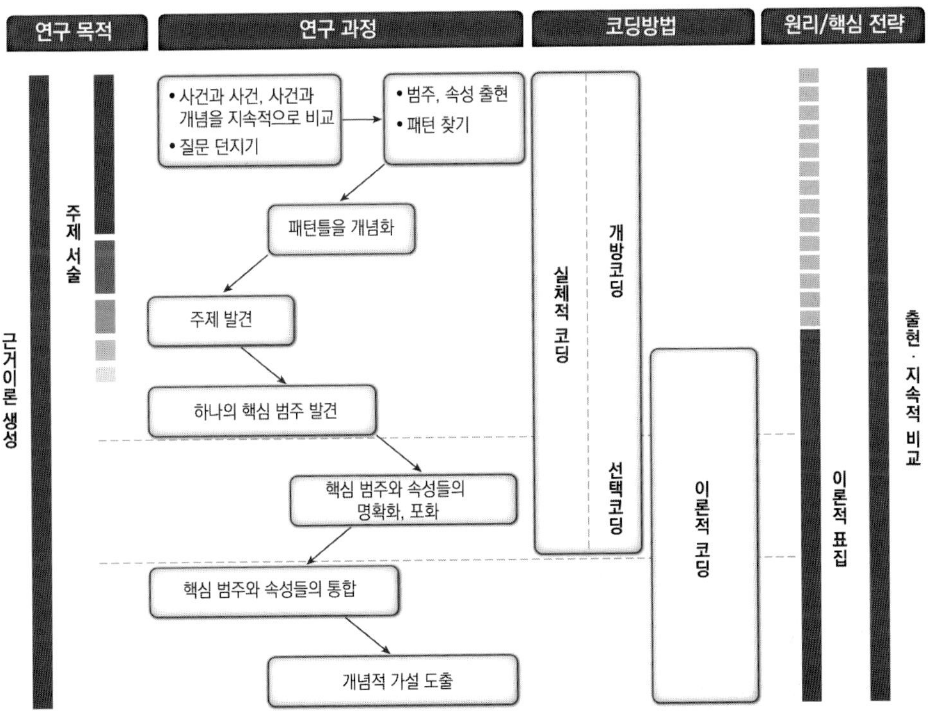

[그림 1-4] Glaser의 근거이론 생성 방법(김인숙, 2014)

Glaser는 코딩에 대해 자료와 이론을 연결하는 코드를 작성하는 개념화 작업이라고 하였으며, 크게 실체적 코딩과 이론적 코딩으로 나누었다. 이론적 코딩은 실체적 코드가 어떻게 서로 연결되어 가설을 형성할 수 있을지에 대한 개념화를 돕는 작업을 말한다. Glaser는 이론적 코딩을 매우 중요하게 여겼으며, 그 절차를 정교화하였다. 이론적 코딩의 유형은 일명 6Cs(Causes, Contexts, Contingencies, Consequencies, Covariances, Conditions)로 불리는 여섯 가지의 코딩을 비롯하여, 과정코딩, 전략코딩 등 18개의 코딩 유형이 제시되었다.

객관주의와 경험주의 및 계량적인 논리로부터 시작하였지만, Glaser는 근거이론을 '생성'시키는 방법 면에서는 연역이 아닌 귀납적 사고의 흐름을 철저하게 지키려고 노력하였다. 즉, 눈으로 확인할 수 있는 자료와 사실을 귀납적으로 분석함으로써, 연구 주제에 대한 이해를 풍부하게 할 수 있다고 보았다.

Charmaz의 방법

이 책에서는 Charmaz(2006, 2009)가 초점을 두었던 부분을 중심으로, 박승민(2017)이 정리한 바를 가져와 소개하고자 한다.

1) Charmaz 방법의 특징

Charmaz(2006, 2009)는 분석에 있어 구성주의 관점을 적극 받아들였다. 그리고 보다 다양한 세부 현실 및 특정 세계를 바라보는 관점 그리고 행동의 복잡성에 강조를 두고 있다. Charmaz 역시 연구는 자료를 수집하는 것에서부터 시작하며, 충분한 자료가 풍부하게 모일수록 강력한 근거이론을 생성해 낸다고 하였다. Charmaz는 근거이론의 주 자료인 면접자료, 노트, 기록물 등의 자료 역시 사람에 의해 '구성된(constructed)' 자료임에 주목하였고 자료는 어떠한 의도와 목적이 있으며 사회적 · 상황적 · 역사적 조건의 영향을 받을 수밖에 없다고 보았다. 따라서 연구 참여자와 연구자가 공동으로 이론을 구성해 나간다는 관점으로 보는 것이 타당하다고 보고, 연구자의 관점이 개입되어 개발된 이론에 대한 초점,

맥락, 권력, 의사소통 등에 대한 구조를 형성해 나간다고 보았다. 이러한 관점은 기존의 Glaser나 Strauss의 관점과는 상당히 차이가 있으며, 질적 연구에 대한 해석주의적 접근을 상당 부분 받아들인 방법으로 이해된다. 실제로 Charmaz(2006)는 자신의 방법을 설명하는 데 있어 해석학적 이론을 도입하여 기술하고 있다. 그에 의하면, 해석학적 이론은 현상에 대한 이론가의 해석에 의존하며, 인과성보다는 비결정성(indeterminancy)을 허용하며, 선형적 추론보다는 전체적 양상과 연관성을 보여 주는 것을 우선시한다. 사실과 가치는 연결되어 있고, 진실은 잠정적이며, 사회적 삶은 과정적이라고 가정한다. 또 현실을 단지 설명하기보다는 사회적으로 구성된 실재에 대해 보다 깊이 있게 이해하고자 하는 것에 관심을 둔다. 이론화를 하는 데 있어 참여자 경험의 주관성을 인정하기 때문에 타협, 대화, 이해의 역할을 받아들이며 상상적 이해를 보다 풍부하게 제공하는 것을 권장한다(Charmaz, 2006).

2) 자료 분석 절차

Charmaz(2006)는 자료 분석에 있어 이론화를 위한 고정된 틀을 제시하지 않을 것을 권장한다. 고정된 틀이 자료를 정교하게 분석하여 내는 데 도움이 되기도 하고 반면, 오히려 연구 현상과 동떨어진 결과를 도출할 수 있기 때문이다. Charmaz(2006)가 제시한 자료 분석 절차와 과정을 요약 설명하면 다음과 같다.

(1) 초기 코딩initial coding

초기 코딩 단계는 자료를 충실히 탐구하고 연구자의 사고를 개념화시키기 시작하는 단계로서, 우선 전사된 축어록 또는 기록물을 줄단위 분석(line-by-line analysis)을 하는 것으로부터 시작한다. 연구자는 녹취된 자료의 문장 단위와 단락 단위 그리고 사건 단위로 그 자료가 의미하는 바를 충실히 코딩한 후, 그 코딩들을 지속적으로 비교분석하면서 유사점과 차이점을 찾아 나간다. Charmaz(2006)는 이때 연구 참여자의 언어를 있는 그대로 인용하는 '**진술 그대로의 코드**(in vivo code)', 즉 참여자가 실제로 언급한 단어를 사용할 것을 권장하는데, 그 이유는 코딩 자체에 연구 참여자들의 견해나 행동의 의미가 잘 보존되어 있어서 참여자들이 표현한 언어와 그 의미에 대한 상징적 표시가 될 수 있기 때문이다.

(2) 초점코딩focused coding

초점코딩은 자료 분석의 두 번째 단계로, 단어별, 줄별, 사건별 코딩보다 더 방향성이 있고 선택적이며 개념적인 코딩이다. 이는 Glaser의 관점과 유사하다. 이를 통해 자료를 분류하고 통합하는 것이 수월해진다. 초기코딩과 초점코딩은 항상 선형적인 과정만은 아니며 순환적인 과정이라고도 볼 수 있다. 연구자는 초점코딩을 하다가 다시 초기코딩으로 돌아가서 범주들을 원 자료와 대조하며 검토하고, 이 과정에서 새로운 의미를 찾아내거나 다시 재개념화된 내용들을 확인하기도 한다. 이처럼 반복적인 과정을 통해 범주화가 보다 정교화될 수 있으며, 이 분석의 과정에서 연구자는 이미 의식 속에서의 글쓰기가 이루어진다(Charmaz, 2006).

(3) 축코딩Axial Coding

본래 축코딩 단계는 Strauss와 Corbin(1990, 1998)이 제시한 단계이다. 범주를 하위 범주와 연결시키고 범주의 속성과 차원을 구체화하며, 초기 코드를 통해 나누어진 자료를 출현하는 분석에 일치하도록 재결합시키는 과정이다. 축코딩의 목적이 대량의 자료를 정렬, 종합, 조직화하는 것에 의미가 있다는 점을 들어, Charmaz는 축코딩 절차가 의미가 있다고 보았다. 그러나 Strauss와 Corbin이 제시한 형식적 절차를 그대로 따라 할 것을 제안하지는 않는다. 다만, 범주가 보여 주는 경험을 알아 나가면서 범주의 하위 범주를 개발하고, 그들 간의 연결을 보여 주기 위한 목적으로 축코딩 절차는 유용성이 있다(Charmaz, 2006).

(4) 이론적 코딩theoretical coding

이론적 코딩은 코딩의 마지막 단계로, 초점코딩을 통해 선택한 코드를 따라가는 보다 정교한 수준의 코딩이다(Charmaz, 2006). 각각의 개념과 범주들이 서로 어떻게 연관되어 하나의 이론으로 통합되는지를 보여 주는 것이다. 즉, 이론적 코딩은 초점코딩에서 도출된 범주들 사이의 관계를 구체화시켜, 현상을 이해할 수 있는 분석적이고 일관성 있는 해석을 제시하는 단계로 이해할 수 있으며, Glaser의 견해와 맥을 같이한다.

이론적 코딩 단계에서는 자료의 성격에 따라서 여러 개의 분석적 도구를 사용할 수 있다. 예컨대, 원인이나 맥락, 수반된 사건, 결과, 공변, 조건, 정도, 차원, 범위, 상호성, 유형, 수단-목표, 반대되는 쌍 등 자료의 성격에 적당하다고 여겨지는 몇 개의 도구를 사용할 수 있지만 매뉴얼화된 틀이 있는 것은 아니다. 이 단계에서 연구자는 연구 현상을 가장 충실하게 이해하고 설명할 수 있는 방식으로 개념과 범주들을 연결시켜 해석을 해보고, 이에 대한 설명을 제시한다(Charmaz, 2006).

참고문헌

김미영(2001). 치매노인을 돌보는 간호사의 경험과정. 박사학위논문, 이화여자대학교.

김수진(2024). 상담 분야의 질적 연구 동향분석(2013년-2022년): 국내 학술지를 중심으로. 한국심리학회지: 상담 및 심리치료, 36(1), 1-19.

김영천(2013). 질적 연구방법론 II: Methods. 경기: 아카데미 프레스.

김인숙(2014). 글레이저의 근거이론 방법 해제. 김인숙, 장혜경 역(2014). 근거이론 분석의 기초: 글레이저의 방법. 서울: 학지사 [원전: Glaser, B. G. (1992). *Basics of grounded theory analysis: Emergence vs. forcing*. Sociology Press.]

김지은(2019). Strauss와 Corbin 근거이론의 변화. Journal of Korean Academy of Nursing, 49(5), 505-514.

박승민(2017). 근거이론 [김영천, 이현철 편저(2017). 질적 연구: 열다섯 가지 접근]. 경기: 교육과학사.

변기용, 권경만, 이현주, 홍바울(2020). 교육행정학 연구에서 근거이론 접근방식 활용 실태와 비판적 성찰. 교육행정학연구, 38(1), 169-197.

양홍식, 김현주(2020). 상담 분야의 근거이론 연구 동향: 국내 및 북미 학술지 게재 논문 분석(2000~2018). 한국심리학회지: 상담 및 심리치료, 32(1), 51-88.

최정희(2023). 우리나라 교육과정 연구에서 근거이론의 활용방식이 지닌 문제점. 한국교육, 50(3), 31-57.

Blumer, H. (1969). *Symbolic Interactionism: Perspective and Method.* Englewood Cliffs, New Jersey: Prentice Hall.

Charmaz, K. (2006). *Constructing grounded theory: A practical guide through qualitative analysis.* Sage Publications, Inc. 박현선, 이상균, 이채원 공역(2013). 근거이론의 구성: 질적 분석의 실천적 지침. 서울: 학지사.

Charmaz, K. (2009). Shifting the grounds: Constructivist grounded theory methods. In Morse, J. M. et al. *Developing grounded theory: The second generation.* Walnut Creek, California: Left Coast Press Inc. 신경림, 김미영, 신수진, 강지숙 공역(2011). 근거이론의 발전: 제2세대. 서울: 하누리.

Chen, A. W., Yeh, C., & Krumboltz, J. D. (2015). Mentoring ethnic minority counseling and clinical psychology students: A multicultural, ecological, and relational model. *Journal of Counseling Psychology, 4*(62), 592–607.

Clarke, A. E. (2005). *Situational analysis: Grounded theory after the postmodern turn.* Thousand Oaks, CA: Sage Publications, Inc.

Corbin, J., & Strauss, A. (2015). *Basics of qualitative research: Techniques and procedures for developing Grounded theory* (4th ed.). Thousand Oaks, CA: Sage Publications, Inc. 김미영, 정승은, 차지영, 강지숙, 권유림, 김윤주, 박금주, 서금숙 공역(2019). 근거이론(4판). 서울: 현문사.

Creswell, J. W., & Poth, C. N. (2018). *Qualitative inquiry and research design: Choosing among five approaches* (4th ed.). Sage Publications, Inc. 조흥식, 정선욱, 김진숙, 권지성 공역(2021). 질적 연구방법론: 다섯 가지 접근(4판). 서울: 학지사.

Glaser, B. G. (1978). *Theoretical sensitivity: Advances in the methodology of Grounded Theory.* CA: Sociology Press.

Glaser, B. G. (1992). *Basics of grounded theory analysis: Emergence vs. Forcing.* Sociology Press. 김인숙, 장혜경 공역(2014). 근거이론 분석의 기초: 글레이저의 방법. 서울: 학지사.

Glaser, B. G., & Strauss, A. L. (1965). *Awareness of Dying.* AldineTransaction.

Glaser, B., & Strauss, A. (1967). *The discovery of grounded theory.* Chicago: Aldine.

이병식, 박상욱, 김사훈 공역(2011). 근거이론의 발견. 서울: 학지사.

Mead, G. H. (1934). *Mind, self and society.* Chicago: University of Chicago Press.

Schreiber, R. S., & Stern, P. N. (2001). *Using grounded theory in nursing.* New York: Springer Publishing Company.

Strauss, A. (1987). *Qualitative analysis for social scientists.* Cambridge, UK: Cambridge University Press.

Strauss, A., & Corbin, J. (1990). *Basics of qualitative research: Grounded theory procedures and techniques.* Thousand Oaks, CA: Sage Publications, Inc.

Strauss, A., & Corbin, J. (1998). *Basics of qualitative research: Grounded theory procedures and techniques* (2nd ed.), Thousand Oaks, CA: Sage. 신경림 역(2001). 근거이론의 단계. 서울: 현문사.

02

내러티브 탐구

1 내러티브 탐구 개관

1) 내러티브 탐구의 시작과 확산

내러티브 탐구(Narrative Inquiry)는 1980년대 초부터 캐나다 앨버타 대학교 CRTED(Center for Research for Teacher Education and Development)의 Jean Clandinin 교수와 토론토 대학교 OISE(Ontario Institute for Studies in Education)의 Michael Connelly 교수가 발전시켜 연구방법론으로 정착시킨 질적 연구방법이다(홍영숙, 2019a).

지난 수십 년 동안 사회과학자들은 개별 인간이나 그룹(집단)의 내러티브(stories)에 매우 큰 관심을 보여 왔는데, 이와 같은 현상을 많은 학자는 '내러티브로의 전환(narrative-turn)'으로 명명하고 있다(홍영숙, 2020). 1980년대 후반과 1990년대 초반 이래로 사회과학 연구자들은 경험을 이해하는 데 있어서 '내러티브로의 전환'을 취하였으며(Pinnegar & Daynes, 2007), 연구자들이 '내러티브 탐구'라 불리는 연구방법론을 특정하여 구체적으로 발전시키기 시작한 시점도 이 시기라고 할 수 있다(Connelly & Clandinin, 1990: Caine et al., 2013 재인용).

Clandinin(2020)은 이 시기를 "사회과학 연구 분야에서 내러티브 방법론 출현" 시기로 언급하면서, 이를 "내러티브로의 급격한 전환"으로 묘사하고 있다(p. 212).

2) 내러티브 탐구의 개념

인간 경험 이해를 목적으로 하는 질적 연구방법론 중의 하나인 '내러티브 탐구'는 그 역시 인간 경험을 이해하기 위한 연구방법이다. 다른 질적 연구방법들과 좀 더 차별되게 말하자면, 개인의 이야기화된 경험(storied experiences)을 시간의 흐름과 상황에 대한 고려를 바탕으로 탐구하는 연구방법이다. 인생은 경험, 즉 이야기의 조각들로 채워져 있고 시간과 공간의 이야기화된 순간들(storied moments)로 되살아난다. 인생의 의미는 삶의 경험에 대한 이해에서 비롯되고, 경험에 대한 이해는 이야기를 통해 일어나며, 그 이해의 과정은 의미 부여로 이어지는 것이다(홍영숙, 2024). Clandinin(2013, p. 9)은 "내러티브 탐구는 인간의 경험을 이해하는 방법, 그 이상도 그 이하도 아니다."라고 언급함으로써, 이야기화된 경험 탐구를 통하여 그 경험의 소유자를 이해하는 데에 이르는 것이 탐구의 최종 목적지임을 강조하고 있다. 따라서 내러티브 탐구는 일상 속에서 살아진 인간 경험에 대한 존중으로부터 탐구가 시작되고 또한 거기서 끝을 맺는다.

내러티브 탐구는 Dewey(1916, 1938)의 경험에 대한 개념을 탐구방법론의 이론적 · 철학적 토대로 삼고 있다. Dewey(1981)는 경험을 인간의 사고와 사회적 · 인간적 · 물질적 환경과의 끊임없는 상호작용으로 구성되는 변화하는 흐름(changing stream)으로 보았다. 따라서 Dewey의 존재론은 교류적(transactional)이며 관계적(relational)인 것이며, 이는 내러티브 탐구의 근본이 된다. Dewey의 경험이론에 바탕을 둔 내러티브 탐구 방법으로 연구를 수행한다는 것은, 내러티브 탐구라는 방법론적 도구를 차용함을 넘어서 세상 속에서의 인간 구현을 추구하는 것이며, 개별 인간의 경험뿐만 아니라 그 경험이 구성되고 표현되고 활성화되는 사회, 문화, 기관의 내러티브에 또한 관심을 가진다는 것을 의미한다(Clandinin & Rosiek, 2007, pp. 42-43).

내러티브 탐구는 중요한 지식과 이해의 근간으로서의 살아진 경험을 존중하면서 인간 삶을 연구하는 접근법이다(Clandinin, 2020). Clandinin과 Connelly(2000)는 내러티브 탐구를 다음과 같이 정의하고 있다.

> 내러티브 탐구는 경험을 이해하는 방법이다. 이는 한 곳 또는 여러 곳에서, 그리고 환경과의 사회적 상호작용 속에서 시간에 걸쳐 일어나는 연구자와 참여자 간의 협동 작업이다. 연구자는 사람들의 개인적 · 사회적 삶을 구성하는 경험이야기의 중심으로 들어가서 그들이 경험을 살고, 말하고, 다시 말하고, 다시 사는 현장을 함께하게 된다 (p. 20).

'내러티브'란 살고 말해진 경험의 이야기들을 뜻하는 것이다. Clandinin과 Connelly(1990)는 스토리(story)와 내러티브(narrative)를 구분하였는데, 스토리는 구체적인 상황에 대한 일화를 의미하며, 내러티브는 긴 시간에 걸쳐 일어나는 삶의 이야기 묶음을 뜻한다. 우리의 삶을 구성하는 경험은 내러티브 특성을 지니고 있다. 내러티브 탐구를 수행할 때 연구자의 입장에서는 내러티브를 단순히 연구를 위한 분석 대상으로만 바라보아서는 안 된다. 내러티브는 인생이며 삶 자체라는 인식적 바탕을 지니고, 우리가 공존하는 사회의 한 일원인 개별 인간(연구 참여자)의 내러티브를 통해 그를 이해하는 것이 본질적 탐구 목적임에 늘 깨어 있어야 할 것이다.

2 내러티브 탐구 주요 용어 해설

내러티브narrative

'내러티브'란 살고 말해진 경험의 이야기들을 말하는 것으로, 긴 시간에 걸쳐 일어나는 삶의 이야기 묶음을 뜻한다. '내러티브'에 대한 이해가 없을 때, 우리는 '내러티브' 하면 막연히 '이야기' 정도로 해석하고 지나가는 경우가 많다. 그러나 '내러티브 탐구'에서의 '내러티브'란 '누군가에게 일어난 어떤 사건에 관한 기술'만을 의미하지는 않는다. Polkinghorne(1988)은 "내러티브란 시간성 속에서 축적되고 다른 것들에 영향을 미치기도 하는 경험들이 시간의 흐름에 따라 변화되어 가는 것을 묘사하는 것이며, 내러티브는

'이야기 형태(story form)'이다."(Clandinin & Murphy, 2007; p. 634)라는 말로 내러티브가 이야기의 형태를 갖추어야 함을 강조하고 있다. 즉, 내러티브란 플롯 라인이 있어야 한다는 것이다. 이처럼 '내러티브 탐구'에서 말하는 '내러티브'란 '경험이 구성되는 상황 맥락(경험의 시간성과 사회성, 장소 등)이 잘 드러나게 묘사되는 경험이야기'라고 말할 수 있다.

내러티브로의 전환narrative-turn

1980년대 후반에서부터 1990년대 초반 이래로, 사회과학 연구자들이 인간 경험을 이해하기 위해 '내러티브'에 대한 큰 관심을 보이며 다수의 연구물을 생산해 내게 되었는데 이러한 사회과학 분야의 현상을 '내러티브로의 전환'(Czarniawska, 2004; Herman, Jahn, & Ryan, 2005; Polkinghorne, 1988)으로 명명하게 되었다.

사회과학 연구에 있어 '내러티브로의 전환'이란 오랫동안 연구의 전통으로 이어져 온 양적 연구의 패러다임에서 많은 부분 상충되는 방향으로의 전환을 의미한다. '내러티브로의 전환'은 자신, 타인, 지역사회, 사회적 · 정치적 · 역사적 역동 간의 관계성에 대한 철학적 논의가 활발하게 일어나는 맥락에서 자연스럽게 형성되었다(Goodson & Gill, 2011). Pinnegar와 Daynes(2007)는 사회과학 연구에 있어서 확연히 드러나는 '내러티브 탐구'로의 움직임을 일련의 네 가지 내러티브로의 전환 현상을 빌어 역사적으로 해석하고 있다. 네 가지 내러티브로의 전환 현상이란, 첫째, 연구자와 참여자 사이의 관계 변화, 둘째, 숫자(number)를 사용하는 데이터로부터 말(words)을 사용하는 데이터로의 전환, 셋째, 일반성(the general)과 보편성(the universal)에 대한 관심에서 지엽성(the local)과 특정성(the specific)에 대한 관심으로의 변화, 넷째, 앎(지식)에 대한 방식이나 대안적 인식론에 대한 수용성의 확장을 일컫는다.

상대주의적 존재론relativism-ontology

존재론(ontology)이란 존재(being)의 본질(근원)에 관한 철학이다(Noonan, 2008). 내러티브 탐구에서는 '인생은 경험이며 경험으로 존재의 의미가 부여되는 것이고, 그 경험은 절대적으로 존재하는 것이 아니라 인간 자신의 내재적 조건과 그를 둘러싸고 있는 외재적 환경과의 상호작용에 의해 형성된다.'라는 상대주의적(relativism) 존재론의 입장을 취한다. '인간은 개인적으로, 사회적으로 이야기화된 삶을 살아간다.'라는 인간 경험에 대한 관점에서 볼 때 Dewey의 존재론은 교류적이고 관계적이며 이는 내러티브 탐구의 바탕을 형성한다(Clandinin, 2020). Dewey가 경험의 한 속성으로 언급한 계속성(continuity) 관점에서 보면, 경험은 과거의 다른 경험으로부터 자라나서 미래의 경험으로 이끌려 가는 것이므로 내러티브 탐구에서는 계속성을 존재론적 사안으로 이해하고 있다.

구성주의적 인식론constructivism-epistemology

인식론(epistemology)이란 지식/앎(knowledge)에 대한 철학으로, 존재하는 바를 어떻게 알 수 있는지에 대한 학문이다(Stone, 2008). 내러티브 탐구에서는 '존재하는 바를 경험을 통해 맥락적으로 알 수 있다.'라는 구성주의적(constructivism) 인식론의 입장을 취하고 있다. 내러티브 탐구에서 말하는 지식(knowledge)이란, 지속적으로 생성되는 것으로 문화적 · 사회적으로 형성되어 있는 커다란 상황 맥락의 영향 속에서 시간의 흐름에 따라 겪게 되는 경험에 의해 구성과 재구성을 반복하는 실제적이고 경험적인 지식을 일컫는다.

경험의 속성criterion of experience / 상황situation

Dewey(1938)는 경험의 속성을 계속성(continuity)과 상호작용성(interaction)이라는 두 개의 범주로 제시하였는데, 이 두 개의 속성이 함께 직조하여 상황(situation)이라는 맥락을 형성한다고 하였다.

계속성continuity

경험은 지속적으로 발생한다. 경험은 시간의 흐름 속에서 새로운 상황을 맞닥뜨리면 만들어지고 형성되고 또 재형성되는 그런 것이다. 내러티브하게(narratively) 이해된 경험은 늘 중심 자리에 위치해 있으며, 과거의 회상 속에서뿐만 아니라 계속해서 살아질 미래의 순간에서도 구성과 재구성을 반복하며 형성된다. 이처럼 시간의 흐름에 따라 지속적으로 형성되는 속성을 '경험의 계속성'이라고 한다. 그러므로 '계속성'의 개념을 통합하여 간단히 정리하면, '과거의 경험은 현재의 경험을 형성하고, 현재의 경험은 미래의 경험 형성에 영향을 미친다.'라고 말할 수 있다.

상호작용성interaction

Dewey(1938)는 '계속성'과 교차하는 경험의 두 번째 속성으로 '상호작용성'을 들었다. 이는 경험 형성에 있어서 인간 자신이 지니고 있는 내적 조건과 인간을 둘러싸고 있는 객관적인 외적 환경 조건의 상호작용이 중요하다는 것을 의미한다. 우리는 경험 이해를 위해 우리를 둘러싸고 어떤 일이 벌어지고 있는지뿐만 아니라 우리 자신의 내부에서 무엇이 발생하고 있는지도 살펴보아야 한다. 우리는 보통 객관적인 외적 조건에 더 많은 관심을 가지게 되는데, 이럴 경우에 개별 인간의 개인적·주관적 요소는 경시될 수밖에 없다. 개인적 조건과 객관적 조건 그리고 다른 사람들까지 이 모두를 함께 고려하며 그들 사이의 상호작용을 들여다보는 것이 경험 탐구에서 매우 중요하다(Caine, Clandinin, & Lessard, 2022). 그래서 경험이란 항상 개별 인간의 내적 조건과 개인의 환경(외적 조건)을 구성하는 것들 사이의 상호교류이다.

상황situation

경험의 계속성과 상호작용성이 함께 작동하여 활성화될 때 상황이 발생한다. Clandinin과 Connelly(2000)가 내러티브 탐구 공간의 한 개 차원으로 제시한 '장소(place)' 개념과 '상황' 개념은 구분되어야 한다. 장소란 특정의 물리적이고 구체적인 곳을 의미하지만, 상황이란 경험의 계속성과 상호작용성 차원, 경험이 발생하는 장소 차원이 함께 활성화되어 발생되는 통합적이고 총체적인 개념이다. 개별 인간은 일련의 상황 속에서 살아간다. 처해진 상황과 위치한 장소에 따라 개별 인간이 구성하는 경험은 달라지게 된다.

3차원적 내러티브 탐구 공간three-dimensional narrative inquiry space

Clandinin과 Connelly(2000)는 내러티브 탐구에서 추구하는 방향과 방법을 안내하기 위하여 '3차원적 탐구 공간(시간성 차원, 사회성 차원, 장소 차원의 공간)'이라는 은유적 개념을 창출하였다. 이 공간에서 내러티브 탐구자는 '장소'라는 차원에 위치한 채 '시간성' 차원에서 뒤로(backward)/앞으로(forward)를, '사회성' 차원에서 안으로(inward)/밖으로(outward)를 가리키면서 경험에 대한 탐구활동을 수행하는 것이다. 따라서 홍영숙(2019a)은 '현장텍스트로서의 내러티브를 분석하고 해석하는 틀'로서 '3차원적 내러티브 탐구 공간' 개념의 실제적인 구체화를 제시하였다.

시간성temporality

3차원적 내러티브 탐구 공간의 첫 번째 차원인 '시간성'은 과거, 현재, 미래로 이어지는 시간의 연속성을 의미하며, 경험이 시간의 연속선상에서 영향을 주고받으며 형성된다는 것을 뜻하므로 Dewey가 말한 경험의 '계속성'과 같은 맥락에서 나온 용어이다. '경험은 과거의 다른 경험으로부터 자라나는 것이고, 그 경험은 미래의 또 다른 경험으로 이끌어 간다.'라는 Dewey(1938)의 '계속성' 개념을 차용하여, Clandinin과 Connelly(2000)는 '시간의 연속선상(상상한 현재, 상상한 과거 또는 상상한 미래) 어느 곳에 우리를 위치시켜도 각 시점은 모두 과거의 경험적 바탕을 가지고 있으며 경험적 미래로 이끌어 간다.'라는 내러티브 탐구 공간의 '시간성' 개념을 만들어 냈다. 시간의 어느 지점에서도 경험은 항상 진행형의 무언가이며, 따라서 시간은 그 중심에 있는 무언가이다.

사회성Sociality

3차원적 내러티브 탐구 공간의 두 번째 차원인 '사회성'은 개인의 내적 조건과 사회적인 외적 환경 조건의 상호작용에 의해 경험이 형성된다는 것을 뜻하므로 Dewey가 언급한 경험의 '상호작용성'과 맥을 같이하는 용어이다. '경험의 개념'에 대하여 Dewey(1934)가 언급한 것처럼 "인간은 원천적으로 자신을 둘러싸고 있는 환경과 불가분의 관계 속에서 살아가는 존재이다."라는 점에 대한 이해로부터 경험의 '사회성' 차원을 생각해 낼 수 있었다. 경험 형성의 개인적 내적 조건이라 하면, 기분, 감정, 희망 등이나 가치관, 도덕관, 종교관, 윤리 의식 등의 개인적 실제적 지식을 그 예로 들 수 있을 것이다. 경험 형성의 외적 환경 조건에는 사람이나 사물, 사건 등이 구성하는 주변 환경과 더불어 사회적, 문화적, 역사적, 언어적, 기관의, 가족의 내러티브가 이에 포함된다.

장소place

3차원적 내러티브 탐구 공간의 세 번째 차원인 '장소'는 '탐구나 사건이 일어나는 특정의 구체적이면서 물리적인 장소나 일련의 장소들'을 의미한다(Connelly & Clandinin, 2006, p. 480). Connelly와 Clandinin(2006, p. 481)은 "모든 사건은 어떤 장소에서 벌어진다."(p. 481)라고 하였고, "그래서 내러티브 탐구자는 경험이 형성되는 각 장소의 영향을 생각하면서 그 경험을 탐구할 필요가 있다."라고 강조하였다(Clandinin et al., 2007, p. 23). '장소'가 경험 형성에 미치는 영향은 막강하다. 인간은 어떤 장소에 위치하느냐에 따라 전혀 다른 질의 이야기를 살기도 하고, 그에 따라 서로 다른 다중의 정체성을 구성하기도 한다. 장소의 다름은 그 장소를 구성하는 사람, 사물, 분위기 등의 다름을 전제하고 있다. 그래서 같은 스토리를 이야기할 경우에도 장소가 달라짐에 따라 스토리의 내용 구성이 달라지는 경험을 누구나 다 해 보았을 것이다.

개인적 실제적 지식personal practical knowledge

Clandinin(1985, p. 362)은 "'개인적 실제적 지식'이란 내용이나 구조로서의 지식이 아니라, 상상력을 동원하여 우리의 경험을 배열할 수 있는 능력과 상황에 따른 상대적 활동(Johnson, 1984, p. 467)이며, 또한 인간의 존재성을 형성하는 모든 경험이 스며들어 만들어지는 지식이다."라고 정의한다. 이는 "배우거나 전수되어진, 객관적이고 독립적인 무언가가 아니라 인간 경험의 총합"이라 말할 수 있다(Clandinin, 1985; Connelly, Clandinin & He, 1997, p. 666). 따라서 '개인적 실제적 지식'은 관계적이며 시간성을 띄는 환경에서 경험을 통해 구현되는 지식이고, 이것은 특정 시간과 장소에서 발현된다. '개인적 실제적 지식'은 경험적이고 가치가 부여되며, 상황에 근거하고 행위의 근원이 되는 지식을 일컫는 용어이며, 인간 행위의 모든 면에 영향을 미치게 된다. 시간이 흐름에 따라 새로운 경험이 쌓여 가듯이 경험적 지식인 '개인적 실제적 지식' 또한 시간의 흐름에 따라 변하게 되는 지식이다. 이는 고정되어 있거나 객관적이며 변하지 않는 그런 지식이 아니라 잠정적이며 변화가 예정되어 있는 지식이다(Clandinin, 1985). '개인적 실제적 지식'은 개별 인간의 삶 속에서 구성되는 내러티브적 형성체이며, 학문적 지식을 포함하여 개인적 신념, 가치관, 윤리 의식, 이미지, 삶의 실제적 원칙들, 생활 리듬이나 사이클(루틴), 은유적 상징 등을 '개인적 실제적 지식'의 예로 들 수 있다.

전문적 지식환경professional knowledge landscape

전문적 지식환경(Clandinin & Connelly, 1995, 1996)이란 개별 인간이 처한 직업적 환경을 의미한다. 예를 들어, 교사에게는 학교가, 상담자에게는 상담센터가, 회사원에게는 다니는 회사가 그들 각자의 전문적 지식환경이 될 것이다. 전문적 지식환경을 이해하기 위해서는 그 안에서 형성되는 사람들, 장소들, 기타 여러 가지 것과의 관계성(relationships)에 초점을 맞추어야 한다. Clandinin과 Connelly(1995, p. 4)는 'landscape'라는 은유적 단어를 통해 "서로 다른 관계 속에 있는 다양한 사람과 사물들 그리고 사건들로 채워지는 가능성과 광활함"이라는 의미적 상징성을 제시하였다. 전문적 지식환경의 상황이나 모습에 따라 인간이 살아가는 스토리의 모습이 달라지기도 하고 다른 여러 가지 이야기를 다중적으로 살아가기도 한다.

교육학이라는 학문적 배경을 지니고 있었던 Clandinin과 Connelly(1995)는 "학교라는 직업환경에서 살아가는 교사들이 학교의 상황과 그 안의 장소에 따라 여러 가지 다른 이야기를 살아간다."라고 언급하며, 그 이해를 돕기 위해 학교 상황을 바탕으로 네 가지 이야기 형태, 즉 비밀 이야기(secret stories), 포장 이야기(cover stories), 경합 이야기(competing stories), 충돌 이야기(conflicting stories)를 제시하였다.

cf 개인적 지식환경personal knowledge landscape

'개인적 지식환경'이란 우리가 태어나서부터 시간이 흐르면서 지금에 이르기까지 우리가 알고 있는 바와 우리가 누구인지, 또한 누가 되어 가는지에 영향을 미치는 개인적 지식 상황을 일컫는다(Clandinin, 2020). 즉, 우리가 자라면서 만나고 관계 맺는 사람들, 장소 등은 지속적으로 생성되고 변화하게 된다. 그러므로 '개인적 지식환경'은 끊임없이 변하게 되고, '전문적 지식환경'과 더불어 '개인적 실제적 지식'을 형성하는 데에 작동하게 되는 것이다.

살아내는 이야기stories to live by

'개인적 실제적 지식의 표현'이라 할 수 있는 '살아내는 이야기'란 내가 누구인지, 내가 무엇을 알고 있는지를 말하고 사는 이야기를 뜻한다. 그렇기 때문에 '살아내는 이야기'를 '정체성' 개념으로 대신하여 사용하기도 한다(홍영숙, 2015, 2019b). Connelly와 Clandinin(1999, p. 4)은 개인적 실제적 지식과 직업 상황, 정체성을 개념적으로 함께 가져오기 위해 "살아내는 이야기(stories to live by)"라는 내러티브 개념을 개발하였다(Clandinin et al., 2006, p. 8). 이는 어떻게 개인의 경험적 지식과 상황 맥락, 정체성이 함께 연결되어 있는지를 이해하도록 돕는 개념이다. Okri(1997, p. 46)가 언급한 "우리는 이야기로 산다(We live by stories)."라는 말은, Connelly와 Clandinin(1999)이 지식, 맥락(상황), 정체성 사이의 복잡한 관계성을 밝힘으로써 '우리는 누구이고, 우리는 앞으로 어떤 사람이 되어 갈지'를 이해할 수 있도록 하는 내러티브 개념, '살아내는 이야기'를 개발하게 이끌었다. 이 개념은 정체성에 관하여 관계적으로 생각할 수 있도록 하는 방법이다.

살기-말하기-다시 말하기-다시 살기living-telling-retelling-reliving

경험을 '이야기화된 현상(a storied phenomenon)'으로 바라보는 경험에 대한 내러티브적 관점으로부터 Clandinin과 Connelly(1998)는 다음과 같이 내러티브 탐구 과정으로 특별한 의미를 지니는 네 가지 핵심 용어를 개념화하였다(Clandinin, 2013).

살기living

사람들은 이야기를 살아간다.

말하기telling

사람들은 그들 삶에 대한 이야기를 말한다.

다시 말하기retelling

내러티브 탐구자는 참여자와 함께 우리가 살아내고 말했던 이야기를 탐구하기 시작한다. 이때 참여자와 더불어 살아내고 말했던 이야기를 탐구하는 과정을 '다시 말하기(retelling=inquiring)'라고 명명한다. 이 탐구의 과정에서 우리는 살아내고 말했던 이야기를 '풀어내기(unpacking)' 위하여 3차원적 내러티브 탐구 공간에서 작업하는데, 이렇게 풀어내는 과정을 다시 말하기 과정이라고 말할 수 있다.

다시 살기reliving

우리가 살아내고 말했던 이야기를 다시 말하면서 우리는 변화를 겪기 때문에 우리의 이야기를 다시 살기 시작하게 된다.

연구 정당성research justification

사회과학 연구자들, 특히 질적 연구자들은 부단히 '연구의 정당성'에 대한 질문('연구의 목적이 무엇인지?' '무엇을 발견하고 싶은지?' '무엇을 다르게 이해하게 되었는지?')을 받는다(Clandinin, 2013). 질적 연구의 역사(한국에는 1990년대 이후 질적 연구가 처음 소개됨)가 그리 오래되지 않은 한국에서는 연구재단, 정부정책 입안자, 양적 연구 전통에 익숙해 있는 학술지 심사위원 등이 내러티브 연구 결과물을 그저 밖에 나가 몇몇 사람들에게 이야기를 들려 달라고 부탁하고 그들로부터 들은 이야기를 적어서 생산된, 지극히 단순한 과정에 의한 결과물로서 치부하는 경우가 종종 있어 왔다. 이러한 인식은 내러티브 탐구 논문이 너무도 개인적이고 일화적이며 자기도취적이라는 이유로 연구재단 연구비 수혜

대상에서 탈락되거나 학술지 논문게재를 거부당하는 현상으로 이어지곤 하였다. 이와 같은 이유 때문에 내러티브 탐구자로서 연구의 정당성과 목적을 묻는 질문에 답할 수 있어야 함은 매우 중요하다. 우리는 우리의 연구에 대해서 "그래서 어쩌라구요(So what)?" "누가 관심을 가지나요(Who cares)?"라고 묻는 질문에 답할 수 있어야만 한다.

흔히 양적 연구의 전통에서 연구 정당성은 객관성(objectivity)을 바탕으로 한 타당도(validity: 연구하고 싶은 것을 제대로 정확하게 연구했는지의 정도)와 신뢰도(reliability: 연구 결과를 믿을 수 있는지, 즉 똑같은 연구를 다른 사람이 해도 같은 결과가 나오는지의 정도)를 가지고 가늠된다. 그러나 내러티브 탐구는 연구하고 싶은 것이 '인간 경험'이기 때문에 연구의 방법이 양적 연구와는 확연히 다르므로 '제대로 정확하게 연구했는지'를 '타당도'라는 양적 연구의 잣대로 측정할 수 없다. 그래서 질적 연구에서는 타당도, 신뢰도와 같은 용어의 사용 자체를 거부하며(Mishler, 1986), Lincoln과 Guba(1985)는 validity(타당도)에 대한 대체어로 'trustworthiness(신뢰할 수 있음)'를 제안하였다. 또한 내러티브 탐구는 '인간 경험 이해'를 목적으로, 객관성이 초점이 아닌 간주관적 대화의 방식을 거쳐 내러티브의 해석을 통해 경험의 이해에 이르게 되는 연구방법이기 때문에 연구의 결과에 대한 어떠한 예측도 하지 않으며, 똑같은 연구 결과가 나올 수도 없으므로 '신뢰도'를 통해 연구 정당성을 확보할 수 없다. 탐구가 목적하는 바와 가장 통찰력 있는 지식은 연구자와 참여자 사이의 깊은 간주관성에 의해서만 얻어질 수 있는 것이다(Ferraroti, 1981).

연구 설계를 시작하는 시점부터 연구 정당성과 목적을 확립해 놓음으로써 우리는 연구 퍼즐이나 적합한 연구방법, 현장텍스트, 연구 속에서의 연구자의 위치 등에 대한 질문에 좀 더 명확히 답할 수 있다. 오랜 시간에 걸쳐 내러티브 연구자로서, 또한 다른 내러티브 연구자들과 함께 살아온 학자로서 Clandinin(2013)은 질적 연구의 한 갈래인 내러티브 탐구가 사회인문과학연구로서 그 정당성을 부여받기 위한 최소한의 방법으로 다음 세 가지 정당성을 확보할 것을 제안하였다.

개인적 정당성personal justification

개인적 정당성은 '이 내러티브 탐구가 연구자 개인에게 왜 중요한지'에 답할 수 있을 때 연구 정당성이 확보된다는 것이다. 내러티브 탐구는 참여자의 경험만을 대상으로 하는 탐구가 아니라 연구자와 참여자가 함께하는 관계적 · 협력적 협동작업임을 앞서 명시하였듯이, 여기로부터 연구자 자신의 개인적 정당성이 내러티브 탐구에 있어서 중요한 이유로 위치할 수 있다. 연구자가 연구의 대상경험과 관련하여 자기 자신을 어떻게 이해하고, 얼마만큼 이해하느냐는 참여자의 경험 탐구 폭과 깊이에 절대적인 영향을 미친다. 내러티브 탐구의 처음 출발을 연구자 자신에 대한 탐구(narrative beginnings)로부터 시작하는 근거가 바로 여기에 있는 것이며, 연구자 자신의 내러티브 기술에서 우리는 연구의 개인적 정당성을 확인할 수 있다.

실제적 정당성practical justification

실제적 정당성이란 '탐구의 결과가 연구 분야의 실제(practice)에 어떤 변화를 가져올 수 있을지에 답할 수 있을 때', 그 연구의 정당성을 확보한 것으로 보는 것이다. 따라서 연구자가 내러티브 탐구를 통해 학문 분야의 변화 가능성을 가늠하고 추구하는 것은 매우 중요하다. 예를 들어, 교육학 분야에선 내러티브 탐구를 통해 학교, 교사, 학생, 부모 등에 대한 이해의 확장으로 교육 관련한 실제적 변화를 이끌어 낼 수 있고, 의학 분야에선 의학적 · 임상적 실제의 변화를, 상담학 분야에서는 상담의 실제에 변화를 이끌어 낼 수 있는 가능성을 갖춤으로써 연구의 실제적 정당성을 확보할 수 있는 것이다. 단, 내러티브 탐구는 '인간 경험의 이해'를 본질적 목적으로 하는 연구이므로, '실제적 정당성 확보'를 연구의 최우선 목적으로 위치시키는 오류는 내러티브 탐구자가 늘 경계해야 할 부분이다.

사회적 정당성social justification

사회적 정당성은 '이 연구가 이론적 이해를 확장하거나 사회적으로 좀 더 정의로운 상황을 만드는 데 어떤 기여를 할 수 있을까?'에 답할 수 있을 때 연구 정당성을 갖추게 된다는 것이다. 연구의 시작에서부터 생각할 필요가 있는 것이 사회적 정당성인데 여기에는 이론적 방면과 사회적 방면이라는 두 가지 방식이 있다. '이론적 정당성'은 새로운 방법론적 · 학문적 지식에 의하여 탐구를 정당화시키는 것을 의미한다(Clandinin & Huber, 2010, p. 436). 예를 들어, 내러티브 탐구가 비교적 새로운 연구방법론이라는 것을 감안할 때 집중적으로 사용되고 있는 교육학 분야(내러티브 탐구는 교육학 분야의 연구에서 처음 출발하였다.) 이외의 학문 분야에서 이 연구방법을 사용하여 인식론적 · 존재론적 이해를 드러내고

방법론적 기여를 할 수 있다면, 이는 훌륭한 이론적 정당성을 확보한 것이 될 것이다. '사회적 행동/정책 정당성'은 내러티브 탐구의 사회적 정당성 확보에 중요한 역할을 한다. 내러티브 탐구자는 특정 정책이나 대중 담론의 확장 모두에 기여할 수 있다. 내러티브 탐구자는 참여자의 경험을 일반화시키지 않는 반면, 정책들과 그 실행과정이 품고 있는 복잡성과 모순을 지적함으로써 정책 발전에 기여할 수도 있다. 사회적 정당성 측면에서 연구자가 기여할 수 있는 또 하나의 중요한 역할은, 독자로 하여금 살아진 경험(lived experience)에 부여된 전제와 가치 안에서 사람들의 삶을 이해하고 그들의 경험에 내재되어 있는 복잡성과 혼란, 침묵 등을 볼 수 있게 해 주는 것이다.

연구를 시작하기에 앞서, 연구자는 앞의 세 가지 정당성에 대한 질문에 답을 할 수 있어야 할 것이다. 내러티브 탐구에 있어서 연구자 자신의 개인적 관심/중요성과 다른 사람들의 삶 속에서 표현되는 커다란 범주의 사회적 관심 간의 관계성을 창출해 낼 수 있어야 한다. 연구 주제에 왜 관심을 가지게 되었는지, 왜 내러티브 방법론을 선택하였는지를 개인적 차원뿐만 아니라 사회적 차원의 말로 답할 수 있을 때 연구의 정당성이 부여된다.

관계적 존재론relational ontology

내러티브 탐구는 환경과의 사회적 상호작용 속에서 시간에 걸쳐 일어나는 연구자와 참여자 간의 협동작업이다(Clandinin & Connelly, 2000). 내러티브 탐구에 대한 이해를 다룬 여러 저작물(Clandinin & Caine, 2013; Clandinin & Connelly, 2000; Connelly & Clandinin, 1990)에서 내러티브 탐구의 관계적 측면은 점점 더 강조되고 있다. 이는 연구자에 대하여 단순히 경험이야기의 상황을 기술하는 사람이 아니라 관계적 존재로서 연구에 깊이 관여하고 있는 사람으로, 그리고 연구 참여자와 친밀하고 밀접한 관계성에 놓여 있는 사람으로 강조하고 있음을 뜻한다.

내러티브 탐구는 연구 참여자의 대상 경험에 대한 탐구에 그치는 것이 아니라 연구자 또한 탐구의 일부가 되어서 함께하는 작업이다. 참여자의 경험과 관련하여 우리의 경험 또한 더불어 탐구하는 것이며, 이러하기에 우리의 과거, 현재, 미래 경험 속에서 문화적,

사회적, 가족의, 기관의 내러티브를 구현하면서 끊임없이 변화의 이야기를 살게 되는 것이다. 연구자 자신의 경험이야기 탐구(narrative beginnings)로 탐구를 시작하는 것도 이러한 맥락에서이다. 참여자의 경험과 더불어 연구자 자신의 경험을 탐구함으로써 우리가 누구인지, 우리가 무엇이 되어 가는지(존재론적 질문)를 찾아가며 자기 자신과 마주한다는 것은 방법론적인 성찰성을 확보하는 것으로 매우 중요한 요소이다(Clandinin et al., 2018). 내러티브 탐구에서 지속적으로 강조되는 '관계적'이라는 말은 연구자와 참여자 간의 관계성에 국한되지 않는다. 우리가 탐구 수행 과정에서 몰입하게 되는 관계적 존재론은 참여자와 관련지어 우리가 누구인지를 묻는 것뿐 아니라, 좀 더 큰 세상(학교, 학문 분야 등) 또는 연구자를 포함하여 일반 사람들이 살고 있는 더 큰 세상(사회)과 관련지어 우리가 누구인지 물을 것을 요구한다. 그래서 내러티브 탐구자들은 글쓰기에서 '관계적'이라 함을 개인적 정당성, 실제적 정당성, 사회적 정당성의 측면으로 연결하여 풀어내곤 한다.

관계적 윤리relational ethics

관계적 존재론의 바탕에는 근원적으로 관계적 윤리가 존재한다. 오랜 시간 동안 우리는 '돌봄'의 개념을 사용하여 '윤리'를 말해 왔고, 관계 속에 산다는 것이 무엇을 의미하는지를 말해 왔다. 내러티브 탐구가 방법론으로 발전되기 시작하던 초기에, 관계적 탐구라는 기틀 아래 연구 윤리를 논하면서 Noddings(1984)의 '**돌봄의 윤리**(ethics of care)'를 사용하였다. "우리가 돌봄에 관여할 때 다른 사람과의 관계성으로 들어간다."라는 것이 그녀의 중심 생각이었다. 우리가 참여자 옆에서 살아가면서 그들의 이야기를 들을 때, 우리는 항상 '현장'과 더불어 참여자와 함께 구성하는 '현장텍스트'를 늘 참여자와 함께 만들어 간다는 점에 주의를 기울여야 한다. 탐구의 과정에서 발생하는 이런 모든 경험에는 윤리가 깊이 스며 있다. 우리는 할 수 있는 한, 탐구 공간에서 우리가 누구인지, 우리 존재가 우리와 참여자 사이의 공간을 어떻게 형성하는지에 늘 깨어 있어야 한다. 익명성과 비밀보장의 문제는 삶의 어려움이 연구텍스트에서 드러날 때 더욱 중요하게 떠오른다. 내러티브 탐구 공간을 연구자와 참여자 모두가 속해 있는 공간으로 이 공간을 이해하는 것은 중요하다. 이 공간은 항상 윤리적이며 수용적인 태도와 상처받기 쉽지만 서로에게 이익이 되는 돌봄으로 가득 차 있는 특별한 공간이다.

관계적 존재론과 함께 올 수밖에 없는 관계적 윤리는 연구의 과정에서 상호관계, 호혜주의, 상호존중 등에 대하여 고려할 것을 요구한다. 이뿐만 아니라 관계적 윤리는 우리가 안주하고 있는 세상과 사람에 대한 책임감에 대하여 질문하기도 하고, 우리의 연구가 이끌어 갈 미래의 세상이 어떻게 돌아갈지, 또 우리가 존재하는 현재의 세상이 어떻게 돌아가고 있는지 질문하도록 요구하기도 한다.

관계적 책임감relational responsibility

내러티브 탐구에서는 연구자로서 관계성 속에서 산다는 것, 즉 이야기를 살고, 말하고, 다시 말하고, 다시 사는 것을 참여자와 함께 구성하고 협의하는 협력적 방법으로 산다는 것이 무엇을 의미하는지에 많은 관심을 가진다. 내러티브 탐구 공간을 연구자와 참여자 모두가 함께 속해 있는 공간으로, 그리고 항상 열려 있고 서로 상처받기 쉽다는 것을 인정하며 상호의존적 돌봄의 태도와 윤리로 특징지어지는 공간으로 이해하는 것에서부터 '관계적 책임감'이 비롯된다. Lieblich(1996)는 참여자의 이야기(stories)에 집중하는 과정에서, 절대 판단하지 않으며 그들에 대한 불신을 중지하고 열심히 들으면서 '어떠한 해도 입히지 말아야 한다.'라는 윤리위원회의 기준 정도를 넘어서 연구자가 더욱 깊은 관계적 윤리 의식과 책임감을 갖출 것을 주장한다. 연구자의 관계적 책임감은 연구 참여자에게만 국한되는 것이 아니라 '연구자의 내러티브' 속에 등장하는 인물들에게도 적용되어야 한다. 윤리 문제는 내러티브 탐구 전반에 걸쳐 깊이 스며들어 있으며 관계적 윤리, 돌봄의 윤리(Bergum, 1999; Noddings, 1984)로 특징지어 이야기된다. 우리가 관계적 책임감에 주목할 때 우리는 우리 연구에 중요성을 부여할 수 있는 평등과 사회정의라는 문제에 또한 주목하게 된다.

관계적 탐구relational research

내러티브 탐구를 설명할 때 관계적 존재론과 인식론, 관계적 윤리, 관계적 책임감 등은 반드시 들어갈 수밖에 없는 용어들이다. 따라서 내러티브 탐구에 있어서 '관계성'은 핵심 언어가 되며, 이에 내러티브 탐구를 '관계적 탐구'라 칭한다.

현장field

내러티브 탐구와 관련된 '관계적 공간'이 우리가 가장 일반적으로 말하는 '현장'을 의미한다. '현장'이란 연구와 관련된 물리적이고 정신적인 모든 공간을 포함하는 개념이다. 연구자가 연구 참여자와 인터뷰 대화를 나누는 물리적 공간만을 의미하는 것은 결코 아니다.

연구자의 자전적 내러티브narrative beginnings

내러티브 탐구의 정당성 중에서 개인적 정당성(personal justification) 확립과 좀 더 관련이 되는 것으로, 연구의 처음 시작에서 수행되어야 할 것은 연구자의 자전적 내러티브 탐구 과정이다(Cardinal, 2010; Chung, 2008; Clandinin, 2006). 내러티브 탐구는 연구자 자신의 경험이야기 탐구로부터 시작한다. 내러티브 탐구가 지속적으로 반성적으로 되돌아보는 방법론이기 때문에 내러티브 탐구자는 연구의 전반과 중반, 후반에 대한 자신의 경험을 계속 탐구할 필요가 있다. 연구자는 연구자 자신이 내러티브 탐구의 일부라는 사실을 잊지 말아야 한다.

연구자로서 자신의 내러티브를 작성하고 탐구하는 과정에서 우리는 3차원적 내러티브 탐구 공간을 통해 우리 자신의 경험을 바라보아야 한다. 이는 연구 퍼즐을 이해하기 위해서, 또 때로는 연구 퍼즐을 정하기 위해서 저 멀리 우리의 유년 시절로까지 거슬러 올라가야 한다는 것을 의미하는 것이기도 하고, 이는 또한 우리의 이야기가 펼쳐졌던 장소에 주목해야 한다는 것일 수도 있으며, 그리고 우리의 이해를 이끌었던 사회적 · 정치적 맥락을 명확히 드러내는 것일 수도 있다. '연구자의 내러티브'가 연구 퍼즐의 형성에 매우 중요한 부분이긴 하지만, 반드시 그 전체가 최종연구텍스트의 한 부분으로 들어가야 한다는 것은 아니다. 우리는 연구 퍼즐과 연구 결과에 대한 독자의 좀 더 나은 이해를 돕고자 이 부분을 공유하는 것이다. 그러므로 별로 길지 않은 길이의 학술지 논문의 경우, 연구자의 자전적 내러티브를 반드시 실을 필요는 없으나 학위 논문의 경우는 논문의 구성상 '연구자 내러티브'의 역할이 매우 중요하므로, 논문의 처음으로 구성하면서 논문 글쓰기를 시작할 것을 권고한다.

연구 퍼즐research puzzle

연구 퍼즐은 내러티브 탐구의 구성주의적이고 다중적인 면을 전달하기 위해 사용된 용어이다. 연구 문제(question)로 표현하지 않는 이유는 내러티브 탐구가 최종 답을 구하기 위한 탐구가 아니기 때문이다. 내러티브 탐구는 인간 경험에 대한 문제(question)가 아니라 궁금함(wonder)에서 시작한다.

연구 참여자research participant

내러티브 탐구는 연구자와 연구 참여자의 관계적 협동작업이다. 연구 참여자는 탐구 대상이 되는 경험의 내러티브를 제공하며 그러하기에 연구자뿐만 아니라 참여자에게도 연구에 대한 소유권이 인정된다. 이에 내러티브 탐구에서는 '연구 대상자'가 아니라 '연구 참여자'로 명명한다.

친밀한 관계성close relationship

내러티브 탐구에서 연구자와 연구 참여자 사이의 친밀한 관계성은 연구의 과정 내내 탐구의 기본적인 전제가 된다. 그래서 연구자는 실제 인터뷰 대화 국면에 들어가기에 앞서 연구 참여자와의 친밀한 관계성 수립을 위해 별도의 시간을 마련하여야 한다. 참여자 선정에 있어 처음 만나는 참여자라면, 관계성 형성을 위해 어떤 활동을 했는지 연구 참여자 선정 부분에서 기술하면 되고, 때로는 친밀한 관계성이 이미 수립되어 있어 속 깊은 경험의 내러티브를 공유할 수 있는 참여자를 선정할 수도 있다. 이러한 경우, 관계성 형성을 위한 시간을 절약할 수도 있을 것이다.

인터뷰 대화conversation

내러티브 탐구에서는 '인터뷰'라는 용어 대신 '대화'라는 용어를 사용한다. 이는 공식적인 인터뷰의 경우에는 인터뷰하는 사람(interviewer)과 인터뷰받는 사람(interviewee) 사이에 권력관계성을 형성하기 때문인데, 인터뷰의 형식이 대화 형식이 되면 연구자와 연구 참여자 간에 존재할 수 있는 권력관계성이 좀 더 협동적이고 동등한 관계성으로 변화될 수 있기 때문이다. 인터뷰 대화는 연구자와 연구 참여자 모두의 목소리와 스토리가 좀 더 잘 들리고, 잘 구성될 수 있는 공간을 창출해 낸다.

현장텍스트field texts

양적 연구에서 지칭하는 연구 자료(데이터)를 내러티브 탐구에서는 현장텍스트라고 말한다. 이는 탐구 과정에서 구성하는 텍스트가 객관적이라기보다는 경험적이고 간주관적(intersubjective)인 텍스트라는 점을 나타내기 위해서 현장텍스트라는 용어를 사용하게 되었다(Clandinin, 2013, p. 46). 그러므로 현장텍스트는 수집하는 것이 아니라 연구 참여자와 함께 형성해 가는 것이다. 현장텍스트의 종류에는 인터뷰 대화, 현장 노트, 연구일지, 관찰 자료, 기억을 끌어내는 물건(기억 상자) 등이 있는데, 이 중 주 자료는 인터뷰 대화 자료가 될 것이다. 이 외에도 연구자는 질 높은 내러티브 구성을 위하여 다양한 현장텍스트 종류에 열려 있을 필요가 있다.

연구텍스트research texts

중간연구텍스트

중간연구텍스트는 '내러티브 풀어내기(narrative accounts)'에 해당되는 부분의 글쓰기이다. 이는 연구자가 연구 퍼즐에 집중하는 시작점인 동시에 현장텍스트 속의 내러티브를 3차원적 탐구 공간(시간성, 사회성, 장소)에 위치하여 사회적, 문화적, 언어적, 기관의, 가족의 내러티브 등을 고려하면서 통찰적 · 통합적으로 분석하고 해석하여 연구자의 언어로 풀어 쓰는 지점으로 내러티브 탐구 텍스트의 가장 중요한 부분이라고 말할 수 있다.

최종연구텍스트

챕터별로 작성된 글쓰기를 전체 글쓰기로 통합하여 마무리하면서 최종적으로 작성, 완결된 텍스트를 최종연구텍스트라 한다. 최종연구텍스트는 쓰기가 매우 어렵게 느껴지기도 하는데, 이는 연구자와 참여자가 이제 그들의 관심을 청중(그들이 알지 못하고, 또 참여자가 살고 말한 경험과는 아주 동떨어져 있는)에게로 돌려야 하기 때문이다. 최종연구텍스트를 작성할 때, 연구에 대한 개인적·실제적·사회적 정당성에 다시 한번 주목하는 것은 매우 중요하다. 최종연구텍스트는 전통적이고 학문적인 출판이나 학위 논문, 구두 발표 등을 위해 쓰이지만, 종종 비학문적 청중을 위해 최종연구텍스트를 쓰기도 한다. 비학문적 청중을 위한 글쓰기는 다른 대중적 텍스트와 같이 극장 연극, 예술 작품 전시, 웹사이트, 시, 정책 설명 등으로 표현될 수도 있다.

경험의 의미 experiential meanings

질적 연구는 연구 참여자 경험의 의미 이해를 통해 개별 인간으로서의 연구 참여자를 이해함을 목적으로 하며, 이로써 질적 연구를 정의한다. 내러티브 탐구 역시 경험이야기를 탐구함으로써 경험의 의미를 형성하게 되고 이로써 연구 참여자 이해에 이르게 되는 과정을 밟는다. 앞서 풀어낸 내러티브 분석과 해석을 바탕으로 그 경험이야기가 참여자에게 어떤 의미인지 경험의 의미를 형성해야 하는데, 이는 철저하게 연구자의 몫이다. 즉, 이러한 경험의 이야기가 참여자에게 어떤 의미인지를 참여자에게 직접 질문하고 들어서 작성하는 것이 아니라, 이야기 탐구를 통하여 연구자 스스로가 구성하는 것이다. 전체 내러티브를 커다란 시각과 관점에서 통합적으로 바라보는 시도가 먼저 필요하며, 그 후 참여자의 삶을 구성하는 데에 중요한 역할을 한 특정 이야기들에 주목하면서 그것들이 삶의 맥락에서 어떤 의미였는지를 연구자의 말로 구성하는 것이다.

경험의 의미 주제 타이틀은 함축적이고 의미의 풍성함을 상상력을 통해 전달할 수 있는 은유적·비유적(metaphoric) 표현의 사용을 권장한다. 메타포의 사용은 기술에 있어서는 간결하지만 압축적이기 때문에 의미의 이해가 좀 더 심도 깊고 통찰력 있게 확장되기에 용이한 장점을 지니고 있다. 그러나 모든 의미 주제 타이틀에 메타포를 사용해야 한다는 것은 아니다. 때로는 주제 타이틀이 서술문의 형태를 띨 수도 있으며, 또한 다른 형태일 수도 있다. 이 부분은 연구자가 판단하여 결정할 사안이다. 의미 챕터를 기술할 때 통찰력 있는 경험의 의미 전달을 위하여 회화나 문학 작품의 일부분, 사진 자료 등 다양한 자료를 활용하여 은유적 · 비유적 표현을 시도하기도 한다.

기억과 경험의 재구성reconstruction

내러티브 탐구의 인터뷰 대화에서 연구 참여자는 과거에 겪었던 사실이나 사건들(경험)을 기억으로부터 '**재구성**'한다. 그러나 여기서 언급되는 '**기억**'은 가장 믿을 수 없는 도구이기도 하다(Zinsser, 1987). 기억이란 의도하였건 의도하지 않았건 시간과 장소, 환경에 따라 왜곡되기도 하고 변형되기도 하여서 때론 내게 일어나지 않았던 일이 실제 일어났던 일로 기억되기도 한다. 또는 두 사람이 같은 상황 속에서 겪은 같은 일이 서로 다르게 기억되는 경우도 우리는 많이 접하게 된다.

과거의 경험이야기는 스토리텔러의 의도와 무관하게 구술 시점의 상황이나 정서적 상태, 시간, 목적과 청중에 따라 재구성되는 것이다. 그래서 "기억은 상상이라는 행위에 의해서 찾아낼 수 있는 것이다(Zinsser, 1987, p. 25)."라는 주장과 같은 의미로 Lyle(2000, p. 53)은 '기억의 상대성'에 대하여, "기억의 진실을 말하자면, 기억은 객관적인 것도, 고정되어 있는 것도, 변하지 않는 것도 아니다. 기억은 상대적인 것이고, 해석적인 것이며, 관계적인 것이다."라고 주장하였다. 경험의 재구성은 부분적으로는 기억에 바탕하고, 부분적으로는 과거 사건에 대하여 현재 참여자가 중요하다고 느끼는 것에 의하여 이루어진다. 따라서 모든 회상은 재구성이다(Thelen, 1989).

그러므로 내러티브 탐구 시 경험의 재구성의 주체는 연구 참여자이다. '재구성'이란 '참여자가 과거의 경험을 이야기하는 것'을 뜻한다. 경험이야기는 기억으로부터 소환되어 구성되는데, 기억은 믿을 수 없는 것이기 때문에 참여자는 그 기억에 바탕을 두고 그 과거 경험을 이야기로 재구성하는 것이 된다. 종종 내러티브 논문에서 참여자의 구술 이야기를 "연구자가 재구성하였다."라고 기술한 것을 발견하게 되는데, 이는 '내러티브적 재구성'에 대한 잘못된 이해이다.

내러티브 일관성narrative coherence

'내러티브 일관성'(Carr, 1986)이란 인생에 있어 불연속적이고 파편적으로 보이는 경험의 조각들이 내러티브 속에서 유기적 관련성을 띠고 조직화 · 구조화되면서 일련의 사건으로 순서(sequence)를 갖추게 되는 것을 일컫는 용어이다.

우리는 삶을 살아갈 때 끊임없이 내러티브 일관성을 찾는데, 심지어는 일관성이 불가능해 보이는 상황에서조차도 그렇게 한다. Carr(1986)는 삶의 '내러티브 일관성'을 다음과 같이 말하고 있다.

> 일관성에 있어서 우리의 삶(lives)은 때로는 조금 더, 때로는 조금 덜 일관성을 품는다. 삶이란 합리적으로 함께 잘 어우러지긴 하지만, 경우에 따라서 따로 떨어지는 경향이 있다. 일관성이란 우리가 그것을 갈구하고 말고와 상관없이 우리에게 필요한 그 무엇으로 보인다. 모든 것은 이해될 필요가 있다. 일관성이 보이지 않을 때 우리는 부족함을 느낀다. 근본적인 정체성으로서가 아니라 함께 어우러지는 삶으로서, 자아의 통일은 이미 주어진 조건이 아니라 성취이다. 우리 중의 일부는 성공('자아의 통일'에 있어서)을 하고, 다른 사람들보다는 나아 보이기도 한다. 어느 누구도 완벽하게 성공할 수는 없다. 우리가 하고 있는 것은 우리 자신과 다른 사람들에게 우리가 무엇이고, 우리가 어떤 사람인지에 관한 이야기를 말하고 다시 말하는 것이다(p. 97).

관계적 반응 집단relational response communities

내러티브 탐구자들은 항상 어떤 반응 집단에 참여할 것을 강력하게 권고받는다. 반응 집단 내에서 초창기 연구 퍼즐이나 중간연구텍스트, 최종연구텍스트 등이 함께 공유되고 논의될 수 있으며, 내러티브 탐구의 신뢰도를 높이는 동료 확인(member checking) 집단으로서의 역할도 할 수 있다. 반응 집단은 연구자가 참여자의 경험과 연구 퍼즐을 어떻게 다루는지 깨달을 수 있도록 해 주기 때문에 탐구가 진행되는 내내 매우 중요한 역할을 하게 된다. 반응 집단은 주로 연구자가 자신의 연구에 대해 책임 있는 대화를 나눌 수 있다고 신뢰하고 중시하는 사람들로 구성되는데, 구성원은 동질적 집단(예: 같은 전공의 스터디그룹) 또는 이질적 집단(예: 여러 분야에서 다양한 배경을 지닌 집단)으로 이루어질 수 있다. 다양성이 특징이 되는 반응 집단은 특히 다양한 전공과 다양한 세대, 다양한 문화 배경을 지닌 구성원과 학문적인 그리고 비학문적인 구성원을 고루 갖출 수 있어 탐구를 더욱 풍성하게 만들 수 있다.

반응 집단 안에서 내러티브 탐구자는 방법론적·이론적 성장을 지속적으로 이루어 가고, 관계성 속에서 윤리적으로 반응하는 방식에 대해 배우며, 듣는 것을 반복적으로 배우게 된다. 반응 집단 구성원들이 탐구 안에서 연구자로서, 참여자로서의 우리를 바라보듯이, 우리 또한 연구자로서의 여정에 내재되어 있는 복잡함을 이해하게 된다. 반응 집단은 오랜 시간에 걸쳐서 꾸준히, 정기적으로 운영될 필요가 있다. 집단 내 신뢰와 존중, 돌봄을 유지하기 위해서 반응 집단 안에서 구성원으로서의 의무감과 책임감에 대하여 지속적으로 협의해야 할 필요가 있다. 반응 집단은 탐구에 대한 궁금함과 통찰을 제공하는 한편, 구성원을 유지하면서 응원과 반응을 통하여 관계성과 성취를 서로 축하해 주는 역할도 하게 된다.

내부자 관점emic/insider perspective

내부자 관점(Duranti, 1997)은 질적 연구자의 관점으로 언급되는 탐구 접근법의 하나로, 처음에 문화기술연구를 하는 인류학자가 한 문화를 현지인의 토속적 개념과 논리 속에서 이해하고자 했던 접근법으로 출발하였다. 이에 반하여 학술적 맥락에서 외부적 기준, 용어, 도구 등을 활용하여 그 문화를 비교 연구하는 접근법으로 사용되었던 관점을 외부자 관점(etic perspective)이라고 한다(조용환, 2002). '내부자 관점'은 경험자로부터 그 경험에 대한 이야기를 직접적으로 듣고, 그 경험에 대해 가능한 한 많이 알아내는 것이 목적일 경우에 사용된다. 연구 참여자의 관점을 우선시하고 그가 주어진 현상에 대하여 또는 서로 다른 행위의 차이에 대하여 어떻게 의미를 부여하는지를 연구 참여자의 관점에서 기술하는 것이다. 따라서 '내부자 관점'으로 수행되는 연구는 주로 인터뷰를 통해 자료를 구성하게 된다.

내러티브 분석과 해석narrative analysis/interpretation

분석analysis

어떤 물질이나 현상을 아주 자세하게 나누고 쪼개어 보는 것으로 과학의 기본 수단 방법이라 할 수 있다.

해석interpretation

해석은 풀어서(解) 깨닫는(釋) 일이다. 자잘한 것들로 복잡하게 뒤섞인 사물이나 현상을 풀어서 중요한 의미를 캐내는 일이다. 해석 없는 분석은 쓸데없다. 이를 하려면 속을 꿰뚫어 보는 통찰(洞察)이 있어야 한다. 결국 해석은 통찰력으로 깨달음을 얻는 일이다. 단순히 나누고 쪼개는 분석과 차원이 다르다.

내러티브 탐구자는 참여자의 내러티브를 분석하고 해석하여 경험 이해를 위한 풀어내는 글쓰기를 해야만 한다. 앞에 제시한 분석/해석의 사전적 의미를 놓고 보아도 '내러티브 풀어내기'에서 연구자가 더욱 비중 있게 다루어야 할 것은 '해석'이다.

동료 확인member checking

'동료 확인'이란 주로 연구자가 자신의 연구에 대하여 책임 있는 대화를 나눌 수 있다고 신뢰하는 사람들로 구성된 '관계적 반응 집단' 안에서 연구 퍼즐이나 중간연구텍스트, 최종연구텍스트 등 연구와 관련된 모든 것을 함께 공유하고 논의하는 것을 의미한다.

다각화triangulation

다각화는 질적 연구의 타당성을 확보하는 가장 일반적인 방법의 하나로 사용되고 있다. 동일한 문제에 대해서 다양한 연구방법, 다양하게 생성된 자료, 연구에 참여한 다수의 조사자, 활용 가능한 다양한 이론 등 여러 유형의 검증원을 사용하여 분석하는 기법을 말한다. 다각화는 이미 알고 있는 두 장소에 세워진 안테나를 사용하여 멀리 떨어져 있는 방송국의 특정한 위치를 찾아낼 수 있다는 간단한 기하학적 원리에 입각해 있다. 이러한 원리를 확장하여 다각화는 다양한 출처의 자료를 사용하고, 다양한 방법을 동원하며, 많은 조사자가 동일한 결론을 보고하여 여러 이론의 지지를 받는다면, 그 연구의 타당성은 높다고 보는 입장을 취한다. 그러나 다양한 이론을 활용하여 동일한 결과를 확정하려는 시도는 이론의 유사성을 의미할 뿐 경험적 의미가 없다는 점에서 내러티브 해석에서 유보적인 태도를 견지할 필요가 있다.

연구자 중립성researcher neutrality

'질적 연구의 평가에 있어서 객관성이 중요한 평가 항목이 되는 것은 아니다.'라는 말이 연구자가 어느 한쪽으로 편향된 편견을 가져도 된다는 것을 뜻하는 것은 아니다. 질적 연구이건 양적 연구이건 모든 사회과학 연구물 안에서 확보되어야 할 것은 '연구자 중립성'이다.

내러티브를 분석할 때 연구자는 참여자와 분명한 거리감을 두고 연구자로서 엄격한 중립성을 지키면서 그 경험이야기를 바라보고 풀어야 한다. 내러티브 탐구는 관계적 탐구이며 따라서 관계적 윤리가 매우 강조되는 탐구 방법이다. 또한 이는 연구자와 참여자 간의 협동작업으로 연구자와 참여자 간의 친밀한 관계성이 전제되어야 하며, 연구 전, 중, 후에 지속적으로 '돌봄의 윤리(ethics of caring)'(Noddings, 1984)가 작동되어야만 가능한 연구방법이다. 따라서 이로 인해 때로는 연구자가 자신을 참여자와 동일시하거나 그 경험에 몰입되어 연구자로서의 중립을 지키지 못하는 경우가 발생하기 쉽다. 내러티브를 분석할 때 연구자로서 중립을 지키고 거리를 유지해야 하는 것이 연구의 과정에서의 친밀함과 배려, 존중에 반하는 것으로 오해해선 곤란하다.

판단적 어휘judgemental vocabulary

내러티브를 푸는 단계에서 연구자는 반드시 어느 한쪽으로 치우침 없이 중립을 지켜야 하며 '판단적 어휘'를 사용하여 분석하는 일 또한 절대 없어야 한다. '판단적 어휘'라 함은 긍정적 · 부정적 판단 어휘를 모두 포함하며, 연구자가 풀어낸 글을 읽으며 어떤 판단을 할 것인지는 오롯이 개별 독자의 몫이다. 학문적 연구에서 연구자의 중립성은 양적 연구와 질적 연구 모두에서 반드시 지켜져야 할 매우 중요한 요소이다.

판단중지epoche

연구자의 중립성을 지키는 것과 밀접하게 연결되는 용어로 본래 현상학적 연구에서 사용된 용어이나 내러티브 탐구자는 참여자 내러티브에 대하여 어떠한 판단이나 예측 또는 기대를 경계해야 하므로 내러티브 탐구에서도 중요하게 사용되고 있다.

에포케(epoche)는 고대 그리스 철학에서 '판단중지'를 뜻하는 말이며, 현상학에서는 '어떤 현상이나 사물에 대해 다 안다고 생각하지 않고 판단을 보류하거나 중지한다'는 의미를 가지고 있다.

판단하는 사람이나 대상의 입장과 상태, 조건이 워낙 다양하기 때문에 매사를 일률적으로 좋거나 나쁘다고 할 수 없다는 뜻이다.

cf 백지상태

어떠한 대상에 대하여 아무것도 모르는 상태를 의미하는 용어로, 연구자 중립성을 확보하기 위하여 연구에 앞서 참여자에 대한 어떠한 선입관이나 편견을 지니지 않도록 비워야 하는 상태이다.

연구자 간주관성researcher intersubjectivity

연구자는 참여자의 내러티브를 듣기만 하는 사람이 아니라, 참여자와 더불어 서로의 삶의 이야기를 함께 구성해 가는 관계적 연구 동반자이다. 연구자는 내러티브 탐구 과정에서 자신의 자전적 이야기를 살아내고 고유한 삶의 배경에서 형성된 관점을 가지고 말을 한다. 따라서 전 연구 과정에 걸쳐 연구자의 개인적 실제적 지식이 고려되어야 한다는 것은 매우 중요한 일이며, 그러하기에 내러티브 탐구 과정에서 연구자의 주관성 또는 간주관성이 인정될 수밖에 없다. 이와 같은 연구 맥락에서 내러티브 연구물을 양적 연구의 평가 기준인 일반화(generalization)나 객관성(objectivity)의 잣대를 가지고 평가할 수는 없는 것이다.

내러티브에 관한 분석analysis of narratives / 내러티브 분석narrative analysis

다수의 질적 연구방법에서 연구 자료로 내러티브를 다룬다. 내러티브, 즉 경험이야기를 데이터로 사용하는 것이 내러티브 탐구를 의미하는 것은 아니다. 내러티브 탐구의 가장 큰 구별점으로 언급될 수 있는 것은 '개별 인간의 삶'을 다룬다는 것이다. 우리가 인간 존재를 이해하는 방식으로서 내러티브를 차용한다는 것이다. 그래서 '내러티브에 관한 분석'과 '내러티브 분석'의 차이를 알아야 한다.

내러티브에 관한 분석analysis of narratives

내러티브를 다른 종류의 인터뷰 데이터와 동급의 데이터로 취급하면서 사물을 바라보는 일반적 질적 분석의 방식으로 내러티브를 주제와 범주로, 해체적으로 분석하는 것(Clandinin & Murphy, 2007)을 뜻하며 좀 더 일반적인 질적 연구의 형태라고 말할 수 있다.

내러티브 분석narrative analysis

내러티브를 개별 인간의 독특하고 고유한 경험이야기로 바라보면서 상황 맥락에 따라 통합적 · 통찰적으로 분석함으로써 개인의 삶을 이해하는 것을 뜻하며, 이는 내러티브 탐구의 탐구 방식과 일치한다.

결국 내러티브 탐구와 내러티브를 사용하는 다른 질적 연구를 구분하는 기준은 '내러티브'를 바라보는 관점의 차이에 있으며, 이는 내러티브 탐구의 본질과 직접 연결되므로 내러티브 탐구자의 우선적 이해가 요구된다.

내러티브 연구narrative research / 내러티브 탐구narrative inquiry

내러티브 연구와 내러티브 탐구는 엄격히 구분된다. 수행되는 연구의 목적과 내용이 달라지기 때문이다. 이는 '내러티브'를 바라보는 관점의 차이에서 비롯된다. 다시 말하면, 다음과 같다.

내러티브 연구narrative research

'내러티브에 관한 분석'에 의해 수행된 연구

내러티브 탐구narrative inquiry

'내러티브 분석'에 의해 수행된 연구

참고문헌

조용환(2002). 질적 연구: 방법과 사례. 서울: 교육과학사.

홍영숙(2015). 한국계-미국인(Korean-American) 대학교 원어민 강사가 살아내는 교사경험이야기 탐구. 언어학 연구, 20(3), 141-167.

홍영숙(2019a). '관계적 탐구'로서의 내러티브 탐구. 질적탐구, 5(1), 81-107.

홍영숙(2019b). 필리핀 결혼이주여성 두 명의 언어정체성 형성에 관한 내러티브 탐구. 언어학 연구, 24(1), 299-325.

홍영숙(2020). 내러티브 논문작성의 실제. 내러티브와 교육연구, 8(3), 7-28.

홍영숙(2024). 내러티브 탐구: 이론적 · 철학적 바탕에서 논문작성까지, 그리고 Q & A. 서울: 학지사.

Bergum, V. (1999). Ethics as question. In T. Kohn & R. McKechnie (Eds.), *Extending the boundaries of care: Medical ethics and caring practices* (pp. 167-180). New York: Oxford.

Caine, V., Clandinin, D. J., & Lessard, S. (2022). *Narrative inquiry: Philosophical roots*. London: Bloomsbury Publishing Plc.

Caine, V., Estefan, A., & Clandinin, D. J. (2013). A return to methodological commitment: Reflections on narrative inquiry. *Scandinavian Journal of Educational Research, 57*(6), 574-586.

Cardinal, T. (2010). For all my relations: An autobiographical narrative inquiry into the lived experiences of one Aboriginal graduate student. Unpublished master's thesis, University Alberta, Edmonton, Alberta, Canada.

Carr, D. (1986). *Time, narrative, and history*. Bloomington: Indiana University Press.

Chung, S. (2008). Composing a curriculum of lives: A narrative inquiry into the interwoven intergenerational stories of teachers, children, and families. Unpublished master's thesis, University Alberta, Edmonton, Alberta, Canada.

Clandinin, D. J. (1985). Personal practical knowledge: A study of teacher's classroom image. *Curriculum Inquiry, 15*(4), 361-385.

Clandinin, D. J. (2006). Narrative inquiry: A methodology for studying lived experience. *Research Studies in Music Education, 27,* 44–54.

Clandinin, D. J. (2013). *Engaging in narrative inquiry.* Walnut Creek, CA: Left Coast Press, Inc.

Clandinin, D. J. (2020). *Journey in narrative inquiry: The selected works of D. Jean Clandinin.* New York: Routledge.

Clandinin, D. J., & Caine, V. (2013). Narrative inquiry. In A. A. Trainor & E. Graue (Eds.), *Reviewing qualitative research in the social sciences* (pp. 166–179). New York: Routledge.

Clandinin, D. J., Caine, V., & Lessard, S. (2018). *The relational ethics of narrative inquiry.* New York, NY: Routledge.

Clandinin, D. J., & Connelly, F. M.(1990). Stories of experience and narrative inquiry. *Educational researcher, 19*(5), 2–14.

Clandinin, D. J., & Connelly, F. M. (1995). *Teachers' professional knowledge landscapes.* New York: Teachers College Press.

Clandinin, D. J., & Connelly, F. M. (1996). Teachers' professional knowledge landscapes: Teacher stories–stories of teachers–school stories–stories of schools. *Educational Researcher, 25*(3), 24–30.

Clandinin, D. J., & Connelly, F. M. (1998). Stories to live by: Narrative understandings of school reform. *Curriculum Inquiry, 28*(2), 149–164.

Clandinin, D. J., & Connelly, F. M. (2000). *Narrative inquiry: Experience and story in qualitative research.* San Francisco, CA: Jossey–Bass.

Clandinin, D. J., & Huber, J. (2010). Narrative inquiry. In B. McGaw, E. Baker, & P. Peterson (Eds.), *Internastional encyclopedia of education* (3rd ed.). New York: Elsevier.

Clandinin, D. J., Huber, J., Huber, M., Murphy, M. S., Murray–Orr, A., Pearce, M., & Steeves, P. (2006). *Composing diverse identities: Narrative inquiries into the interwoven lives of children and teachers.* New York: Routledge.

Clandinin, D. J., & Murphy, M. S. (2007). Looking ahead: Conversations with Elliot Mishler, Don Polkinghorne, and Amia Lieblich. In D. J. Clandinin (Ed.), *Handbook of narrative inquiry: Mapping a methodology* (pp. 632–650). Thousand Oaks, CA: Sage.

Clandinin, D. J., Pusher, D., & Murray-Orr, A. (2007). Navigating sites for narrative inquiry. *Journal of Teacher Education, 58*(1), 21–35.

Clandinin, D. J., & Rosiek, J. (2007). Mapping a landscape of narrative inquiry: Borderland spaces and tensions. In D. J. Clandinin (Ed.), *Handbook of narrative inquiry: Mapping a methodology* (pp. 35–75). Thousand Oaks, CA: Sage Publications.

Connelly, F. M., & Clandinin, D. J. (1990). Stories of experience and narrative inquiry. *Educational Researcher, 19*(5), 2–14.

Connelly, F. M., & Clandinin, D. J. (1999). *Shaping a professional Identity: Stories of educational practice.* New York: Teacher College Press.

Connelly, F. M., & Clandinin, D. J. (2006). Narrative inquiry. In J. L. Green, G. Camilli, & P. Elmore (Eds.), *Handbook of complementary methods in education research* (pp. 477–487). Mahwah, NJ: Lawrence Erlbaum.

Connelly, F. M., Clandinin, D. J., & He, M. F. (1997). Teachers' personal practical knowledge on the professional knowledge landscape. *Teaching and Teacher Education, 13*(7), 665–674.

Czarniawska, B. (2004). *Narratives in social science research.* London: SAGE Publications Ltd.

Dewey, J. (1916). *Democracy and education: An introduction to the philosophy of education.* New York: The Macmillan Company.

Dewey, J. (1934). *Art as experience.* New York: Perigee Books.

Dewey, J. (1938). *Experience and education.* New York: Collier Books.

Dewey, J. (1981). *The later works,* 1925–1953: Vol. 10. Art as experience (J. A. Boydston, Ed.). Carbondale: Southern Illinois University Press.

Duranti, A. (1997). *Linguistic anthropology.* Cambridge: Cambridge University Press.

Ferraroti, F. (1981). On the autonomy of the biographical method. In D. Bertaux (Ed.), *Biography and society: The life history approach in the social sciences* (pp. 19–27). Beverly Hills, CA: Sage.

Goodson, I., & Gill, S. (2011). The narrative turn in social research. *Counterpoints, 386*, 17–33.

Herman, D., Jahn, M., & Ryan, M. L. (2005). *Encyclopedia of narrative theory*. New York: Routledge.

Johnson, M. (1984). Review of Elbaz, Freema, Teacher thinking: A study of practical knowledge. *Curriculum Inquiry, 14*(4), 465–468.

Lieblich, A. (1996). Some unforeseen outcomes of conducting narrative research with people of one's own culture. In R. Josselson (Ed.), *Ethics and process in the narrative study of lives* (The narrative study of lives, Vol. 4), (pp. 172–184). Thousand Oaks, CA: Sage Publications.

Lincoln, Y. S., & Guba, E. G. (1985). *Naturalistic inquiry*. Beverly Hills, CA: Sage.

Lyle, S. (2000). Narrative understanding: Developing a theoretical context for understanding how children make meaning in classroom settings. *Journal of Curriculum Studies, 32*(1), 45–63.

Mishler, E. G. (1986). *Research Interviewing*. Cambridge, MA: Harvard University Press.

Noddings, N. (1984). *Caring: A feminine approach to ethics and moral education*. Berkeley and Los Angeles: University of California Press.

Noonan, J. (2008). Ontology. In L. Given (Ed.), *The Sage encyclopedia of qualitative research methods*. Thousand Oaks, CA: Sage. Retrieved from www.sage-ereference.com/research/Article_298.html.

Okri, B. (1997). *A way of being free*. London: Phoenix House.

Pinnegar, S., & Daynes, J. G. (2007). Locating narrative inquiry historically: Thematics in the turn to narrative. In D. J. Clandinin (Ed.), *Handbook of narrative inquiry: Mapping a methodology* (pp. 3–34). Thousand Oaks, CA: Sage Publications.

Polkinghorne, D. E. (1988). *Narrative knowing and the human sciences*. Albany: State

University of New York Press.

Stone, L. (2008). Epistemology. In L. Given (Ed.), *The Sage encyclopedia of qualitative research methods*. Thousand Oaks, CA: Sage. Retrieved from www.sage-ereference.com/research/Article_137.html.

Thelen, D. (1989). A new approach to understanding human memory offers a solution to the crisis in the study of history. The Chronicle of Higher Education, pp. B1, B3.

Zinsser, W. (1987). Writing and remembering: A memoir and an introduction. In W. Zinsser (Ed.), *Inventing the truth* (pp. 11-29). Boston: Houghton Mifflin Company.

03

문화기술지

1 문화기술지 개관

1) 문화기술지의 정의

문화기술지(Ethnosraphy)**의 정의**는 다음과 같다. 문화기술지는 집단, 팀, 조직 및 공동체 내에서 발생하는 사회적 상호작용이나 행동 및 인식을 연구하는 방법이다(Reeves, Kuper, & Hodges, 2008). 즉, 문화기술지는 연구자가 특정한 사회나 집단에서 공유하고 있는 문화를 심층적으로 이해하기 위한 질적 연구방법의 하나이다(김영천, 2023; 서경혜, 2023). 문화기술지는 문화인류학과 사회학 분야에서 가장 인기 있는 질적 연구방법으로 평가받고 있다. 문화기술지의 주요 목적은 사람들의 견해와 행위에 대한 풍부하고 총체적인 통찰력을 제공하는 데 있다(Spradley, 1979, 1980). 인류학자나 사회학자는 문화기술지를 통하여 특정한 집단의 낯선 부분을 친숙하게 접근하여 다른 사람들에게 이해를 촉발한다. 연구자는 특정한 집단이나 사회의 구성원들이 공유하고 있는 문화를 깊이 있게 이해하기 위해 내부자의 관점을 유지하면서, 집단 구성원들과 유사한 경험을 공유한다. 문화기술지를 수행하는 연구자는 특정한 집단의 문화를 이해하기 위하여 인터뷰, 참여관찰, 문서 및 인공물 등 다양한 자료를 수집하고 분석하여 연구 결과를 도출한다. 현재 문화기술지는 간호학, 경영학, 교육학 등 다양한 학문 분야에서 방법론적 기여를 하고 있다.

2) 문화기술지의 특징

문화기술지의 특징은 다음과 같다. 문화기술지는 예전에 탐구되지 않은 현상을 대상으로 작업하는 경우가 많으며, 정해진 가설이나 전제를 시험하는 것보다 사회현상을 새롭게 탐구하는 데 중점을 둔다. 문화기술지는 상세하고 풍부한 기술을 통해 특정한 집단의 문화를 탐구하는 데 초점을 둔다. 문화기술지를 수행하는 연구자는 참여관찰, 인터뷰, 상징, 인공물 등을 통해 광범위한 현장작업(fieldwork)을 수행한다. 문화기술지의 방법적 절차(자료 수집과 분석의 연속성과 순환)는 상당히 중복적이고 동시에 발생하는 경향이 있다.

3) 문화기술지의 방법적 전제

문화기술지의 방법적 전제는 다음과 같다. 문화기술지는 연구의 주요 목적이 문화적 이해의 해석에 따라 달라지고 영향을 받는다고 가정한다. 그리고 연구자(문화기술자)는 특정한 집단 구성원들의 언어 사용과 규범 및 관습을 철저히 식별할 수 있는 전문가이다. 문화기술지를 수행하는 연구자는 직접적인 참여관찰과 인터뷰를 통해 정보를 습득하지만, 때로는 이러한 자료 수집의 활동 없이도 특정 장소나 집단에 대한 정보를 얻을 수 있다고 가정한다.

4) 문화기술지의 방법적 절차

문화기술지의 방법적 절차를 제시하면 다음과 같다.

① **연구 주제 선정**: 연구자는 학술적 및 학문적 관심 주제에 근거하여 특정한 집단의 문화나 공동체를 주요한 연구대상으로 선정한다.

② **문헌 검토:** 연구자는 특정한 문화적 주제와 관련된 문헌을 검토하여 연구 주제에 대한 간략한 아이디어와 개요를 정리한다.

③ **문화적 요소 식별:** 문화기술지를 수행하는 연구자는 연구 주제와 관련하여 의미가 있고 탐구해야 할 요소를 식별한다.

④ **현장 들어가기:** 문화기술자는 특정한 집단의 문화에 진입하여 구성원들로부터 수용을 얻으려 노력한다.

⑤ **문화적 몰입:** 문화기술자는 탐구하기로 선택한 집단이나 공동체에서 몇 달 또는 몇 년 동안 머물면서 연구 참여자들과 함께 살아간다.

⑥ **자료 수집:** 연구자는 참여자와 함께 라포를 형성하고 신뢰를 얻은 후, 관찰일지, 인터뷰 녹음 및 전사본의 형태로 정보를 수집한다.

⑦ **문화적 주제**(이론) **생성:** 연구자는 자료의 수집과 분석을 오가는 반복적 작업을 통하여 자료에 대한 해석을 시도하고, 이를 기반으로 문화적 주제나 이론을 생성한다. 문화기술자는 새로운 문화적 주제나 이론을 생성할 때 이론적 선입견을 경계하고, 집단 구성원들의 내부적 관점을 기반으로 이론을 검증한다.

한편, Spradley(1980)는 참여관찰을 중심으로 12단계(① 사회적 상황 정하기, ② 참여 관찰하기, ③ 문화기술적 기록하기, ④ 서술 관찰하기, ⑤ 영역 분석하기, ⑥ 집중 관찰하기, ⑦ 분류 분석하기, ⑧ 선별 관찰하기, ⑨ 성분 분석하기, ⑩ 문화적 주제 발견하기, ⑪ 문화적 자료목록 정리하기, ⑫ 문화기술지 쓰기)에 이르는 발전식 연구 절차를 제시하였다. Spradley(1980)가 제시한 12단계 연구 절차는 자료의 수집과 분석을 오가는 문화기술지의 연구 단계를 따르고 있다.

5) 문화기술지의 장점과 단점

문화기술지의 장점과 단점을 제시하면 다음과 같다. 문화기술지는 사람들이 다른 집단이나 공동체의 문화를 보다 심층적으로 이해할 수 있는 기회를 제공한다. 또한 문화기술지는 국가나 기업이 목표로 하는 시장과 사람들에 대하여 더 많이 알 수 있는 정보와 문화적 이해를 제공한다. 그리고 문화기술지는 내부자의 관점에서 특정 집단구성원들의 행동이나 인식 방식을 보다 잘 이해할 수 있도록 도와준다. 하지만 문화기술지는 대표적인 연구표본(대상)을 선정하는 것이 어려울 수 있으며, 상대적으로 연구자의 많은 시간과 노력이 필요하다. 또한 문화기술지의 연구 결과는 연구자와 연구 참여자 사이의 관계에 따라 달라질 수 있으며, 연구 참여자의 개방성과 정직성의 정도에 따라 연구 결과가 달라질 수 있다. 또한 문화기술지는 엄밀한 사회과학자로서의 입장을 전제하지만, 연구자의 문화적 편견과 선입견을 원천적으로 차단하기 쉽지 않은 한계가 있다.

2 문화기술지 주요 용어 해설

문화culture

문화라는 용어는 학문적 전통에 따라 다양하게 정의 내릴 수 있다. 문화는 추상적 개념이라 직접적으로 연구할 수 있는 대상은 아니다. 문화기술자는 문화공유 집단을 관찰하고 참여함으로써 연구대상(행동, 언어, 인공물)의 문화를 엿볼 수 있고, 문화를 기술 · 분석 · 해석하여 이론화를 시도할 수 있다(Creswell, 2005). 이러한 문화는 다음과 같은 특징을 갖고 있다(김영천, 2012).

- 특정한 집단의 구성원들은 상호관계 속에서 독특한 생활양식을 만듦
- 생활양식: 말하는 방식, 대화의 주제, 행위의 규칙과 코드, 가치와 신념
- 사회 구성원들의 일상적인 생활양식은 함축적 형태를 나타냄
- 구성원들은 일상적인 상호작용을 통해 계층, 종교, 직업, 윤리의 세계로 들어감
- 인간의 사고와 행위는 문화에 따라 조장되고 제한됨(김영천, 2012, p. 28)

문화기술적 분석ethnographic analysis

문화를 분석하는 데 연구자의 사고하는 방법이 무엇보다 중요하다. 문화기술적 분석은 어떤 것을 체계적으로 검토하는 일을 말하는데, 부분과 부분 사이의 관계와 패턴에 주목한다. 특히 문화기술적 분석은 문화적 의미를 찾는 데 방점을 둔다. 구체적으로, 영역분석은 특정한 문화의 영역이나 범위를 분석한다. 분류분석은 문화적 영역이 조직된 방식에 주목한다. 그리고 성분분석은 각 영역에서 드러난 속성에 분석의 초점을 둔다(Spradley, 1980).

문화공유 집단cultural-sharing group

문화공유 집단은 문화기술자가 사람들(연구 참여자)의 행동, 언어, 인공물을 이해하고 해석하고자 할 때 필요한 분석 단위이다. 문화기술자는 특정한 집단이 작용하는 방법을 포착하기 위해 전체 집단의 학습된 행위와 언어에 초점을 둔다. 또한 문화기술자는 사회문화 체계의 일부에 초점을 두고 미시문화기술지(micro-ethnography)를 수행할 수도 있다(Creswell, 2005).

문화공유 집단에 대한 기술description of cultural-sharing group

문화기술자의 1차적 작업은 특정한 문화공유 집단의 사건이나 활동을 있는 그대로 기록하고 표현하는 것이다. 예를 들어, 문화기술자는 문화공유 집단의 문화를 기술하기 위해 사실적 기술(realistic description)을 할 수도 있고, 연구현장에 대한 그림을 그릴 수도 있으며, 사건을 연대기적으로 기록할 수도 있다(Creswell, 2005). 문화공유 집단에 대한 기술은 분석과 해석의 기초가 된다.

문화공유 집단에 대한 분석analysis of the cultural-sharing group

문화기술자는 정교한 자료 분석에 기초하여 '코드-하위 범주-범주-문화적 주제'라는 패키지를 발전시킨다. 문화공유 집단에 대한 자료 분석은 질적 자료를 철저하게 검토하고, 자료에 있는 증거에 기초하여 분석을 시도한다(Creswell, 2005).

문화공유 집단에 대한 해석interpretation of the cultural-sharing group

문화기술자는 문화공유 집단의 의미 해석을 통해 문화기술지를 완성할 수 있다. 연구자는 정교한 해석을 시도하기 위해 다양한 참고문헌, 개인적 경험, 다양한 이론적 관점을 채택할 수도 있다. '기술-분석-해석'의 정교한 개념적 연결고리는 해석을 이론의 수준으로 이끄는 원천이다.

문화적 묘사cultural depiction

문화기술지 연구의 주요한 특징은 문화공유 집단의 전체적인 풍경이나 광경을 있는 그대로 보여 주는 것이다(Creswell, 2005). 따라서 문화기술자는 문화적 묘사를 통해 탐구하고자 하는 현상이나 대상을 두껍게 기술해야 한다.

문화적 주제cultural themes

문화적 주제는 공식적으로 혹은 암묵적으로 집단 구성원들의 행동을 통제하고 자극하는 가정이나 입장을 의미한다. 문화적 주제는 많은 영역에서 암묵적으로 혹은 가시적으로 반복하여 발생하는 원리인데, 문화적 의미의 하위 체제를 연결하고 연계하는 역할을 한다. 문화적 주제는 특정한 집단 구성원들이 공유하는 인지의 원리이자, 고도의 일반성과 추상성을 지닌 개념이다. 문화기술지에서 문화적 주제는 격언, 좌우명, 속담 등의 형태로 드러낸다(Spradley, 1980).

내부자 관점emic perspective

전통적 문화기술지의 목적은 원주민들의 관점을 이해하는 데 있다(서경혜, 2024). 문화기술지를 수행하는 연구자는 특정한 집단의 문화가 행위자들에 의해 어떻게 작성되고 구성되는지, 행위자가 문화를 도구로 하여 어떻게 의미를 구성하고 해석하면서 실천하는지, 그리고 그러한 실천을 통해 어떤 문화를 만들어 내는지를 내부자의 관점에서 탐구한다(김영천, 이현철, 2017, p. 119). 이러한 내부자 관점의 상대 용어는 외부자 관점(etic perspective)이다(Creswell, 2005).

〈표 3-1〉 내부자 관점과 외부자 관점 비교(김영천, 2012, p. 134 재구성)

특징	내부자 관점	외부자 관점
전제	내부자 관점에서 기술된 구조	외부자 관점에서 기술된 구조
연구 목적	특정한 집단의 전체적 문화 체계	일반적인 인과모형에 따른 문화적 변수
연구방법	질적 양식으로 기록한 관찰	문화에 적용할 수 있는 변인
관찰방법	장기적이고 광범위하게 관찰	간결하고 정밀하게 관찰하기
분석방법	인터뷰, 참여관찰 기반 현장연구	질문지, 변인 측정, 통계
연구 사례	토착적 사고를 통한 주제 분석	실험을 통한 문화 비교 연구

심층적 기술thick description

문화기술지가 신뢰성을 얻기 위해서는 심층적 기술을 필요로 한다. 심층적 기술(심층기술, 중층기술, 두꺼운 기술, 두터운 기술 등으로 불림)이란 문화기술자가 설명할 대상에 대한 전반적인 정보를 제공하여, 독자들이 특정한 상황을 완전하게 이해할 수 있도록 하는 글쓰기 방식을 말한다(김영천, 2012, 2013; 서경혜, 2024). 특정한 현상을 이해하기에 충분할 정도로 참여자의 삶을 깊이 있게 기술하는 글쓰기 전략을 '두꺼운(중층적)' 기술에 비유하기도 한다(Geertz, 1973).

삼각측정법triangulation

삼각측정법(트라이앵글레이션, 삼각화, 삼각검증)은 항해나 측량술과 관련된 용어이다. Denzin은 방법론적 측면에서 삼각측량을 다음 네 가지 유형으로 설명하였다(서경혜, 2024).

첫째, 연구 문제를 탐구하기 위하여 방법의 다각화를 시도한다. 둘째, 자료 삼각측정법은 다양한 데이터 소스(다각도의 시간 또는 공간)를 사용하여 현상을 탐구한다. 셋째, 조사자(연구자) 삼각측정법은 여러 연구자를 사용하여 특정한 연구 주제에 대한 복수적 관점과 견해를 생성한다. 넷째, 이론적 삼각측정법은 연구자가 서로 다른 개념과 이론으로 데이터에 접근하여 연구 결과를 도출하는 방법을 말한다(Reeves, Kuper, & Hodges, 2008).

심층면담in-depth interview

문화기술지에서 심층면담은 참여관찰 방법과 더불어, 자주 활용되는 자료 수집 방법이다. 문화기술자는 심층면담을 통해 연구 참여자들의 내밀한 세계관을 내부자의 입장에서 이해할 수 있다. 즉, 심층면담은 연구 참여자들의 관점, 생활세계, 의식, 주관성, 감정 등을 이해하기 위한 연구방법이다(김영천, 2012). 문화기술지에서 사용하는 심층면담의 특징을 간략하게 제시하면 다음과 같다.

첫째, 문화기술지를 수행하는 연구자는 참여관찰과 심층면담을 병행함으로써 자료 수집에서 상호 보완성을 추구할 수 있다. 예를 들면, 연구자는 참여관찰을 통해 얻은 정보와 통찰로 심층면담을 새롭게 시도할 수 있다. 반대로, 문화기술자는 심층면담을 통해 새롭게 알게 된 점을 바탕으로 초점관찰이나 선별관찰을 시도할 수 있다. 둘째, 문화기술지에서의 심층면담은 열린 대화의 형태로 진행하는 것이 좋다. 문화기술자가 대화의 형태(비구조적 면담)로 심층면담을 수행하는 이유는 연구 참여자들의 생활세계와 의식세계를 내부자의 관점에서 파악하고자 하기 때문이다(김영천, 2012).

심층면담의 절차 및 단계

- 의도적 표본추출(목적표집)에 기초하여 면담 참여자를 확인한다.

- 어떤 유형의 면담이 연구 문제의 해결에 가장 유용할지를 결정한다.
- 심층면담을 위한 적절한 상황과 기기를 결정한다.
- 심층면담을 위한 인터뷰 가이드와 인터뷰 질문목록을 구성한다.
- 심층면담을 위한 시간과 장소를 결정한다.
- 면담 장소에 도착한 다음에 연구 참여에 대한 동의를 구하고 자료를 기록한다.
- 정해진 시간 내에 면담을 끝내고, 추후 심층면담 일정을 잡는다.
- 심층면담이 종료된 이후에는 녹음자료를 관리하고 분석한다(Creswell, 2005).

구조structure

구조는 문화기술자(ethnographer)가 탐구하고자 하는 사회문화체계나 집단에 대한 주제 또는 개념을 의미한다. 그리고 구조는 사회문화집단의 친척 관계나 정치적 구조와 같은 집단의 사회적 구조나 구성을 말한다. 예를 들면, 학교나 병원의 인적 구조는 조직 차트(조직도)와 같은 형태로 드러난다(Creswell, 2005).

국지여행 관찰mini-tour observation

대다수의 참여관찰은 일주여행처럼 시작된다. 그러나 문화기술지를 수행하는 연구자는 국지여행처럼, 전체를 조망한 다음에 조망한 과정과 결과에서 도출된 특정한 사건이나 상황을 보다 예리하게 관찰하게 된다. 문화기술지 연구에서는 국지여행 관찰에서 비롯되는 작고 예리한 관찰을 국지여행 관찰이라 칭한다(Spradley, 1980).

기능function

기능은 문화기술자가 연구하고자 하는 사회문화 체계나 집단에 대한 하나의 주제나 개념이다. 그리고 기능이란 행위자들의 행동을 규제하도록 돕는 집단 구성원들 사이의 사회적 관계를 의미한다(Creswell, 2005). 예를 들면, 초임교사는 학교라는 사회문화 체계에서 적응하고 생존하기 위해 교원, 학생, 학부모들 사이에서 독특한 사회적 관계를 형성할 수 있다. 이때 적응 및 생존 전략이 기능에 해당한다.

라포rapport

라포는 심리학에서 유래된 개념인데 현장작업에서 가장 중요한 기술이다. 라포는 한 개인이 다른 개인을 신뢰하고 공감할 수 있는 심리적 상태를 일컫는 말이다(김영천, 2012). 특정 집단의 외부자로서 현장에 들어가는 문화기술자는 연구현장에 성공적으로 들어가기 위해 참여자들과 함께 라포를 형성한다.

메모하기memoing

메모하기는 말 그대로 '메모한다'는 뜻이다. 문화기술자는 자료 분석을 시도하다가 떠오르는 생각이 있는데, 이를 기록하는 정신적 활동을 메모하기라 부른다(서경혜, 2024, p. 286). 문화기술자는 메모하기를 통해 분석의 깊이를 더하고, 분석의 지평을 확장할 수 있다(서경혜, 2024, p. 286).

목적표집purposeful sampling

목적표집은 연구자가 연구 주제와 관련하여 흥미를 느낀 장소나 사람들을 의도적으로 선택하는 것을 의미하는데, 양적 연구에서의 무선표집과 상대 개념이다. 목적표집의 세부 방법으로는 편의표집, 할당표집, 포화표집, 극단적/특별한 사례표집, 최대 다양성 표집, 동질집단 표집, 지역표집, 전형적 사례표집, 눈덩이 표집 등이 있다(김영천, 2012, pp. 210−215).

문지기gatekeeper

문지기는 질적 연구에서 자료의 수집과 관련한 용어이다. 문지기는 문화기술자가 한 집단이나 문화적 환경에 들어가기 전에 방문해야 하는 중요한 사람을 의미한다. 연구자는 현장에 들어가기 위해 문지기로부터 연구 승낙이나 동의를 얻어야 한다(Creswell, 2005). 예를 들면, 문화기술자가 중등학교 교사들의 교직문화를 연구하고자 한다면, 교육기관의 관리자라 볼 수 있는 교감과 교장으로부터 연구 동의를 득해야 한다. 이때 교감과 교장이 일종의 문지기에 해당한다.

반응성reactivity

반응성은 현장에 있는 연구 참여자들이 연구자에게 부정직하며 거짓된 방식으로 반응할 수 있다는 염려를 표현하는 용어이다(Creswell, 2005). 문화기술자는 자신의 연구에서 참여자들이 반응성을 보이고 있는지를 검토해야 한다. 문화기술자가 연구 참여자들의 반응성에 적절하게 대처한다면, 자료의 질을 높임으로써 연구의 과정과 결과에 대한 신뢰성과 타당성을 높일 수 있다.

반영성reflexivity

반영성(성찰성)은 연구자가 질적 연구에서 가지고 있을 수도 있는 자신의 편견, 가치, 경험 등을 의식하는 것을 의미한다(Creswell, 2005). 반영성(연구자가 탐구하고자 하는 세계와 관계에 대한 기술)은 문화기술지 작업에서 타당성을 확보하기 위한 핵심적 요소이다. 왜냐하면 반영성은 문화기술자가 연구 참여자와 공유하는 관계에서 비롯되는 윤리적 이슈와 관련이 있기 때문이다. 반영성은 연구 보고서나 논문 안에서 문화기술자의 독특한 아이디어나 경험에 대한 기술의 형태로 제시되는데, 독자는 연구자의 반영성을 통해 연구 결과에 개입될 수 있는 연구자의 영향력과 주관성을 판단할 수 있다(Reeves, Kuper, & Hodges, 2008).

범주category

범주는 코드로 표현된 개념들을 포괄하는 상위의 추상적 개념이다(서경혜, 2024). 문화기술자는 코드의 개념적 조합과 압축을 통해 범주를 생성하는데, 범주들 사이의 지속적인 비교분석을 통해 상위 범주와 하위 범주를 생성한다. 문화기술자는 범주화(categorizing)를 통해 하위 범주와 상위 범주인 문화적 주제를 생성한다.

분류분석taxonomic analysis

분류분석은 단일한 의미론적 관계를 근거로 구성된 범주를 생성하는 활동을 의미한다. 특히 분류분석은 한 영역 내에서 모든 개념 사이의 관계를 보여 주는데, 부분과 전체가 개념적으로 어떻게 연결되는지에 초점을 둔다(Spradley, 1980).

비판적 문화기술지critical ethnography

전통적인 문화기술지에 '비판'이라는 용어를 가미한 합성명사이다. 비판적 문화기술지는 프랑크푸르트 학파에서 강조했던 비판이론(critical theory)의 관점을 문화기술지에 적용한 연구를 지칭한다. 비판적 문화기술지는 사회의 불평등과 차별의 문제를 주목하고 해결하기 위해 인종, 계급, 젠더, 성 지향, 종교, 나이, 장애, 국가정체성 등을 연구의 주제로 삼는다(김영천, 2012, pp. 37-38).

사회적 상황social situation

사회적 상황은 장소, 행위자, 활동이라는 세 가지 요소로 구성된다(Spradley, 1980). 이러한 세 가지 요소는 사회적 상황의 사회문화적 의미를 담고 있기보다는, 사회문화적 의미를 이해하기 위한 발판으로 작용한다. 특정한 사회적 상황은 물리적 배경에 해당하는 장소에서 발생한다. 그리고 사회적 상황은 특정한 부류의 행위자들에 의해 구성된다. 행위자들은 다양한 행동과 활동 패턴을 통해 사건을 구성한다(Spradley, 1979, 1980). 사회적 상황을 선정하는 데 유용한 다섯 가지 기준은 단순성, 접근용이성, 비노출성, 허락 가능성, 빈번하게 발생하는 활동이다.

단순성

사회적 상황은 단순성과 복잡성 사이의 연속선상에 있다. 따라서 사회적 상황을 제대로 포착하기 위해서는 연속선상에서 단순한 것을 선정하는 것이 좋다. 이러한 방식은 차후에 보다 복잡한 사회적 상황을 연구하는 데 유용하다(Spradley, 1980).

접근용이성

사회적 상황들은 접근이 용이한 정도의 차이가 있다. 접근성이 나쁜 곳은 초보 문화기술자가 연구방법(인터뷰, 참여관찰, 문서분석)을 실행하는 데 불필요한 번거로움을 초래할 수도 있다. 따라서 연구자는 사회적 상황에 접근이 쉬운 상황을 선택하는 것이 연구에 유리하다(Spradley, 1980).

비노출성

연구자는 참여관찰 시 자신을 어느 정도로 노출할 것인지를 결정해야 한다. 초보 문화기술자는 자신의 연구 활동이 직접적인 주의를 끌지 않도록 하는 것이 좋다. 따라서 비노출성이 확보된 연구 장소를 선택하는 것이 문화기술적 연구에 성공하는 지름길이다(Spradley, 1980).

허락 가능성

특정한 집단이나 사회의 문화를 연구하기 위해서는 구성원들의 연구 허가가 필수불가결하다. 따라서 문화기술지를 수행하는 연구자는 누구로부터 어떻게 연구 허락을 받을지를 염두에 두어야 한다. 연구 참여자 혹은 정보 제공자로부터 허락을 받기 위해서는 연구의 성격과 목표를 알려야 한다(Spradley, 1980).

▶ 빈번하게 발생하는 활동

행동이나 관습의 문화적 규칙을 발견하기 위해서는 반복되는 비슷한 활동들을 지속적으로 관찰할 필요가 있다. 그래서 사회적 상황을 선정하는 중요한 기준 중의 하나는 반복해서 일어나는 사회적 활동의 빈도이다.

성분분석componential analysis

성분분석은 범주의 속성(의미 성분)을 체계적으로 찾는 활동을 의미한다. 즉, 성분분석은 특정한 집단의 사람들이 자신들의 문화적 범주에 부여하는 의미의 단위를 찾는 작업이다. 범주의 속성은 하나의 문화적 범주에 규칙적으로 나타나는 정보를 의미한다. 성분분석의 과정은 대조점(대비되는 특성)을 찾아 분류를 하고, 대조의 차원에 따라 묶은 후 패러다임 도식에 입력하는 방식이다(Spradley, 1980).

속임수deception

문화기술자의 속임수는 현장작업에서 중요한 방법적 이슈이다. 속임수는 문화기술자가 정보를 얻기 위해 연구 참여자를 의도적으로 속이는 행동과 관련이 있다. 문화기술지에서 속임수의 방법으로는 연구의 정체(목적)를 숨기거나, 연구의 목적에 대한 중요한 정보를 알리지 않거나, 비밀스럽게 정보를 수집하는 방법이 있다(Creswell, 2005). 하지만 최근에 IRB 연구윤리가 강화됨에 따라 연구자의 속임수는 과거에 비해 용인될 수 있는 것이 아니다. 문화기술자가 연구의 질을 높이기 위해 어느 정도의 속임수를 써야 할지는 여전히 방법적 논쟁거리이다.

구성원 검토member checking

구성원 검토는 구성원 검증(member checks), 연구 참여자 확인, 연구 참여자의 타당화 등 다양한 용어로 불린다(서경혜, 2024). 연구 참여자 검토는 연구자가 연구에 참여했던 사람들에게 직접적으로 연구 결과를 확인받는 활동을 의미한다. 이러한 연구 참여자 검토는 연구 결과에 대한 타당성과 신빙성을 확보하고, 연구의 질을 제고하는 데 필요한 과정이다(서경혜, 2014, p. 291).

위치성positionality

문화기술자나 자문화기술자는 연구자로서 자신이 어떠한 주관성을 갖고 연구에 임했는지를 기술해야 한다(김영천, 2012; 서경혜, 2024; 이동성, 2020). 객관성과 엄밀성을 추구하고자 하는 문화기술자도 한 개인의 주관성으로부터 자유롭지 못하다. 따라서 좋은 (자)문화기술자는 자신의 주관성이 연구의 계획과 실행 그리고 글쓰기 작업에서 어떻게 개입되었는지를 솔직하게 드러내어야 한다.

의사소통의 문화기술지ethnography of communication

문화기술지를 사용하여 특정한 집단의 말하기(언어 사용) 패턴과 관행, 비언어적 행동 및 집단 안팎의 관계에 대한 메시지를 분석한다. 그리고 의사소통의 문화기술지는 특정한 말하기의 패턴, 관행, 메시지가 사회적 상호작용을 통해 어떻게 생성되고 강화되는지를 분석 · 해석 · 이해 · 비판한다. 특히 의사소통의 문화기술지 중 하나로 볼 수 있는 민속방법론은 구성원들의 대화, 집단의식, 상징과 유물에 존재하는 암묵적이고 명시적인 가정(전제)을 탐구하는 데 초점을 둔다(이동성, 2008).

인공물artifacts

문화적 인공물(cultural artifacts)은 옷이나 도구처럼, 사람들이 일상생활에서 만들고 사용하는 물건을 의미한다(Creswell, 2005). 예를 들면, 교실 수업에서 사용하는 TV, 분필, 지우개, 각도기, 컴퓨터, 프로젝터, 실물 화상기 등이 인공물에 해당한다.

일주여행 관찰grand tour observation

문화기술자는 일주여행과도 같은 관찰방법을 통해 특정한 사건들에 대한 일반적인 모습을 표현할 수 있다. 이 관찰방법은 독자들이 특정한 집단에서 일어난 일을 전체적으로 조망할 수 있도록 해 준다. 사회적 상황의 세 가지 요소(장소, 행위자, 활동)는 일주여행식 서술을 가능하게 해 준다. 문화기술지를 수행하는 연구자는 다음의 아홉 가지 주요 차원을 통해 일주여행식 질문과 관찰을 이끌 수 있다(Spradley, 1980).

- **공간**: 물리적 장소
- **행위자**: 관련된 사람들
- **사물**: 나타난 물건
- **동작**: 사람들이 행하는 단일 행동
- **활동**: 사람들이 행하는 일련의 동작
- **사건**: 사람들이 수행하는 일련의 활동들
- **시간**: 발생하는 시간의 연속
- **목적**: 사람들이 달성하려고 노력하는 것
- **감정**: 느끼고 표현되는 정서

자문화기술지autoethnography

자문화기술지는 전통적 문화기술지(classic ethnography)와 자서전(autobiography)의 결합에서 생성된 새로운 문화기술지의 한 유형이다. 자문화기술지는 전통적 문화기술지가 배제하고자 했던 연구자 자신을 연구의 주요한 대상으로 설정한다(이동성, 2020). 자문화기술지는 문화적 현상을 내부자 관점에서 깊이 있게 이해할 수 있도록 도와주며, 저자를 포함한 공동체의 문화적 신념, 가치, 의식, 제도, 정책 등을 비판적으로 성찰할 수 있는 기회를 제공한다(서경혜, 2024).

전사transcription

전사(축어)는 문화기술자가 현장작업에서 수집하거나 기록한 자료(수기한 내용, 녹음 자료, 여러 가지 문서 등)를 뒤따르는 자료 분석을 위해 깨끗하고 체계적으로 받아 적는 활동을 말한다(김영천, 2012; 김영천, 정상원, 2017). 그리고 이러한 전사작업을 통해 나타난 자료를 전사지/축어록(transcript)이라 부른다. 문화기술지에서 전사작업의 기능은 다음과 같다(김영천, 정상원, 2017, pp. 107-108).

첫째, 전사지는 연구자에게 질적 자료 분석을 위한 의지와 욕구를 촉발한다. 둘째, 문화기술자는 전사를 통해 현장에서 수집한 모든 자료를 안전하게 관리할 수 있으며, 비밀 보장이 필요한 자료를 효과적으로 관리할 수 있다. 셋째, 연구자는 전사를 통해 원 자료를 자유롭게 편집할 수 있으며, 전사 그 자체가 분석을 이끌기도 한다.

점진적 주관성progressive subjectivity

점진적 주관성은 연구의 초기 국면에 설정한 연구 문제나 연구 내용이 시간적 경과에 따라 얼마나 깊어졌는지를 연구자 스스로 반성하는 작업을 의미한다(김영천, 2012, p. 249). 문화기술자는 연구의 모든 과정(계획-실행-글쓰기)에서 점진적 주관성을 추구함으로써 엄밀성이 담보된 질적 연구 결과물을 도출할 수 있다.

정보 제공자key informants

문화기술지를 수행하는 연구자는 특정한 집단이 공유하고 있는 가시적 및 암묵적 문화를 이해하기 위해 정보를 취득한다. 따라서 문화기술지를 훌륭하게 작성하기 위해서는 연구 주제 관련 정보를 충실하게 제공할 수 있는 사람(대상)을 선정해야 한다. 문화기술지에서 연구자에게 정보를 제공해 주는 사람을 바로 정보 제공자라 부른다. 정보 제공자들은 연구자에게 유용한 통찰을 제공하고, 연구자가 연구 주제에 다가갈 수 있도록 도움을 주는 존재라고 볼 수 있다(Creswell, 2005). 하지만 최근에는 문화기술자와 참여자의 수평적 권력관계와 호혜성을 추구하는 차원에서 '정보 제공자'라는 용어 대신 '연구 참여자'라는 용어 사용을 권장하고 있다.

진실성verisimilitude

진실성은 연구 결과를 보다 사실적이고 살아 있는 것으로 보이게 하는 방법적 개념이다(Creswell, 2005). 독자들은 문화기술자가 글에서 추구하는 진실성을 통해 연구현장에 다가갈 수 있으며, 연구 주제를 생동감 있게 파악할 수 있다.

참여관찰participant observation

참여관찰이란 연구자가 연구현장에 들어가서 구성원들의 일상생활에 참여하면서 연구자로서 전체적으로 관찰하는 연구 활동을 의미한다. 문화기술자는 참여관찰을 통해 인간 행위의 특징을 관찰하고, 그 행위의 이면에 침전되어 있는 의미를 파악한다(김영천, 이현철, 2017, p. 135). 문화기술자는 연구대상이 존재하고 살아가는 삶의 현장에 참여하며, 연구자 자신이 연구의 도구가 되어 현지 사람들과 관계를 맺으면서 체험적으로 자료를 수집한다(김영천, 이현철, 2017, p. 135). 참여관찰은 연구자의 관여 정도에 따라, ① 비참여 관찰, ② 완전한 관찰자로서 참여관찰, ③ 참여자로서 참여관찰, ④ 관찰자로서 참여관찰, ⑤ 완전한 참여자로서 참여관이 있다(김영천, 2012). 이러한 참여관찰의 필요성, 대상, 단계를 제시하면 다음과 같다(김명희, 2015; 김영천, 2012).

참여관찰 필요성

- 현상에 대하여 알려진 사실이 없을 때: 새롭게 형성되거나 발견된 집단
- 특정한 현장이나 상황에서 나타나는 인간의 활동과 관계, 활동과 관계의 의미 기술
- 외부자와 내부자의 견해 차이가 큰 경우
- 현상에 대한 외부자의 견해가 분명하지 않은 경우
- 특정한 현상에 대하여 일반인이 모르는 경우

- 참여자가 직접적으로 말하기 싫어하거나, 말하지 않은 사건을 이해해야 하는 경우
- 참여자가 연구자에게 말한 내용과 실제가 일치하지 않는 경우(김영천, 이현철, 2017, pp. 135-136)

참여관찰 대상

- **공간**: 공간의 구조, 종류, 배치
- **관계**: 행위자들의 관계, 행위자의 종류와 역할
- **언어**: 언어 사용 방식, 언어 사용의 특징, 언어 사용의 패턴
- **행위**: 행위의 특징 및 패턴
- **감정**: 행위자들의 느낌이나 감정의 특징
- **물건**: 물건 사용을 둘러싼 규범, 행위자의 지위나 역할에 따른 물건의 활용 양상
- **의례**: 세시풍속, 관혼상제, 규칙적인 의식, 일상생활에서의 종교행위
- **생계**: 다양한 지역에서의 생존방식 및 생존기술(김명희, 2015)

참여관찰 단계

- 참여관찰을 시도할 장소를 선택하고, 허가를 받기
- 누구를, 언제, 무엇을, 얼마나 오랫동안 관찰할지를 확인하기
- 연구의 초기 국면에서 관찰자로서 역할을 결정하기
- 참여관찰을 하면서 현장노트나 현장일지 작성하기
- 정보 제공자, 물리적 환경, 특별한 사건과 활동을 묘사하기
- 연구의 국면에 따라 참여관찰의 방법을 다양하게 하기
- 참여관찰이 종료되면, 연구 장소에서 퇴장하기(Creswell, 2005)

참여관찰록field note, field log

참여관찰록은 문화기술자가 연구 참여자의 세계에 머물면서 관찰한 내용을 기록한 자료이다(김영천, 정상원, 2017, p. 72). 참여관찰록은 관찰의 형태와 유형에 따라 체계적 참

여관찰, 개방적 및 미시적 참여관찰로 구분할 수 있다.

총체적 접근holistic approach

총체적 접근은 '전체는 부분의 합 그 이상이다.'라는 전제 아래 전체를 유기적으로 이해하고자 한다(서경혜, 2024). 문화기술자는 특정한 사회적 집단의 포괄적이고 완전한 의미의 그림을 얻기 위해 총체적 접근을 유지해야 한다. 총체적 접근은 연구자가 집단의 역사, 종교, 정치, 경제, 환경 등을 종합적으로 고려하는 연구 태도와 입장을 의미한다(서경혜, 2024). 문화기술자는 총체적 관점을 통해 집단에 대한 정보를 보다 큰 관점에서 획득할 수 있다(김영천, 2013; Creswell, 2005).

코드code와 코딩coding

코드는 코딩이라는 분석 작업을 통해 구성된다(Miles & Huberman, 1994). 코딩은 연구 문제에 적절한 자료를 탐색하여 분석적 의미를 부여하는 것이다(서경혜, 2024). 코드는 기술적 자료나 정보에 특정한 의미 단위를 지정하는 태그나 라벨링(명명)이다. 코드는 단어나 (동명사)구의 형태로 제시하는데, 코드들의 압축과 조합을 통해 코드의 상위 개념인 범주와 주제를 생성한다.

행동behaviors

문화기술자는 집단의 사람들이 공유된 의미를 구성하기 위해 행동하는 것을 이해할 필요가 있다. 문화기술자는 의미를 구성하고 공유하기 위한 행위자들의 목적적인 움직임을 행동이라 부른다(Spradley, 1980). 행동은 행위(action)나 활동(activity) 개념에 비해 다소 가시적이고 표면적인 특징이 있다. 행동은 보통 몇 초, 몇 분 또는 몇 시간 등 비교적 짧은 상황에서 일어난다(Miles & Huberman, 1994).

현장 들어가기gaining entry

현장 들어가기는 연구자가 자료를 수집하기 위해 연구현장에 들어가서 연구 활동을 개시하고 지속하는 활동을 의미한다. 현장 들어가기는 공간적 들어가기와 심리적 들어가기로 구분된다. 공간적 들어가기란 연구자가 책임자로부터 공식적인 허락을 받고 연구 현장이라는 공간에 들어가는 것을 말한다(김영천, 2012, p. 418). 그리고 심리적 들어가기란 문화기술자가 참여자와 함께 인간적 유대와 심리적 공감을 형성하여 끈끈한 인간관계나 라포를 유지하는 것을 말한다(김영천, 2012, p. 418).

현장작업fieldwork

현장작업은 현장조사라는 용어로 불리기도 한다(Creswell, 2005). 문화기술지를 수행하는 연구자는 연구 참여자들과 함께 사회적 활동에 참여하고 몰두해야 하는 존재이다. 문화기술자는 현장작업을 통해 문화공유 집단에 대한 문화적 규칙을 발견할 수 있다(Creswell, 2005). 그리고 문화기술자는 탐구하고자 하는 집단에 직간접적으로 거주하면서 참여관찰과 인터뷰를 통해 현장작업을 수행한다. 전통적 문화기술자들은 연구 주제를 탐구하기 위해 하루(24시간), 주(7일), 장기간(예: 1년 이상) 현장에 머무르면서 자료를 수집하고 분석한다.

현장일지field journal

현장일지는 연구자가 현장에 들어가면서부터 경험하게 되는 모든 사건을 기록해 놓은 공책이나 일지를 뜻한다(김영천, 2012). 문화기술지를 수행하는 연구자는 현장노트(field note)와 더불어 현장일지를 작성한다. 현장일지에는 현장작업에서 발생한 모든 경험, 아이디어, 두려움, 실수, 혼동, 돌파구, 문제점 등을 기입한다. 이러한 현장일지는 현장작업에서 개인적 측면을 대변하는데, 정보 제공자에 대한 연구자 자신의 반응과 감정을 기록한다. 현장일지를 통한 연구자의 자기반성적 기록은 개인의 편견을 되돌아보고, 연구자 자신이 연구에 미치는 영향력을 이해하는 데 도움을 준다(Spradley, 1980).

호혜성reciprocity

호혜성은 연구 참여자들이 기꺼이 관찰되고 정보를 제공하는 것에 대한 보상으로 무엇인가를 받고 싶어 하는 요구를 말한다. 따라서 문화기술자는 연구에 동의한 참여자들에게 무엇을 어떻게 보상할지 세심하게 고려를 해야 한다(Creswell, 2005). 최근에 한국의 IRB도 연구자와 참여자 사이의 상호 호혜성을 강조하는 추세이다. 따라서 문화기술자는 질적 연구에서 호혜성을 추구하기 위해 금전적 보상뿐만 아니라, 다양한(심리적 및 정신적) 보상을 고려할 수 있다.

참고문헌

김명희(2015). 박물관 교육과 질적 연구: 역사 · 문화 · 예술 공간으로서 박물관에 대한 새로운 접근. 경기: 아카데미프레스.

김영천(2012). 질적 연구방법론 I : Bricoleur. 경기: 아카데미프레스.

김영천(2023). 질적 연구방법론 II: Methods. 경기: 아카데미프레스.

김영천, 이현철(2017). 질적 연구: 열다섯 가지 접근. 경기: 아카데미프레스.

김영천, 정상원(2017). 질적 연구방법론 V: Data Analysis. 경기: 아카데미프레스.

서경혜(2023). 질적 연구방법론. 서울: 학지사.

서경혜(2024). 질적 연구입문. 서울: 학지사.

이동성(2008). 학문적 전통에 따른 담화분석의 이론적 특성 분석. 교육인류학연구, 11(2), 29-52.

이동성(2020). 질적 연구와 자문화기술지(2판). 경기: 아카데미프레스.

Creswell, J. W. (2005). *Qualitative inquiry and research design: Choosing among five traditions.* Sage Publications, Inc.

Geertz, C. (1973). Thick description: Toward an interpretive theory of culture. In *The interpretation of cultures: Selected essays* (pp. 3-30). New York: Basic Books.

Miles, M. B., & Huberman, A. M. (1994). *Qualitative data analysis: An Expanded sourcebook* (2nd ed.) Sage Publications, Inc.

Reeves, S., Kuper, A., & Hodges, B. D. (2008). Qualitative Research Methodologies: Ethnography. *British Medical Journal, 337*(7668), 512-514.

Spradley, J. P. (1979). *The ethnographic interview.* New York: Holt, Rinehart and Winston.

Spradley, J. P. (1980). *Participant observation.* New York: Holt, Rinehart and Winston.

04

사례연구

1 사례연구 개관

사례연구(Case Study)는 사례가 가지고 있는 복잡다단한 특성과 그 발현 양상을 탐구하는 것이다. 질적 연구의 한 전통으로서 사례연구는 학자들에 따라서 다양하게 정의되고 있음을 확인할 수 있다. Merriam(1998, p. 19)은 사례연구를 "일정한 주제 현상의 결과보다는 과정에 대해, 관련하는 특정 변수보다는 맥락에 대해, 그리고 확인보다는 탐색에 대해 더 많은 관심을 가질 때 시도하는 연구 접근 방식"이라고 규정한다. Patton(1987, p. 19)은 "사례연구는 특정한 문제나 현상을 심층적으로 이해할 필요가 있을 때 특히 유용해지는 연구방법"이라고 설명하며, Stake(1995, p. xi)는 "하나의 사례가 지니고 있는 독특함과 복잡성에 주목하는 연구"라고 정의한다. 또한 Yin(2009, p. 9)은 "어떻게(how), 왜(why)와 같은 탐색적 성격의 질문이 제기될 때 사례연구방법이 사용될 수 있다."라고 강조한다. 그러면서 사례연구는 연구대상과 관련한 변수에 대한 연구자의 통제나 개입이 제한적일 때, 그리고 구체적인 현실 조건 맥락에서 벌어지는 현상을 탐구하는 것이 주된 관심일 때 선호되는 연구 전략이라고 정리한다.

사례연구의 개념적 정의에 관한 학자들의 이런 설명은 사례연구란 연구자가 관심을 갖는 대상이나 활동을 이해하기 위해서, 맥락적 조건과 분리하지 않은 상태에서 심층적이고 종합적으로 관심 주제에 대한 이해를 도모하는 연구방법이라는 점을 부각한다. 즉, 사례연구를 통해서 추구하는 연구자의 최우선적인 관심은 맥락적인 속성을 지닌 사례에 관한 독특하고 구체적인 지식과 정보를 얻는 것으로서 사례연구를 하는 이유는 다른 무엇 때문이 아닌, 사례 그 자체가 가장 궁극적인 관심 대상이기 때문이다(Stake, 1995).

이후에서 언급하겠지만, 사례연구는 반드시 사례 자체에 대한 심층적인 이해를 위해서만 이루어지는 것은 아니며, 다른 이론적 설명이나 개념에 대한 실질적 이해를 돕고 실증적 자료를 확보하기 위한 목적으로도 수행될 수 있다. Stake(1995)도 이러한 사례연구의 실행 가능성을 인정하면서 사례 자체가 일차적인 연구 관심인 경우에 수행하는 본질적 사례연구(intrinsic case study), 이론적 · 개념적 이해와 함께 보다 광범위한 현상의 이해를 돕는 실증자료 확보를 목적으로 하는 도구적 사례연구(instrumental case study) 그리고 하나 이상의 사례를 함께 고려 · 탐구하는 복합적 사례연구(multiple or collective case study) 등으로 사례연구의 유형을 분류하여 소개하고 있다.

사례연구방법의 특징은 조사연구(survey research)나 실험연구(experiment research) 방법 등과 비교해 보면 좀 더 명확하게 정리해 볼 수 있을 것이다. 사례연구가 갖는 독특한 점은 연구에서 다루는 '사례의 수', 탐구의 대상으로서 '사례의 성격', 연구에서 동원하는 '자료의 범위', 그리고 연구에 있어서 '사례의 위치'라는 네 가지 차원에서 생각해 볼 수 있다.

첫째, 사례연구는 대부분 하나 혹은 적은 수의 사례를 선정하여 집중적으로 탐구한다. 인물, 기관, 프로그램, 제도, 결정적 사건 등과 같이 특정한 단위의 하나 혹은 소수를 사례로 규정하고 이에 대한 서술과 분석을 실시한다. 이런 사례연구의 특징은 가능한 한 많은 수의 표본을 모집하여 그들로부터 수집한 반응들을 종합하여 결과를 도출하거나 반복적인 실험과 처치를 통하여 도출된 결과들에 주목하는 연구 방식과 구별된다.

둘째, 사례연구방법에 있어서 분석의 대상이자 초점이 되는 사례는 현실의 구체적인 실제 현상, 인물, 활동 등으로서 연구자의 의도적 개입과 통제, 조작 등과 무관하게 자연스러운 현실 속에 존재하는 것이다. 다시 말하면, 사례연구의 '사례'는 실험연구처럼 연구자의 관심에 따라서 분석 대상의 조건과 성격을 조작 · 통제하여 드러나는 성격의 것이 아니다. 또한 조사연구에서처럼 연구자의 의도와 관심을 반영한 설문지 문항의 형태, 내용, 조사방법에 따라서 제한되는 연구 참여자들의 의견이나 경험과도 구별된다. 사례는 연구자의 지식, 가치관, 경험 등에 의해서 가공 · 제어되는 것이 아니라, 연구를 수행하는 연구자의 관심과 의도와 무관하게 자연스러운 사회적 현실 속에서 존재하고 일어나고 있는 대상으로서, 사례연구는 이것을 하나의 체제로 이해하고 탐구하는 방법이다(Merriam, 1998; Stake, 1995).

셋째, 사례연구는 연구의 관심 주제인 사례 자체를 충분히 설명하고 이해하는 데 일차적인 관심을 가지며, 이를 위해서 사례를 파악하는 데 관련될 수 있는 다양한 형식의 자료들을 최대한 풍부하게 수집하여 분석한다. 설문지를 동원하여 수행하는 조사연구의 경우에는 설문조사에 참여하는 응답자들이 가지고 있는 다양한 지식, 의견, 경험들 가운데 연구자가 주목하는 특정한 주제에 대해 제한된 형식과 내용의 정보만을 수집한다. 예컨대, 조사연구 응답자는 연구자가 제시한 선택지 가운데 자신의 응답을 고른다. 이와 달리 사례연구는 연구자가 관심을 가지고 있는 주제 사례를 심층적으로 이해하는 데 유용한 정보를 최대한 확보하고, 다채로운 수집 정보들을 기초로 사례에 대한 총체적 이해를 돕는 결과를 산출하려고 한다. 사례를 충분히 이해하는 데 유용하다면 면담, 관찰, 설문지, 인공물 등 다양한 자료의 범위에 제한을 둘 필요가 없다. 요컨대, 조사연구가 다수의 사례로부터 연구자가 구안한 연구 설계에 따라서 수집하려는 특정한 형식과 내용의 자료에 기반한다면, 사례연구는 소수 또는 하나의 사례를 입체적으로 이해하기 위하여 자료의 형식과 내용 등을 미리 제한하지 않는다. 다만, 사례를 이해하는 데 관련되는 한 수집할 수 있는 자료의 형식과 내용 등의 제한을 두지는 않지만, 수집할 자료의 시간적 · 공간적 범위는 구획될 수 있어야 한다. 다시 말하면, 하나의 체제로서 사례는 분명한 경계를 갖는데(bounded system), 이런 사례의 명확한 범위 규정은 사례와 관련된 인물, 사건, 자료의 범위가 한정될 수 있느냐에 좌우되는 것이다(Merriam, 1998).

넷째, 사례연구는 사례 그 자체에 주목하는 연구를 수행함으로써 사례가 내포하고 있는 핵심적인 사태나 인물에 대한 포괄적이며 심층적인 설명을 제공한다. Stake(1995, p. xi)의 지적처럼 사례연구는 "사례 자체가 매우 특별한 관심의 대상"이기 때문에 설계 · 실행되는 방법이다. 이런 점에서 사례연구방법은 모종의 주제를 탐구하는 데 있어서 필요한 현상이나 대상을 그것이 모집단을 전형적으로 대표하기 때문에 표집하는 조사연구방법과 차이를 보인다. 사례연구에서 사례는 모집단의 특성을 이해하는 데 동원할 수 있는 대표성을 갖는 연구의 범위이자 분석 단위가 아닌, 그 자체로 연구의 관심 대상으로 선택되는 연구 주제인 것이다.

이상에서 정리한 것처럼 사례연구는 연구자의 의도, 지식, 경험 등이 개입하여 제어되지 않는 사회적 현실 속의 하나 혹은 소수의 대상으로서 사례를 탐구하는 연구방법이다. 그리고 이런 사례에 대한 탐구는 다른 관심사를 충족하기 위한 수단이 아닌, 일차적으로 그 자체를 분석의 목적으로 삼아 이루어지는 활동이다.

사례연구는 직관적으로 전달되는 명칭의 명료함에 비하여 개념적으로 오해와 혼란이 많은 편이다. 이와 관련하여 Flyvbjerg(2006)는 질적 연구의 전통에서 발견되고 있는 사례연구 개념에 관한 오해들에 관해서 논의한다. 덴마크 학자인 Flyvbjerg는 2006년 사례연구에 관한 다섯 가지 오해들을 정리한 논문을 발표하고, 그 내용을 다시 보완하여 2011년 Denzin과 Loncoln이 편집한 『질적 연구 핸드북(The SAGE Handbook of Qualitative Research)』(4판)에 실었다. Flyvbjerg가 논문에서 주목해서 다룬 사례연구에 관한 다섯 가지 오해들은 정확히 말하면 사례연구의 개념과 특징에 대한 잘못된 이해를 다룬 것이라기보다, 사례연구의 특징과 가치를 충분히 이해하고 인정하지 못하는 다섯 가지 태도에 관한 것이다. 다시 말하면, 소위 과학적이고 합리적인 연구에 대한 전통적인 입장에 매몰되어 사례연구를 이해함으로써 사례연구가 갖는 독특한 장점과 가치를 부정하거나 간과하게 되는 측면들이 무엇인지 정리한 것이다. Flyvbjerg가 언급한 다섯 가지 오해들을 간단히 살펴보면 다음과 같다.

첫째, 다양한 맥락과 상황을 관통하는 설명력과 예측력을 갖춘 탈맥락적인 지식(context-independent knowledge)의 생산이 연구의 목적이어야 한다는 전통적인 관점에서 보았을 때, 특수한 상황에 대한 구체적이고 맥락의존적인 지식을 생산하는 사례연구는 그 가치와 의의를 충분히 인정받지 못하였다. 그러나 보편적 가치와 설명력을 갖춘 지식만큼이나 사회현상의 참된 의미를 이해하는 데 있어서 맥락의존적 지식 역시 중요한 만큼 사례연구를 소홀하게 다루어서는 안 된다.

둘째, 전통적인 사회과학 연구 분야에서 연구 결과의 일반화(generalization), 즉 일정한 연구를 통해서 도출한 결과가 더 넓은 범주와 대상에 적용될 수 있는 가능성은 많은 수의 자료와 근거가 뒷받침하는 가운데 실현된다고 본다. 이런 관점에서 단일한 사례, 혹은 둘, 셋의 소수 사례에 대한 구체적인 정보 생산에 주력하는 사례연구는 일반화를 실현하는 데 적합하지 않았다. 이에 대해 Flyvbjerg는 갈릴레오의 실험을 예로 들면서, 일반화된 결과의 도출은 실험 회수나 사례 수가 많고 적음에 좌우되는 것이 아니라고 주장한다. 단일한 사례에 대한 연구 결과라도 사례에 대한 심층적인 분석과 서술이 이루어진다면, 그 결과는 사례 이외의 상황과 맥락에 대한 설명력을 가질 수 있기 때문이다.

셋째, 실증적 연구의 가치는 연역적으로 추론한 가설을 검증하여 이론을 생성 · 구축하는 적합한 근거 제시와 관련된다는 입장에서 보았을 때, 구체적인 관심 주제 현상으로부터 상황의존적 자료들을 수집하고 탐색하여 그에 대한 맥락적인 이해를 돕고자 하는 사례연구는 가설 검증과 이론 구축에 한계를 보인다는 지적이 있다. 이런 지적의 연장선상에서 사례연구의 가치는 기껏해야 가설을 도출하는 과정 정도에서 찾아볼 수 있다는 주장이 꾸준히 제기되었다. Flyvbjerg는 이런 주장이 오해라고 강조하면서 "사례연구에서 어떤 사례를 선택하여 연구를 하느냐에 따라서 가설 도출뿐만 아니라 가설 검증, 나아가 이론의 생성과 입증까지 할 수 있다."라고 설명한다. "가설을 검증하려는 시도는 곧 분석 결과의 일반화 가능성에 관한 문제이며, 이는 곧 사례 선택의 문제"로서 연구자가 갖고 있는 가설이나 이론적 관점의 실증적 정보를 풍부하게 갖는 사례를 선택함으로써 성취할 수 있다는 것이다(Flyvbjerg, 2006, p. 229). 즉, 가설의 검증은 근거의 양뿐만 아니라 적절한 소수의 근거로도 충분히 가능하다.

넷째, 일반적으로 연구의 과학성 · 엄밀성은 연구 수행의 과정에 있어서 객관성을 담보할 수 있을 때 기대할 수 있다고 본다. 그러면서 연구의 객관성을 확보하기 위해서는 일련의 연구 수행 과정에 개입할 수 있는 연구자의 독특한 지식, 경험, 가치 등이 효과적으로 통제될 수 있어야 한다는 주장이 제기된다. 하지만 연구에 대한 이런 일반적인 시각과 인식으로 인해서 사례연구는 다른 질적 연구들과 마찬가지로, 연구자의 주관성이 개입하는 것을 적절히 제어하지 못함으로써 객관성이 결여된 연구방법이란 오해를 받았다. 그러나 연구자 주관의 개입은 비단 사례연구에만 해당되는 문제가 아니다. 조사연구나 실험연구 역시 연구자의 선험적 기대나 가치, 입장 등에 따라서 연구 설계가 영향을 받으며, 이런 연구 형식도 연구자 주관의 개입을 온전히 통제한다고 보기 쉽지 않다. 마찬

가지로, 사례연구도 연구자의 주관성에 영향을 받을 수 있는 가능성을 인정하지만, 다양한 방법을 동원하여 다양한 출처에서 자료를 수집·종합하여 분석함으로써 사례에 대해서 최대한 과학적으로 접근하고자 노력한다.

다섯째, 연구란 과학적인 절차와 방법을 동원하여 보편 타당성을 갖춘 원리, 법칙과 같은 지식, 이론을 생성하는 것이 목적이라고 보는 전통적인 인식과 태도가 있다. 그래서 연구는 중층적인 해석의 여지가 없는 그 자체로 객관적이고 명백한 결과의 진술을 해야 한다. 이런 태도로 인하여 사례연구의 맥락적이고 구체적이며 서술적인 연구 결과는 그 중요성을 충분히 조명받지 못하였다. 그러나 내러티브적 사고 가능성을 가지고 있는 인간의 특성을 감안할 때 사례연구가 제시하는 결과는 독자들의 관심과 이해를 충족하는 지식과 정보를 제공할 수 있다.

2 사례연구 주요 용어 해설

사례 case

사례연구의 용어를 접할 때 대부분 사례연구란 '사례'를 연구하는 방법이라고 직관적으로 인식하며, 이를 잘못된 이해라고는 할 수 없다. 그러나 사례연구를 제대로 이해하기 위해서는 사례연구방법의 특징을 규정하는 핵심 개념인 '사례'가 무엇을 뜻하는지에 대해서 살펴볼 필요가 있다. 사례란 시간적·공간적으로 분명한 경계를 갖는 하나의 경계 지어진 체제(bounded system)로서, 그 자체가 단일한 연구대상 단위(a single entity)라고 할 수 있다. Merriam(1998, p. 19)은 사례란 "경계 지어지는 체제(bounded system)"라는 Smith(1978)의 표현을 빌려서 사례의 의미를 다음과 같이 설명하고 있다.

> 나는 사례연구방법이 갖는 하나의 가장 핵심적인 특성은 한정 지을 수 있는 연구대상, 즉 사례라는 결론에 도달하였다. 사례는 경계 지어지는 체제라는 Smith(1978)의 개념은 이런 형태의 연구를 정의하는 것이 무엇인지에 대한 나의 이해에 근접한다.

> Stake(1995, p. 2)도 사례는 "하나의 통합적 체제(an integrated system)"라고 덧붙였는데, 이런 두 가지 정의를 통해서 나는 사례란 경계를 가진 하나의 대상, 단일한 실체이자 단위라고 볼 수 있었다. 나는 내가 연구하는 대상을 '울타리 안에(fence in)' 넣을 수 있는 것이다(Merriam, 1998, p. 27).

Merriam(1998)의 설명에서 언급되고 있는 Stake(1995, p. 2)도 사례란 "한계가 있는 하나의 통합적 체제로서 작동(working)하는 체제이자 현상"이라고 설명한다. 그뿐만 아니라, Miles와 Huberman(1994, p. 25)은 사례란 "제한된 맥락 안에서 일어나는 일종의 현상"이라고 정의하면서 연구의 단위라고 규정한다. 이러한 학자들의 사례에 대한 개념적 정의를 종합해 보면, 사례라는 것은 시간적 · 공간적으로 분명한 경계를 갖는 하나의 체제이자 현상으로서 연구를 통해서 다루지 않는 것들과 구분되는 단위이다. 이런 사례에는 구체적으로 개인, 조직, 프로그램, 정책, 사업 활동 등이 포함될 수 있다.

사례연구에서 사례는 단순히 모집단의 특성을 반영하는 한 개체로서의 의미 그 이상을 갖는다. 다시 말하면, 사례란 대상 사례 자체가 연구자의 구체적인 관심 대상이기 때문에 선정되는 것이며, 따라서 사례 자체에 대한 종합적 설명과 이해를 목적으로 한다(Schwandt, 2007; Stake, 1995). 그래서 대체로 연구대상으로 선정된 사례는 그것이 대표할 수 있는 어떤 사회현상을 보편적으로 잘 보여 주기 때문에 선정되기보다는, 그 자체가 매우 독특한 특성과 관심을 유발하는 내용을 담고 있기 때문에 선정된 것이다(Stake, 1995). 그러나 사례로서 관심의 대상이 되는 인물, 사건, 조직에 대한 연구는 그로부터 도출되는 지식이 유사한 사례를 이해하는 시사점을 제공해 주는 역할도 한다. 사례연구의 자료수집과 관련해서 대상에 대한 이해에 기여할 수 있다면, 연구자가 고려할 수 있는 자료의 유형은 제한되지 않으며, 대체로 다양한 형태와 내용의 자료를 활용할 것을 제안한다(Schwandt, 2007).

분석적 귀납analytic induction

개별 사례들에 관한 연구는 일차적으로 각 사례 자체에 대한 이해를 도울 수 있다는 점에서 유용하다. 그러나 사례연구는 현상에 대한 보편적인 설명을, 즉 이론을 생성하고 구축해 가는 과정에도 기여할 수 있다. 사례연구를 통해서 도출하는 개별적이고 맥락의존적이며 특수한 지식과 정보를 바탕으로 우리는 모종의 현상에 대한 보편적인 이해에 도달할 수 있는 가능성을 가질 수 있기 때문이다. 이런 인식론적 관심사와 연결되어 질적 연구의 분야에서 다루어지는 활동이자 개념이 분석적 귀납이다(Schwandt, 2007).

분석적 귀납은 설명할 현상과 이를 설명하는 요인 모두를 지속적으로 (재)규정하고 (재)수정하는 과정을 통해서 설명하는 현상에 대한 효과적인 이해를 돕는 이론적 설명을 구축하려는 시도이다. 분석적 귀납의 절차는 다음과 같다.

① 관심 주제의 현상을 잠정적으로 정의하고 이를 설명하는 가설을 수립한다.
② 현상을 드러내는 실제 사례를 분석, 정리하여 연구자의 잠정적 개념 정의와 가설에 부합하는지 검토한다.
③ 사례 분석의 결과가 연구자가 현상에 대하여 수립한 당초 가설 및 개념 정의와 맞지 않는 경우, 가설과 정의를 수정하여 재설정한다.

결국 분석적 귀납은 현상에 대해서 연구자가 구안한 설명 체계가 구체적인 현상을 반영하는 사례를 충분히 설명할 수 있는 이론으로 발전하기까지 언급한 절차를 반복적으로 수행해 가는 과정인 셈이다. 가설은 사례 분석에 의해서 참/거짓을 판단받는 데 그치지 않고 부단히 수정되어 정교해지는 기회를 갖는다. 이런 분석적 귀납의 절차를 수행하는 가운데 개별 사례는 현상에 대한 잠정적 정의와 가설을 (재)규정하고 (재)설정할 필요성을 드러내는 역할을 한다. 즉, 개별 사례에 대한 검토 결과에 견주어서 연구자가 개념적·추론적으로 설정한 개념과 가설이 실증 가능성을 얻을 수 있는 것이다.

의도적 표집purposive sampling

의도적 표집은 사례연구방법에서 이루어지는 표집 절차이다. 사례연구에서 표집은 두 가지 층위에서 이루어진다. 표집의 첫 번째 층위는 탐구할 대상으로서 사례의 표집으로서, 쉽게 말해 연구대상 사례를 선정하는 활동을 가리킨다. 사례연구는 연구자가 가지고 있는 모종의 학문적·실천적 관심에 의해서 이루어지고, 이런 맥락에서 사례연구의 대상이 되는 사례는 연구자의 관심과 여건에 의해서 의도적으로 선정되는 것이다.

표집의 두 번째 층위는 사례에 대한 심층적인 이해를 돕는 서술과 분석을 구축하기 위하여 접근해야 할 연구 참여자, 자료 그리고 사태(instances) 등을 탐색·수집하는 활동이다. 사례연구를 수행하는 연구자는 자료를 수집하는 과정에서 누가 연구 참여자로서 적절한지, 어떤 제도나 환경적 조건들에 주목해서 분석해야 하는지, 그리고 어떤 경험이나 사건에 주목하는 것이 사례에 대한 심층적이고 종합적인 이해에 유리한지 등과 관련한 일련의 물음과 기준을 염두에 둔다(Yin, 2009). 그리고 이에 대한 연구자 나름대로의 합리적이고 타당한 논리를 바탕으로 자료 수집의 과정을 진행한다. 여기서 유의할 사항은 이런 사례연구의 표집이 연구에 필요한 자료 내용과 형식을 객관적으로 도출하는 것이 아니라는 점이다. 사례연구를 위한 의도적 표집은 수집할 자료의 범위를 어느 정도로 할 것인가에 대한 판단이 연구자의 기준과 관심에 따라 영향을 받는다는 점을 가리키는 것이다(Merriam, 1998).

이런 표집의 두 가지 층위 모두에 해당하는 사례연구의 표집 특징은 표집 활동이 모집단에 대한 통계적 대표성에 기초하여 이루어지는 것이 아니라는 점을 보여 준다. 사례연구에 있어서 표집은 연구자가 주목하고 있는 관심 주제와 깊은 연관성을 가지고 있으며, 연구자의 관심에 부합하는 결과와 설명을 만들어 내는 데 적합한 대상의 범위를 의도적으로 규정하는 활동이다. 사례연구를 위해서 고려되는 표집 대상은 그것이 얼마나 모집단의 특성을 충실히 반영하고 있는지가 아니라, 연구 주제 현상을 이해하는 데 유용한 실질적인 정보를 얼마나 제공할 수 있는지가 관건이 된다. Patton(2002, p. 46)의 표현을 빌리면, 의도적 표집은 "연구 목적상 가장 중요한 가치를 갖는 문제를 심층적으로 다루는 데 충분한 정보를 제공하는 사례(information-rich case)를 선택"하는 것이다. 예를 들어, 우리가 A학교 교사의 수업 사례를 선택하는 까닭은 해당 수업 사례가 우리나라 교사들의 수업 활동을 이해하는 전형으로서 대표성을 갖기 때문이 아니라, 연구자의 관심과 가정을 확인하고 설명하는 데 실질적인 정보를 가장 효과적으로 충분히 제공할 수 있는 가능성을 갖기 때문이다.

사례연구의 신뢰성reliability of case study

사례연구에 있어서 신뢰성과 타당성은 연구의 가치와 신빙성(trustworthiness)을 입증하는 준거이다. 그러나 사례연구에 있어서 신뢰성과 타당성 요소는 양적 연구 중심의 연구방법 전통에서 다루는 개념과 차이가 있다. 이런 차이가 나타나는 까닭은 사례연구와 같은 질적 연구의 인식론적 기초가 양적 연구의 그것과 다르기 때문이다. 양적 연구는 실증주의(positivism), 즉 탐구하여 밝혀야 할 객관적인 사실과 지식이 이미 존재하고 연구자의 조건과 연구 맥락에 상관없이 불변하는 것이기 때문에 연구자의 핵심적인 역할은 그러한 객관적인 실체를 왜곡 없이 정확히 파악할 수 있는 타당한 도구를 갖추는 것이며, 이 도구를 통해서 수집할 수 있는 정보들을 종합적으로 분석하여 현실을 최대한 왜곡 없이 파악하는 것이다. 그러므로 보통 양적 연구에서는 연구의 신뢰성과 타당성을 점검하기 위하여 연구 도구의 신뢰성과 타당성에 주목한다.

하지만 질적 연구의 전통, 특히 사례연구에서는 탐구의 대상이 되는 사례를 분명한 경계를 갖는 통합적인 체제이며, 일정한 맥락에 붙박혀 있는 실체라고 본다. 그러므로 사회문화적 맥락과 분리되어 확인될 수 없는 실체로서 사례는 그 맥락적 조건에 따라서 다양한 의미 해석과 구성이 가능한 유동적인 실체라고 본다. 동시에 이를 탐구하는 연구자나 사례 속에 포함되어 있는 인물들 역시 주관적이고 가변적인 존재로서 부단한 의미의 구성과 해석 주체라고 본다. 그렇기 때문에 전통적인 실증주의적 인식론에서는 사례연구를 연구자의 주관적이고 자의적인 의사결정과 해석이 상당히 개입하는 연구방법으로 간주하면서, 연구를 수행하는 과정 자체의 엄밀성과 객관성이 부족하다고 판단한다. 하지만 Lincoln과 Guba(2000) 등의 학자들은 질적 사례연구의 가치를 점검하는 신뢰성과 타당성이 연구방법의 인식론적 전제가 양적 연구와는 전혀 다른, 구성주의(constructionism)적 인식론적 전제 위에서 논의되는 요소라는 점을 강조한다.

사례연구의 신뢰성과 타당성은 실증주의적 입장에서 주목하는 것처럼 연구 도구(instruments)에 적용되는 준거가 아니다. 사례연구에서 신뢰성과 타당성은 연구 도구가 아닌, 연구 결과에 관한 것이다. 사례연구에서는 인간 연구자의 불안정성(감정적 · 신체적 조건에 좌우될 수 있으며, 개인의 신념, 지식, 경험의 개입을 온전히 제어하기 어려운 점)을 수긍

하기 때문에 이런 연구자에 의해서 수행되는 연구의 신뢰성과 타당성은 일차적 연구 도구인 연구자에게 들이대는 것이 아니라, 비록 이런 속성의 연구자이지만, 그가 도출한 결과가 얼마나 신뢰성과 타당성을 갖추고 있는지를 확인한다.

신뢰성이란 기본적으로 반복적으로 측정했을 때 비슷한 결과가 나오는 것을 말한다. 비슷한 시점에 반복적으로 몸무게를 측정하여 나오는 수치가 일관성을 가지지 않을 때 우리는 체중계의 신뢰도가 떨어진다고 이야기하면서 그 체중계를 이용하여 측정한 값을 신뢰하지 않는다. 신뢰도가 반복적으로 측정하였을 때 일관성 있는 수치를 나타내는 여부에 관한 개념인 것처럼 사례연구에서도 연구자가 변하더라도 동일한 사례에 대한 해석이 비교적 일관되게 도출될 수 있을 때 연구의 신뢰성을 인정할 수 있다고 본다.

그렇다면 사례연구의 신뢰성은 어떻게 확인하고 또 높일 수 있을까? 사례연구의 신뢰성 수준은 어떤 근거로 규정할 수 있을까? 사례연구의 신뢰성, 즉 비슷한 연구 결과가 반복적으로 도출될 수 있는 가능성은 분석이 얼마나 사례로부터 수집한 실증 자료에 기반하여 이루어졌느냐에 달려 있다고 볼 수 있다. 분석 과정에서 연구자의 주관적인 인식과 경험, 판단 등이 많이 개입할수록 사례에 대한 해석 자체가 풍성해질 수는 있겠지만, 해석해 낸 결과는 연구자에 따라서 사뭇 다를 수 있다. 반면, 사례의 맥락 속에서 수집한 자료들을 많이 참고하고 자료가 시사해 주는 바에 최대한 기초하여 분석을 진행할 때 연구자의 주관성 차이로 인한 상이한 해석(때로는 정반대의 해석)의 가능성은 상당 수준 줄어들 수 있다. 결국 동일한 사례에서 연구자에 따른 서로 다른 분석 결과가 생성되지 않고 반복될 수 있는 가능성은 연구자의 주관이 아닌 수집한 자료에게 의존을 많이 할수록 높아지게 된다. 이런 특성에 착안하여 사례연구의 신뢰성 개념은 의존성(dependability) 개념으로 표현되기도 한다(Guba & Lincoln, 2000). 의존성이란 사례연구의 결과가 얼마나 수집한 자료들이 가리키는 정보에 기초하여 도출되었는가에 관련한 개념으로서, 사례연구는 사례와 관련하여 수집한 다양한 자료에 의존함으로써 해당 사례를 충실하고 진정성 있게 드러낼 수 있다.

본질적 사례연구intrinsic case study

본질적 사례연구란 연구자가 주목하는 사례 자체가 드러내는 현상과 특성을 분석하고 이해하는 데 주력하는 사례연구 형태를 말한다(Stake, 1995). 본질적 사례연구는 사례가 연구의 핵심 목적과 관심을 품고 있는 주된 대상이란 점에서 내재적 또는 내생적 사례연구로 번역해서 사용하기도 한다. 요컨대, 본질적 사례연구 형태는 연구대상인 사례 자체가 연구자의 주요 관심사이다. 다시 말하면, 사례 안에 내장되어 있는 그 자체의 본질에 우선적으로 주목하는 사례연구 형태이다. 따라서 본질적 사례연구는 분석을 통해서 도출한 사항을 다른 유사한 사례나 맥락으로 일반화하거나, 추상적이고 좀 더 광범위한 연구자의 관심 주제에 모종의 시사점을 추출하려는 의도를 가지고 수행하기보다 특정 사례의 독특하고 고유한 측면을 부각하고 심층적으로 탐구하는 목적을 추구한다.

물론 본질적 사례연구를 통해서 확보한 지식과 정보들이 연구자나 독자들이 관심을 가지고 있는 다른 사례나 경험들의 맥락에서도 의미 있는 단서 역할을 할 수 있다. 본질적 사례연구는 사례 자체가 갖는 가치를 충분히 파악하는 작업이 다른 사례의 이해로 확장될 여지를 가지고 있음을 인정하지만, 사례연구의 궁극적인 목적은 사례 자체가 이례적이거나 독특하여 그에 대한 깊이 있는 이해를 추구하는 것이다. 예컨대, 우쿨렐레 악기 연습을 함께하는 학습 동아리 활동에 대한 사례연구는 연구대상인 동아리 구성원들의 우쿨렐레 악기 연습 경험 이해에 일차적으로 주목하지만, 이런 연구를 통해서 우쿨렐레가 아닌 다른 악기를 가지고 운영하는 동아리 구성원들의 경험을 이해하는 단서도 얻을 수 있다.

도구적 사례연구 instrumental case study

도구적 사례연구란 특정 사례 자체가 아니라, 보다 포괄적인 현상이나 문제 혹은 이론에 대한 이해를 도울 수 있는 통찰을 얻기 위해서 사례를 사용하는 연구 형태라고 할 수 있다(Stake, 1995). 도구적 사례연구는 연구자가 일정한 관심을 갖는 이론적 · 개념적 주제를 탐구함에 있어서 구체적인 이해나 근거를 확보할 수 있는 연구 수행의 전략으로, 식별 가능한 경계 지어지는 체제로서 사례를 연구의 단위로 삼아 수행하는 연구 방식이다. 도구적 사례연구는 연구자의 일차적인 관심이 사례 자체의 독특한 특성이나 맥락에 있어서 사례의 고유한 특징에 집중하는 본질적 사례연구와 달리, 연구대상 사례를 수단으로 활용하여 연구자의 이론적 관심이나 사례와 관련성을 갖는 보다 넓은 문제 현상에 대한 이해와 설명 가능성을 제고하려는 목적을 갖는다.

그러나 도구적 사례연구에서 사례를 일종의 도구이자 수단으로 이용하는 까닭은 사례가 연구자가 관심을 갖는 주제를 대표하는 현상이어서가 아니라 관심 주제를 이해하고 설명하는 데 효과적이기 때문이라는 점을 유념해야 한다. 의도적 표집에 대한 설명에서도 언급한 것처럼 질적 연구 전통을 따르는 연구방법으로서 사례연구는 모집단의 특성을 잘 반영하는 대표성을 가지고 있기 때문에 사례를 선택하는 것이 아니다. 사례연구에서 주목하는 사례는, 특히 도구적 사례연구에 있어서 사례는 더 넓은 수준의 개념적 · 이론적 문제를 이해하는 데 유용하다고 판단되기 때문에 선택되는 것이다. 예를 들어, 디지털 교과서를 이용한 학교 현장의 수업 실제를 이해하기 위하여 어느 초등학교 교사의 디지털 교과서 이용 사례를 선택한다고 해 보자. 이때 사례는 우리나라 수많은 교사의 디지털 교과서를 이용한 수업 실제를 이해하는 데 풍부한 지식과 경험을 담고 있어서 선택된 것이지, 디지털 교과서를 이용한 수많은 수업의 공통적인 특징을 담고 있는 전형성을 가지고 있으므로 모집단의 특성을 효과적으로 함축하는 대표성을 갖고 있어서 선택된 것이 아니다.

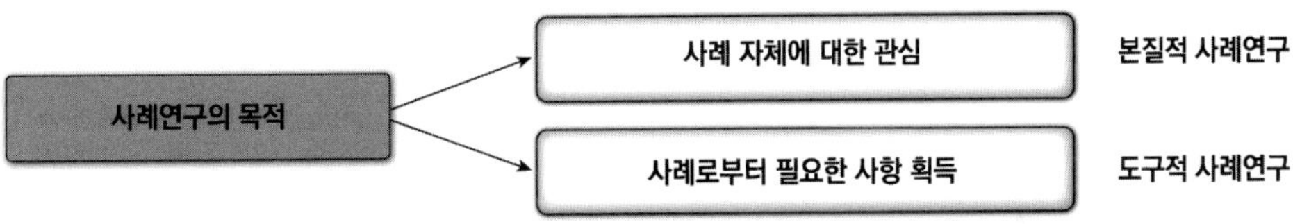

[그림 4-1] 사례연구의 목적에 따른 분류

집합적 사례연구multiple or collective case study

대부분의 경우에 사례연구는 하나의 사례를 중심으로 연구가 이루어진다. 그러나 하나의 사례에 대한 분석만으로 도달하기 어려운 풍부한 설명과 이해 그리고 보다 넓은 관점에서의 해석 가능성을 성취하기 위하여 여러 사례를 함께 연구하는 경우가 있다. 이런 연구 접근을 집합적 사례연구라고 정의한다(Stake, 1995). 집합적 사례연구는 다수의 사례를 함께 분석한다는 의미에서 다중적 사례연구로 번역하여 표현하기도 한다.

집합적 사례연구는 연구자가 일련의 관심 주제 현상을 이해하기 위하여 하나의 사례만으로 부족하다고 판단할 때 여러 사례를 함께 고려하며 수행하는 사례연구 전략이다. 집합적 사례연구는 연구의 대상이 되는 각 사례별 고유한 맥락과 조건에서 관심 주제 현상이 어떻게 나타나는지 분석하고, 그 내용들을 상호 비교하고 대조함으로써 관심 주제 현상에 대해 폭넓고 심층적인 이해를 도모한다. 즉, 집합적 사례연구는 하나의 사례에 대한 분석(within case)을 통해서 도출한 사례에 관한 종합적인 지식과 정보를 넘어서, 비슷한 다른 사례들에 대한 분석들을 서로 견주어 볼 수 있는 계기(between cases)를 마련함으로써 관심 주제에 대한 더 포괄적인 이해에 도달하고자 하는 것이다.

그러나 집합적 사례연구는 대부분 사례 자체에 대한 이해가 일차적 관심이 아니라, 사례들을 통해서 확인할 수 있는 사회현상에 대한 이론적 · 개념적 이해와 설명이 주된 관심인 경우에 이루어진다는 점에서 다수의 사례를 이용한 도구적 사례연구의 구조를 갖는다고도 볼 수 있다. 예를 들어, 집합적 사례연구는 수도권 대도시 지역의 초등학교 교사들의 전문적 학습공동체 활동과 농어촌 지역의 초등학교에 근무하는 교사들의 전문적 학습공동체 활동을 함께 집합적 사례연구로 설계하여, 수도권 초등학교와 농어촌 지역 초등학교를 각각 개별 사례로 분석하고, 동시에 이들 학교의 경험을 비교 · 정리하는 형태가 될 수 있다.

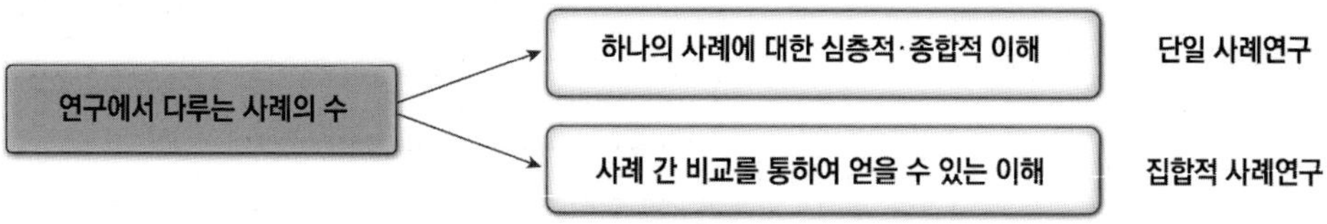

[그림 4-2] 사례의 수에 따른 사례연구 분류

분석 단위unit of analysis

분석 단위는 사례연구의 의미를 보다 정교하게 이해하는 데 긴요한 개념이다. 일반적으로 사례연구를 수행한다고 하면 하나의 사례를 중심으로 연구하는 경우를 많이 생각하고, 연구의 대상이 되는 하나의 사례는 하나의 실체이자 현상으로 간주하는 경우가 많다. 예를 들어, A대학 평생교육원에서 지역주민들을 대상으로 하는 평생교육 프로그램 운영 경험에 대해서 사례연구를 한다고 해 보자. 연구자는 A대학 평생교육원에서 개설

한 여러 평생교육 프로그램 가운데 특정한 프로그램 하나를 선택하여 평생교육원 담당자들이 그 프로그램을 운영하는 데 어떤 역할과 활동을 했는지, 그리고 그 과정을 통해서 어떤 성과를 얻었으며, 이러한 일련의 운영 과정에서 어떤 생각이나 태도의 변화를 갖게 되었는지를 탐색하는 설계를 할 수 있다. 이 경우, A대학 평생교육원을 이해하는 프로그램은 하나의 사례이자 분석 단위이다. 하지만 A대학 평생교육원의 평생교육 프로그램 운영 경험을 이해하기 위한 사례연구 접근은 이런 연구 설계만 가능한 것이 아니다. A대학 평생교육원에서 한 해 동안 개설하여 운영한 다양한 평생교육 프로그램에 대한 평생교육원 담당자들의 경험을 확인하고 이해하는 방식도 가능하다. 이런 사례연구 설계에서 연구자는 연구 참여자들의 특정 평생교육 프로그램 운영과 관련한 연구 참여자들의 경험에만 주목하는 것이 아니라, 다양한 평생교육 프로그램 운영과정에서 접한 경험들에도 관심을 갖고 조사하며, 이들 평생교육 프로그램들을 함께 운영하고 관리하는 가운데에서 벌인 활동이나 노력들에 대해서도 탐색할 수 있다. 이 경우, A대학 평생교육원은 복수의 분석 단위로 이루어진 사례이다.

이처럼 관심 주제가 같다고 하더라도, 이에 대한 사례연구는 연구자의 개인적 선호나 학문적 관심 그리고 연구 조건과 환경 등에 따라서 다르게 설계될 수 있다. 첫 번째 예시와 같이 하나의 평생교육 프로그램에 집중해서 A대학 평생교육원의 프로그램 운영 경험을 연구하는 경우를 총체적 사례연구(holistic case study)라고 하는데, 이는 분석의 단위가 단일한 사례연구 설계이다. 반면, 두 번째 예시처럼 평생교육원에서 개설하였던 여러 평생교육 프로그램의 각 운영 경험을 살펴보고, 이 평생교육 프로그램들을 함께 관리하는 활동에 관한 사항도 함께 분석하는 경우를 내재적 사례연구(embedded case study)라고 말한다. 이처럼 복수의 분석 단위를 가지고 있는 사례연구 설계를 내재적이라고 표현하는 이유는 연구대상이 되는 사례가 하나의 분석 단위로 구성된 것이 아니라, 여러 개의 분석 단위를 내포하고 있다고 보기 때문이다(Yin, 2009).

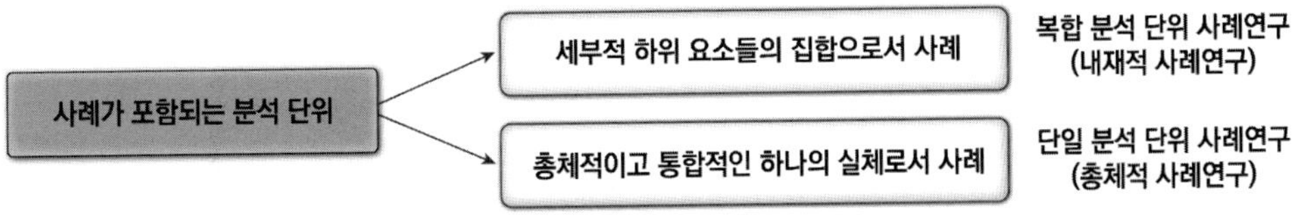

[그림 4-3] 사례의 분석 단위에 따른 사례연구 분류

정리하면, 하나의 사례에 대한 심층적인 이해를 도모하는 사례연구의 수행은 사례를 단일한 분석 단위로 설정하여 이루어질 수도 있지만, 사례를 복합적인 요소들로 이루어진 실체로 규정하고 사례가 포함하고 있는 요소들을 분석 단위들로 삼아서 연구를 수행하는 방식으로도 이루어질 수 있다. 사례가 포함하고 있는 분석 단위의 수에 따른 사례연구 형태 분류는 개념적으로는 사례가 지금까지 설명한 것처럼 하나의 사례를 중심으로 하는 사례연구에서뿐만 아니라, 여러 사례를 함께 연구하는 복합적 사례연구의 상황에서도 적용할 수 있다. Yin(2009, p. 46)은 사례연구 설계의 기본 유형을 [그림 4-4]와 같이 연구 사례의 개수(가로축)와 사례의 분석 단위 수(세로축)에 따라서, 단일 사례-단일 분석 단위 설계, 단일 사례-복합 분석 단위 설계, 복합 사례-단일 분석 단위 설계, 복합 사례-복합 분석 단위 설계의 네 가지 형태로 소개하고 있다.

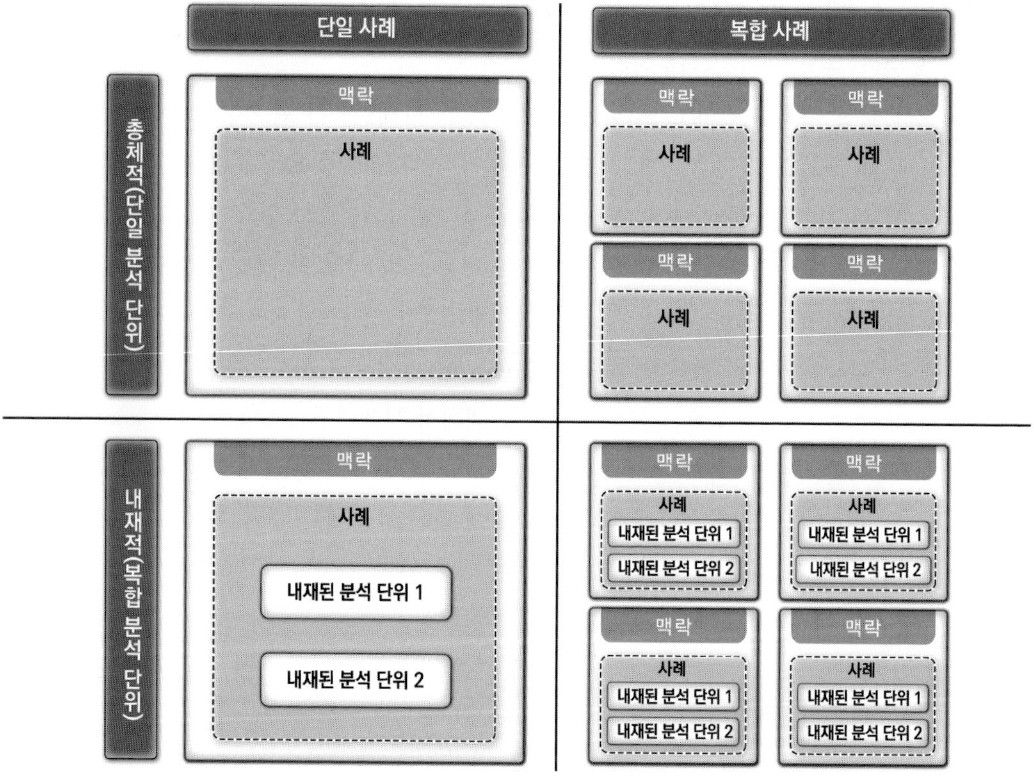

[그림 4-4] 사례연구 설계의 기본 유형(Yin, 2009)

일반화generalization

사례연구는 특정한 맥락에 결부된 구체적인 사례의 의미를 총체적으로 분석하고 설명하는 연구방법이다. 그렇기 때문에 사례연구를 통해서 도출하는 결과들은 연구대상 사례의 독특한 양상을 깊이 있게 이해하는 데 있어서는 효과적이다. 하지만 사례연구를 통해서 얻는 결과가 갖는 구체성과 맥락성 등 때문에 사례연구 결과의 일반화(generalization) 가능성, 즉 분석 결과를 다른 관련 현상을 이해하고 추론할 수 있는 근거로 삼기에는 제한적이라는 주장이 자주 제기된다.

일반적인 사회과학 분야의 연구방법론에서, 일반화란 어떤 한 연구를 통해서 도출된 결과가 다른 연구대상이나 조건에 대해서도 보편적으로 적용될 수 있는 가능성을 가리키는 개념이다. 질적 연구의 전통에서 일반화는 외적 타당성(external validity)이란 용어와 비슷하게 다루어지는데, 엄밀히 말하면 질적 연구에서 외적 타당성 혹은 일반화에 대한 논리는 양적 연구에서 언급하는 일반화의 논리와 다른 성격을 가진다(Merriam, 1998).

양적 연구에서 일반화는 표집을 무선(random)적으로 실행하고 그런 표집을 통해서 수집한 자료들을 타당한 분석 도구와 방법을 적용해서 결과를 도출하면, 그것은 모집단을 설명하는 결과라는 것을 말한다. 예컨대, 무선적으로 표집한 우리나라 성인 1,000명의 응답을 분석한 결과는 모집단인 우리나라 전체 성인의 응답 경향을 대표하는 것이라 통계적으로 간주할 수 있다. 그러나 하나 혹은 소수의 사례를 의도적으로 선정하여 진행하는 사례연구는 근본적으로 연구대상 사례 선정이 무선적이지 않으며, 사례로부터 수집하는 자료들과 그에 대한 분석 역시 연구자의 주관이 개입하는 것이 불가피하다. 그러므로 사례연구의 일반화에 관한 논의는 일반적인 양적 연구의 전통에서 이야기하는 일반화 개념으로 풀어 갈 수 없다(Stake, 1995).

이런 점에서 사례연구의 일반화와 관련해서 여러 학자는 자연주의적 일반화(naturalistic generalization), 분석적 일반화(analytic generalization) 그리고 전이 가능성(transferability)이란 개념을 동원하여 사례연구의 일반화 논리를 설명한다(Schwandt, 2007). Guba와 Lincoln (2000)은 사례연구와 같은 질적 연구의 전통에서 일반화의 효과는 연구대상에 대한 심층적인 서술(thick description)을 통하여 독자들에게 충분하고 실질적인 정보(substantive information)를 제공함으로써 기대할 수 있다고 설명한다. 가령, 장애 학생을 지도하는 어느 특수교사가 이야기하는 학생 지도 경험을 듣는다고 해 보자. 특수교사가 자세하게 자신의 경험과 당시의 감정들 그리고 경험의 전후 맥락 등을 엮어서 충분히 이야기한다면, 우리는 그 특수교사의 경험을 이해할 수 있으며, 나아가 우리들이 장애 학생을 지도할 때 어떤 경험을 하며, 그런 경험의 조건과 이유에 대하여 추론할 수 있게 된다. 그리고 우리는 장애 학생을 지도하는 것이 일반 학생을 지도하는 것과 비교하였을 때 어떤 차이가 있는지 생각할 수 있다.

이처럼 연구자는 복잡다단한 사례의 특성에 대해 심층적이고 밀도 있는 서술적 정보를 독자들에게 제공함으로써, 독자들로 하여금 사례연구의 결과가 독자 자신의 관심 대상을 설명하고 이해하는 데 얼마나 부합하는지를 스스로 판단할 수 있게 한다. 이러한 일반화 개념을 부각하는 용어로 '전이 가능성'이란 표현이 언급되기도 한다.

전이 가능성이란 사례연구의 맥락에서 도출한 지식과 정보가 제공하는 설명력이 독자의 관심 현상과 사례에 대한 설명력으로 확장되는 속성을 가리키는 개념이다(Guba & Lincoln, 2000). 이런 전이 가능성은 사례연구를 통해서 생산된 지식이나 정보들이 충분한 서술을 동반함으로써, 독자들이 자신들의 관심 경험과 현상을 이해하는 데 사례연구의 분석 결과들을 동원할 수 있는 가능성을 높일 수 있다. 그러므로 사례연구에서 심층적인 서술은 연구 결과의 일반화 가능성을 높이는 중요한 전략이 된다.

요약하면 외적 타당성, 자연주의적 일반화, 전이 가능성 등의 용어로 표현되는 사례연구의 일반화 효과는 '연구의 표본-모집단' 관계가 아니라 '사례연구의 결과-독자의 관심 주제 현상'의 관계에서 나타나는 것이다.

참고문헌

Flyvbjerg, B. (2006). Five misunderstandings about case-study research. *Qualitative Inquiry, 12*(2), 219–245.

Guba, E. G., & Lincoln, Y. S. (2000). Epistemological and methodological bases of naturalistic inquriy. In D. L. Stufflebeam, G. F. Madaus, & T. Kellaghan (Eds.), *Evaluation models* (pp. 363–381). Boston: Kluwer Academic.

Merriam, S. B. (1998). *Qualitative research and case study application in education.* San Francisco: Jossey-Bass.

Miles, M. B., & Huberman, A. M. (1994). *Qualitative data analysis* (2nd ed.). Thousand Oaks, CA: Sage.

Patton, M. Q. (1987). *How to use qualitative methods in evaluation.* Newbury Park, CA: Sage.

Patton, M. Q. (2002). *Qualitative research and evaluation methods* (3rd ed.). Thousand Oaks, CA: Sage.

Schwandt, T. A. (2007). *Dictionary of qualitative inquiry* (3rd ed.). Thousand Oaks, CA: Sage.

Stake, R. E. (1995). *The art of case study research.* Thousand Oaks, CA: Sage.

Yin, R. K. (2009). *Case study research: Design and methods* (4th ed.). Thousand Oaks, CA: Sage.

05

생애사 연구

1 생애사 연구 개관

생애사 연구(Life history Research)는 개인의 생애사 속에 나타나는 개인과 사회구조의 상호작용 및 그 결과를 교육학적으로 탐구하는 교육학계의 대표적인 질적 연구방법이다(한국교육과정학회, 2023, p. 434).

생애사 연구 분야의 대표적인 학자인 Pinar는 교육의 소외와 비인간화를 지적하고, 이 문제를 해결하기 위해 각 개인이 "추상적으로 이론화하고 표준화해 놓은 관념적 인식에서 벗어나서 생동적이고 구체적인 개인의 직접적 경험의 세계를 회복할 수 있어야 한다."라고 보았으며(한혜정, 2005, p. 118), 그 인간의 경험을 이해하는 가장 올바른 방법은 그 경험의 '개별적 특수성'을 강조하고 각 개인이 교육을 받는 동안 갖는 경험에 대한 탐구를 하는 것으로 보았다(한국교육과정학회, 2023, p. 435).

생애사 연구는 1927년 시카고 학파의 Thomas와 Znaniecki의 연구를 출발로 하여 사회적 실재 및 현상이 개인의 관점을 취해 개인과 사회구조 간의 상호관계를 고려할 때 비로소 정확히 이해될 수 있다는 토마스 정률(Thomas-Theorem)에 그 배경을 두고 있으며(Fuchs, 1984), 당시 교육학계의 Dewey(1916) 역시 개인의 행위 목적과 결과에 대한 논의를 통해, 개인은 행위 이전에 내면적 목적을 확정하여 행위를 결정하는 것이 아니라 개인과 구조(환경)와의 상호작용을 통해 변형 가능한 불확정적인 행위를 한다고 봄으로써, 주체와 세계, 개인과 사회의 불가분의 상호관련성에 대해 주목하였다(이동성, 2013, p. 72). 이후 이러한 사회학적 전통은 역사학, 심리학, 정치학, 문화 연구, 가족과 이민 연구에 이어 교육학 분야에도 활용되고 있다.

앞의 과정에서 생애사 연구의 부침(浮沈)은 있었는데, 1940년부터 20여 년간 미국 교육학계에서는 실증주의가 대두되면서 구체적이고 객관적인 인과관계를 중시하는 양적 연구 방법론이 주류가 되면서 생애사 연구가 쇠퇴하는 시기도 겪었다. 다만, 이 시기 독일 학계에서는 오히려 생애사 연구에 대한 관심이 활발하게 일어나서 사회학 분야에서 출발하여 역사학, 심리학, 교육학 등으로 확대되었다. 당시 독일은 나치즘이나 분단과 통일 등 사회적으로 중요한 사건에 관한 연구에서 통계적 수치에 의해 포착되지 않는 현상에 대한 '치밀한 서술하기'의 필요성에 대한 자각이 일었고, 따라서 그 사건과 현상 속 개개인의 이야기를 모아 그를 통해 사회구조와 사회현상을 이해하려는 연구가 활발해진 것이다. 여기에 독일의 해석학적 · 현상학적 · 철학적 전통과 Weber와 Schutz의 사회적 행위 이론의 영향을 거쳐 개인의 생애 경험과 사회구조 사이의 상호 구성 과정을 이해하는 중요한 연구방법론으로 자리 잡아, 1986년에는 독일 사회학회 내에 생애사 연구 분과가, 1994년에는 독일 교육학회 내에 생애사 연구 분과가 조직되었다(이희영, 2005, pp. 121-122).

이후 미국에서도 1980년대 포스트모더니즘의 출현으로 인하여 생애사 연구의 제2의 전성기를 맞이하였고(Roberts, 2002, p. 16: 이동성, 2013, p. 75 재인용), 우리나라의 경우 1990년대에 사회학 · 인류학 분야에서 연구를 시작하였고(이희영, 2005), 2000년대에서야 사회복지학 · 교육학 분야에서도 의미를 갖게 되었다(이동성, 2013).

우리나라의 생애사 연구의 추이를 분석한 한신갑과 이상직(2017, p. 104)에 의하면, 생애사 연구를 활발하게 수행한 학문 분야는 사회과학(63%)과 인문학(18%)이며, 특히 인문학 세부 분야 중에서는 역사학, 사회과학의 세부 분야 중에서는 교육학(23.4%)과 사회복지학(15.0%)의 비중이 높고 지속적으로 연구물이 증가하고 있는 추세라고 보고되고 있다. 더불어, 생애사 연구의 대상(연구 참여자)은 다양하지만, 연구의 성격상 특수성을 가진 인물인 이주민, 여성, 노인, 장애인, 역사적 · 사회적 사건 경험자, 교육 및 학교 관련

특수한 사건 경험자가 많으나, 점차 일반적인 집단에 속하는 사람들의 생애로도 연구 관심의 범위가 확대되고 있다(한신갑, 이상직, 2017, p. 106).

다양한 학문 분야에서 생애사 연구가 널리 활용될 수 있었던 것은 생애사 연구가 거시적 맥락과 미시적 과정을 연결하고, 개인의 삶을 사회적 · 경제적 · 정치적 맥락에 연결시켜, 개인이라는 사회적 행위 주체가 사회구조와 어떻게 상호작용하여 특정한 삶의 환경을 구성하는지, 사회적 조건에 따른 개인의 변화과정은 어떠한지를 탐구하는 데 유용하기 때문이다(Ojermark, 2007, p. 3: 이동성, 2013, p. 72 재인용).

교육학 분야에서도 생애사 연구는 교육 현상이라는 동적 성격을 지닌 현상을 이해하고 설명하기 위해 과거의 경험과 현재의 경험 그리고 미래에 있을 법한 경험을 담아내는 '사회적 현재(soziale Gegenwart)'(Elias, 1983: 최재현, 1991, p. 36 재인용)를 탐색하여 어떤 현상이 갖는 방향성의 흐름인 시간적 과정을 시대적 · 사회적 · 개인적 사건 간의 맞물림 속에서 구조적으로 분석하는 것이 가능한 방법이라고 평가된다(강이화, Alheit, 2015, p. 1).

생애사는 실제 사실적 사건의 연결로서의 이력만이 아니라, 한편으로는 개인의 삶의 역사를 담고 있으므로 개인의 내 · 외적 성장 면면으로, 다른 한편으로는 개인 밖의 여러 층을 가지는 사회구조적 사건으로 구성되며 이후 서술되거나 구술될 때는 그 상호 간의 관계가 흔적을 남기게 되며, 연구자는 그 흔적들을 찾아 학습자의 '사회적 실재'를 해석하는 데 의미가 있다(이희영, 2005, p. 124).

2 생애사 연구 주요 용어 해설

살아 있는 지식인 개인의 경험experience과 삶의 세계Lebenswelt

Pinar(1976, p. 18)는 교육학 연구에서 개인의 경험 및 삶의 세계(lived experience)를 중요하게 본 대표적인 학자이다. 그는 개인의 경험을 연구의 주요 관심으로 보는 의미를 살리기 위해 독일어인 'Lebenswelt'라는 단어를 사용하며, 이는 영어로는 'lived experience' 'life-world'로 번역된다. 그는 삶의 세계를 개별적이고 사적인 실존적 경험을 지칭하는 데서 나아가 한 개인의 교육 경험이 들어 있는 삶의 세계는 사회적 환경 속에서 이루어진 상호작용과 반성의 과정을 통해 의미를 형성해 나가는 과정이며, 이때의 교육 경험은 우리의 과거, 현재, 미래와 연결하여 후세대에게 들려주는 집단적 이야기라고 설명한다(박순경, 2001, p. 169; Pinar, 1976, p. 18).

Grumet(1976, p. 116)에 의하면, 생애사 연구에서 이렇게 원래 지식이 인간에 의해 형성된 사회적 산물이라는 점을 회복하며 앎과 지식의 전제에 인간 개개인의 삶의 역사를 두게 되면, 이전에 교육계가 중요하게 보았던 하나의 보편적 이론 및 객관성을 중요하게 보는 지식과는 다른 새로운 지식이 만들어지게 되는데, 이때의 지식은 굳어진 개념화의 이면에 가려진 본래의 모습을 통해 새롭게 생성되는 지식이며 다양성과 개방성을 갖춘 살아 있는 지식이 된다.

생애사life history와 상호 교환적으로 사용되는 용어

생애사와 유사한 용어로 자서전(autobiography), 전기(biography), 내러티브(narrative), 자문화기술지(autoethnography), 구술사(oral history), 생애담 · 생애이야기(life story), 자서전적 생애사(autobiographical life history), 쿠레레(currere), 자서전적 탐구(autobiographical inquiry) 등 다양한 용어가 사용된다(강이화, Alheit, 2015; 김영천, 2004; 김주현, 김사훈, 2016; 손승남, 1997; 양영자, 2010; 이동성, 2013; 이희영, 2005; 한광웅, 2012).

이 용어들은 모두 공통적으로 인간의 삶과 경험에 대한 이야기 구조, 즉 내러티브 성격을 공유하고 있으나(김영천, 한광웅, 2012, pp. 13-14), 학문 분야 및 연구자에 따라 구별하여 사용하는 경우도 있다. 김영천(2006, p. 322)에 의하면, 전기와 자서전은 삶의 이야기이되 전자가 문학적 특성을, 후자가 창조적 특성을 갖고 생애사는 삶의 전체와 일부를 역사적 · 사회학적 관점에서 다룬 이야기이다. 또한 내러티브는 특정 주제 중심의 경험에 초점을 두며 구술사 및 생애담은 연구자가 한 사람이나 여러 사람의 기억 이야기로부터 사건과 그 사건을 둘러싼 요인을 알아 가려는 접근 방법으로 보거나(Cresswell, 2005), 생애이야기는 개인에 의해 말해진 삶 혹은 삶의 단편인 반면, 생애사는 한 걸음 더 나아가 개인과 사회의 관계를 중요한 축으로 보고 사회적 조건과 맥락 내에 위치한 삶의 이야기에 대한 또 하나의 해석이 더해진 형태로 구별하기도 한다(Goodson, 1992, p. 6; Goodson & Sikes, 2001, p. 17: 한광웅, 2012, pp. 171-172 재인용).

교육학 연구에서 쿠레레는 '주어진 코스를 따라 달리는 일(running of the course)' 혹은 '코스를 따라 달리는 개인적인 경험'이며, 따라서 쿠레레 개념은 교육이 미리 설정된 목표와 그에 따른 학습 결과들로만 구성되기보다는 학습의 과정을 통한 학습자의 구성과 재구성의 지속적인 과정이자 자신의 경험에 대한 적극적인 반성의 과정이다. 나아가 교육의 과정은 실제적인 경험 그 자체의 이해에 초점을 두고 우리의 과거, 현재, 미래와 연결하여 후세대에게 들려주는 집단적 이야기로, 교육은 사회적 환경 속에서 이루어진 상호작용과 반성의 과정을 통해 의미를 형성해 나가는 과정으로 볼 수 있다(박순경, 2001, p. 169). Pinar(1978: 박순경, 2001, p. 166 재인용)는 학교 교육과정을 연구할 때 그러한 질문들에 답하는 것을 중요하게 보았으며, 교육의 사태가 지닌 '전기적 기능'에 초점을 둘 필요가 있다고 보면서 전기와 쿠레레를 함께 사용하였다.

앞의 용어 간의 차이에 관한 여러 의견 중에는 전기와 내러티브가 자서전, 생애담, 구술사, 자문화기술지, 생애사를 포괄하는 상위의 개념이라고 본다거나, 자서전이 문학적 활용이 강하다거나, 생애담은 개인의 주관성과 해석 강조한다고 해석하는 등 또 다른 구분을 부각시키기도 한다(이동성, 2013, p. 77). 독일에서는 자서전적 생애사 연구라는 표제를 달면서 새로운 지식과 이론 창출을 위한 방법론명의 대표적인 용어로 생애사를 사용하였다(Alheit, 1990). 또한 미국과 캐나다에서는 Pinar와 그의 동료들을 통해 널리 알려진 쿠레레와 자서전 연구를 상위 개념으로 보기도 한다(한혜정, 2005, p. 117).

그러나 이동성(2013, p. 77)도 밝혔듯이 각 용어는 학문 분야별로 각각이 처한 인식론적 기초와 학술적 해석에 따라 각 분야별로 오랜 기간 사용되었고 연구자 간에 각 용어 사이의 상위 혹은 하위 개념에 대한 해석의 차이와 함께 오히려 용례에서는 유사하게 사용된 경우도 많아 여러 개념 간의 그 모든 교차 지점을 찾아내어 명쾌하게 구분하는 것은 쉽지 않아 보인다.

원래 생애사는 한편으로는 문화적 맥락과 사회적 환경에 따라 상이한 형태를 취할 수 있는 일상 개념이고, 다른 한편으로는 정교한 학문적 개념이 되기도 하는 이중적 특성을 지닌 개념이다. 이 장에서 사용하는 생애사는 이러한 이중성을 결함이 아니라, 오히려 중요한 전제조건으로 보고, 그 상이하고 개별적인 일상 개념을 통해 사회를 설명하는 중요한 학문적 개념으로 확장시켜 보고자 한다. 이렇게 생애사를 연구의 중요한 내용 및 방법론으로 취하게 되면, 일상적 생애사 및 그에 대한 사회적 가정을 연구하고, 그것들이 어떤 사회적 영향을 만들어 내는지, 그리고 역으로 어떤 사회적 구조들 및 문화적 양태들이 일상적 생애사의 근간을 이루는지까지 연구할 수 있기 때문이다(강이화, Alheit, 2015, p. 5).

이에 이 책에서는 생애사를 한 개인의 사적인 과거에 대한 기억 구술로 보는 시각을 벗어나, 개인의 이야기가 개인이 처한 사회적 · 역사적인 시간과 구조 속에서 타자와 상호작용하여 구성된 공적 이야기라 보고, 이러한 관점을 공유하는 의미에서 사용되는 전기, 자서전, 구술사 등을 같은 의미로 보는 포괄적인 개념으로 사용하고자 한다(윤형숙, 1996, p. 99; 이희영, 2005, p. 124). 이때의 생애사란 개인의 경험을 통해 사회문화적 주제, 사회제도 및 사회구조적 맥락, 개인의 삶과 사회구조와의 관계를 보여 주는 글이자 구술보고를 의미한다(이동성, 2013, p. 78; Denzin, 1989: Creswell, 2005, p. 73 재인용).

생애사 연구에서 개인Individuum과 사회Gesellschaft의 관계

생애사 연구가 여타 다른 질적 연구와 구별되는 가장 큰 특징은 바로 생애사가 개인과 사회의 상호작용에 의한 구성물이라는 전제이다(이희영, 2005, p. 129). 개인은 생애를 통해 경험하는 사회적 실재를 나름대로 해석하여 행위하며 자신의 생애사를 만들어 간다. 즉, 개인의 생애사에는 개인과 사회, 주관과 객관, 행위와 구조 등 고전적인 이분법에서 대조되는 개념인 사회구조가 상호작용을 통해 재구성되어 담겨 있다(이동성, 2013, p. 76; 이희영, 2005, pp. 121-122).

생애사는 개인을 둘러싼 여러 층을 가지는 사회구조적 사건으로 구성된다. 이후 서술되거나 구술될 때는 그 상호 간의 관계가 흔적을 남기게 되어 연구자는 그 흔적들을 찾아 학습자의 '사회적 실재'를 해석하게 된다. 이때의 생애사는 과거에 있었던 사건 자체의 실체에 대한 묘사가 아니라 지금 그렇게 말하게 하는 다양한 요소의 중재, 그리고 개인과 구조의 상호작용에 의해 걸러지고 선택된 일종의 구성물이며, 연구자는 화자가 무엇을 말하는가에 집중하면서 동시에 어떻게 말하며, 왜 그렇게 말하는지, 그리고 무엇이 그렇게 말하게 만드는지를 찾을 수 있는 보고인 셈이다(이재인, 2004, p. 246; 이희영, 2005, p. 124). 생애사는 개인의 생애라는 개별적 이야기가 개인사를 뛰어넘어 사회의 구조적 특성을 보여 주는 '구체적인 일반성(das konkrete Allgemeine)'(Fischer-Rosenthal, 1990, p. 31: 이희영, 2005, p. 132 재인용)으로 표현될 수 있고, 사적인 행위(handlung)와 공적인 구조(struktur), 개인(individuum)과 사회(gesellschaft) 간의 관계를 드러낸다(Kohli, 1978). 이에 독일에서도 생애사 연구는 개인 주체들이 자신의 개인적 경험을 구술하고 분석하는 개인적 차원의 작업(work)이면서, 동시에 사회적 의사소통과 관계를 만들어 내고(formation) 발견하는 사회적 차원의 자기생성적(autopoietic) 생애사적 학습(biographical learning)을 가능하게 하는 연구로 인정받고 있다(Alheit, 2021, p. 81).

따라서 생애사 개념에 있어서 개인의 내부(subjektive Innen)와 사회라는 외부(gesellschaftliche Auβen)의 차이는 더 이상 논란거리가 아니며, 오히려 생애사 연구의 여러 갈래 속에서도 반드시 가져야 할 공통적인 가정으로 여겨지며, 오로지 인간의 '내부'만 혹은 사회적 공간이라는 '외부'만 중요한 이론이 아니라 내부와 외부 사이의 '관계'를 연구하는 것이 생애사 연구의 정체성을 만들어 낸다(강이화, Alheit, 2015, p. 16).

생애사 연구는 개인의 이야기를 통하여 보다 넓은 사회적 조건 혹은 맥락을 발견하는 창문으로 비유되기도 하고, 개인의 심리적 요인과 사회적 요인의 관계 속에서 개인의 삶을 이해하는 연구라고 정의되는 등 생애사에는 개인이 살아온 삶의 이야기 속에 담긴 사회현상과 맥락이 담겨 있다(Cole & Knowles, 2001, p. 12; Dollard, 1935, p. 278: 김영천, 한광웅, 2012, p. 19 재인용).

이에 생애사 연구를 통해 교육학 분야의 현상 이해 및 이론 생성에서 분리되었던 개인적 차원과 사회적 차원, 미시적 차원과 거시적 차원은 상호작용하는 그 전체로 이해되고 이론화될 수 있으며(강이화, Alheit, 2015, p. 3), 따라서 생애사 연구를 하는 가장 중요한 전제는 그 연구를 통해 다양한 교육 현상 중에서 개인과 사회구조의 상호작용과 그 결과를 교육학적으로 탐구하고자 할 때 유용한 인식론이자 연구방법이라는 점이다.

생애사와 가추법abduction

생애사 연구에서 이론을 설명하는 논증 방식은 Peirce의 가추법을 통해 보다 잘 이해될 수 있다. 가추법은 귀추법, 후진추리, 가설상정법 등으로 불리기도 하는데(박준호, 2005, p. 2; 이효선, 유연숙, 2017, p. 120; 정용재, 송진웅, 2006, p. 703), 가추법은 사실에 대한 검토와 그것들을 설명하는 이론을 통해 기존의 전제 속에 포함되어 있지 않은 새로운 결론을 도출하는 개연적 추론의 과정으로, 이 과정에서는 사실을 발견하는 것보다 그 사실이 왜 그러한지 설명해 내는 것을 중요하게 보는 논리 전개 방식이다(정용재, 송진웅, 2006).

Peirce에 의하면 가추는 새로운 사실에 대면하여 그 사실을 가장 잘 설명할 것으로 보이는 추론적 가설을 선택하는 방법이므로, 새로운 이론은 연역이나 귀납이 아닌 제3의 논리라고도 불리는 가추로부터 생성된다(김무길, 2010: 이효선, 유연숙, 2017, p. 120 재인용). 물론 가추의 다른 이름인 '특성의 귀납(induction of character)'에서 알 수 있듯이 가추는 일정 집합에 속하는 수많은 특성이 일정한 대상에서 발견되면, 이로부터 그 집합의 모든 특성이 문제의 대상에 속한다는 것을 추론하는 방식으로 귀납과 같은 원리를 포함하고 있다. 다만, 귀납으로 설명되는 지식이 있으면 그 지식 및 가설의 생성 과정을 더 풍부한 사례를 통해 정교화하여 설명하는 데 적합한 방식이다(박준호, 2005, p. 2; 정용재, 송진웅, 2006, p. 704).

가추법은 사실 및 현상을 관찰하여 기존의 전제 속에 들어 있지 않은 또 다른 설명을 추가하고 어째서 그러한지를 설명하는 방식을 말한다. 가추법을 통해서는 현상을 설명하는 여러 가지 다른 설명이 가능하다는 것이고, 우리는 최선의 설명을 채택하는 것으로 본다. 물론 '최선'이 무엇인지에 대한 논쟁은 불가피하지만(Gibbs, 2007, p. 9), 질적 연구가 연역적 혹은 귀납적으로 만들어진 개념과 이론에서 시작하기보다는 새롭고 특수한 개념적 틀이나 이론의 형성을 추구한다는 점에서 가추법의 논리를 따른다는 데 이견이 없다. 따라서 가추는 추론을 통해 가설을 설정하는 것으로 탐구가 완료되지 않으며 그 가설은 다시 이론을 통해 검증되어야 한다(박준호, 2005: 이효선, 유연숙, 2017, p. 120 재인용).

가추법은 관찰할 수 있는 모든 사실로부터 출발하여 그 사실이 의미하는 가능한 한 모든 '독법(Lesarten)'을 정립함으로써, 가장 마지막에는 궁극적인 독법을 밝혀내고자 하는 방법으로, '가설정립(hypothesengewinnung)'과 '가설테스트(hypothesentest)'에도 적합한 방법이다(Rosenthal, 2011, pp. 57-61: 양영자, 2013, p. 277 재인용).

생애사 연구자들은 평범한 일상 속 우리가 겪는 경험과 현상을 연구 자료의 내부에서 찾아낸 규칙으로 설명하려 하는데, 이는 일반화된 이론에서 시작하여 특정 사례와 상황을 설명하는 연역(deduction) 그리고 개별 사례와 상황으로부터 일반 법칙을 이끌어 내는 귀납(induction)이 아닌, 연역과 귀납을 결합하고 상상하여 우리의 경험을 설명하는 새로운 규칙과 이론을 찾아내는 방식이므로 이는 가추에 해당된다고 할 수 있다. 특히 생애사 연구는 자료의 원천을 '평범한' 사람에게서 얻되, 몇몇의 사례를 통해 법칙성과 대표성을 찾는 데서 출발한 연구인만큼, 이때의 법칙성과 대표성은 단일한 법칙성이 아닌 '숙고적인 일반화(spekulative verallgemeinerung)'를 찾아내는 일이며(Thomas & Znaniecki, 1927: Fuchs, 1984, p. 103 재인용), 이러한 논리가 바로 가추법이다.

생애사 연구의 시간성temporality 및 시간적 연대기temporal chronology

생애사 연구가 여타 다른 질적 연구와 구별되는 특징에 대해 연구자들은 다양한 요소를 제시하고 있다. 이동성(2013, p. 78)은 맥락성, 내러티브, 관계성, 인간화 네 가지 주요 특징을 생애사 연구의 특징으로 꼽으면서, 다른 연구자들의 의견을 검토하여 정리한 바 있는데, 여기에는 내러티브, 구성성, 맥락성, 상호작용성, 역동성 다섯 가지를 생애사 연구의 주요한 요소로 보는 의견과 관계성, 상호의존성, 공감, 배려, 민감성, 존중 여섯 가지를 주요 요소로 보는 의견 그리고 맥락성, 구조와 주체의 연결, 연구 과정의 인간화, 대항문화 등 19개의 방법론적 특징으로 상세한 요소를 주장한 의견, 내러티브, 주관성, 시간성 세 가지로 간략하게 제시한 의견 등(한경혜, 2005; Cole & Knowles, 2001; Kelchtermans, 1993; Lewis, 2008: 이동성, 2013, p. 78 재인용)이 대표적이다.

여기에 우리나라 연구자인 김영천과 한광웅(2012)은 맥락성, 구술성, 내러티브를, 양영자(2013, pp. 272-273)는 주관성, 시간성, 이야기성(narrativity)를 주요한 방법론적 특징으로 강조한 바 있다.

이 장에서는 이 가운데서 공통되고 문헌 검토로 내용적 확인이 가능한 세 가지 특징을 다음과 같이 정리하고자 한다. 첫째, 시간성(temporality) 및 시간적 연대기(temporal chronology), 둘째, 이야기성(narrativity), 셋째, 주요 인물 및 주요 사건과의 관계성(relationality) 및 상호작용성(interactivity)이 그것이다.

생애사 연구의 중요한 특징 중 하나는 바로 시간성 및 시간적 연대기에 있다. 여러 다른 질적 연구와 구별되는 생애사 연구의 가장 큰 특징은 한 개인의 생애를 현재부터 과거까지 죽 시간에 걸쳐져 있는 사회적 조건 변화의 영향, 사건이 개인에 끼친 영향 그리고 참여자의 삶의 과정을 관통하는 사회적 조건의 생성, 성숙, 소멸의 운동 속에서 연구한다는 점이다(Miller, 2000, p. 74: 한광웅, 2012, p. 173 재인용).

생애사가 시간적 연대기를 갖고 있는데, 이때의 시간성을 중요한 요소로 보고 생애사를 연구한다는 것은 개인의 평면적인 삶의 경험을 기술하는 것을 넘어서, 개인 삶의 이야기의 맥락을 이루는 사회구조를 입체적인 시간성의 차원에서 발견하는 데에 더욱 중요한 의미가 있다(한광웅, 2012, p. 165).

양영자(2013, p. 273)에 따르면, 이때의 시간성은 생애사가 단순히 과거를 이야기하는 것에 머물지 않고 과거에 대한 해석이 현재의 삶을 바라보는 관점을 제공해 주며, 나아가 과거와 현재를 넘나드는 과정을 통해 생애사 주체의 미래를 전망할 수 있도록 해 주는, 과거와 현재, 미래를 담고 있는 특성을 말한다.

생애사 연구에서 시간성은 한편으로는 과거 사건의 연대기로 나타나기도 한다. 그러나 그 과거는 연대기 속 일직선상의 움직이지 않는 단 하나의 부동점이 아니라 현재의 구술을 통해 재구성되고 움직이는 점이며, 과거의 시간은 현재에서 불러온 과거이며 현재라는 시간성과 만나 균열을 일으키기도 하는데(한광웅, 2012, p. 174), 이 시간성은 물리적으로 고정된 시간이면서 동시에 생애사에서 살아 움직이는 차원의 시간성이기도 하다.

물론 생애사에는 개인 인생의 시기와 맞물린 물리적으로 구체적인 시간적 연대도 있다. 생애사를 수집할 때 시간적 순서에 따라 조직되는 것은 아니나 일반적으로 생애사 구술 때나 서술 때 시간적 순서에 따라 조직되며, 그렇지 않은 경우에도 연구자는 분석의 과정에서 필수적으로 시간적 연대순으로 정리를 해 볼 필요는 있다. 그 과정에서 빠진 생애사는 무엇인지, 어떤 생애 시기가 왜 먼저 강조되어 이야기되는지, 실제 연대적 사실과 다른 이야기의 의미는 무엇인지 등에 대해 추가 인터뷰를 통해 자료 수집을 하거나 분석 시 유의미한 해석을 찾아낼 수 있다.

생애사 연구의 이야기성narrativity

이야기성이란 내러티브 혹은 구술성으로 불리기도 하는데, 과거의 경험을 현재 시점에서 기억을 통해 이야기하려는 생애사의 특성을 말한다(양영자, 2013, p. 273).

이야기성은 생애사 연구에서 참여자의 목소리를 직접 듣고 기록하는 것을 의미하며, 이는 연구의 과정 중 자료 수집에서 구술을 중요하게 보는 것이면서 동시에 자료 수집을 넘어 개인의 경험과 기억을 생생하게 포착하는 필수적인 방법으로 강조된다.

생애사는 개인의 경험이 본질적으로 '이야기된 삶'이라고 보고, 이에 주목하여 현재의 관심과 관점에서 화자의 이야기를 재구성함으로써 그들이 겪은 사건이나 경험을 추적하는 접근 방법이다(박성희, 2007; 이희영, 2005).

이야기성은 연구 과정에서 연구자의 질문에 따라 연구 참여자의 기억이 깨어나고 때론 환기되면서 자신의 경험이 이야기되게 이끌어 주는 것을 의미하며, 이 과정에서 경험의 의미를 함께 구성해 나가는 과정을 말한다. 구술은 서술과 달리 언어적 요소뿐 아니라 비언어적 요소(목소리의 톤, 속도, 강약, 웃음, 울음, 침묵 등의 감정 표현, 제스처, 표정 등의 신체 언어)도 중요한 자료가 되며 해석의 대상이 된다.

생애사 연구에서는 직접 '체험된 생애사(lived life history)'와 함께 '이야기된 생애사(narrated life history, erzählte Lebensgeschichte)'가 있다는 점을 의미 있게 본다. 체험된 생애사가 객관적으로 검증 가능한 사실과 사건에 초점을 두고 실제 사건이 발생한 시간 순서를 따르는 특성을 갖는다면, 이야기된 생애사는 이야기하는 주체의 주관적인 기억과 해석이 깔려 있다는 그 주관성을 전제하고 있으며, 과거는 그 자체로 존재하는 것이 아니라 현재의 관점에서 재구성된 과거라는 새로운 시간성을 부여하고 참여자가 직접 구술하는 이야기를 듣고 수집하려는 것으로, 생애사 연구에서는 두 생애사 간의 불일치나 선택성에 주목하고 개인의 주관적 경험을 사회적 맥락으로 다시 이해하려고 하면서 이야기된 주관성이 강한 생애사에 관심을 둔다.

생애사 연구의 관계성relationality 및 상호작용성interactivity

주요 인물 및 주요 사건과 관계성 및 상호작용성 또한 생애사 연구의 중요한 특징을 갖고 있다.

생애사 연구의 중요한 전제는 생애사가 개인과 개인을 둘러싼 다른 인물 및 주요 사건을 포함한 사회의 관계 및 상호작용에 의한 구성물이라는 점이다. 개인은 자신의 생애를 통해 직면하는 사회적 실재를 자신의 행위를 통해 해석하고 대응하며 생애사를 만들어 간다. 즉, 개인에게 주어진 사회적인 사건 및 질서가 그대로 개인사를 규정하는 것이 아니라, 각 개인의 '생애사적 작업'을 거쳐 특정한 방식으로 다시 발현되고 새롭게 생산된다(이희영, 2005, pp. 129-130).

개인의 생애사에는 보통 주요 인물, 그 인물과의 관계, 주요 사건 그리고 사건과의 상호작용이 등장한다. 그 인물과 사건은 한 개인에게 어떤 의미를 가졌는지 지금의 그 인물에게 지대한 영향을 미친 경우에 언급되는 경우가 많다. 한 개인의 생애사에서 주요 인물의 경우, 연구 참여자가 자주 언급하고 그 인물이 무엇을 했는지 관계적 이야기를 풀어내는 경우가 많은데, 그들은 그 생애사를 함께 만들어 온 중요한 인물인 경우가 많다. 사건의 경우, Denzin(1989: Gibbs, 2007, p. 115 재인용)이 말하는 '에피파니(epiphany)'는 사람의 생애에 흔적을 남기는 사건의 경우에 의미가 있다. 개인의 생애사에서 중요한 전환점이 된 사건으로 그 사건 전과 후에 개인은 여러 측면에서 다른 사람이 되기도 한다. 에피파니를 찾아냄으로써 한 개인이 자신의 삶에서 무엇을 중요하게 여기며 그와 관련된 인물과 사건에 어떤 의미를 부여하는지를 밝힐 수 있다.

전통적으로 생애사 연구는 특별한 생애 사건 및 이력을 겪은 개인에게 관심을 두는 편이다. 북한이탈주민, 파독 간호사, 중도장애인 등의 특별한 생애사는 많이 알려지지 않아 연구의 가치가 있고, 그 분야의 다른 독자들에게 관심이 가기 때문이다. 그러므로 그러한 생애사 속의 특별한 사건에 연구의 초점이 놓인다. 각 개인이 자신의 독특한 생애를 특징지을 특정 사건을 어떻게 겪게 되었는지, 그 이전의 생애가 그 사건과 어떻게 이어지는지, 또 그 사건을 계기로 이후의 생애가 어떻게 전개되었는지, 그 사건은 그 생애에 어떤 흔적을 남겼는지에 주목할 수밖에 없는데(한신갑, 이상직, 2017, p. 106), 이때 주목하는 것이 바로 그 사건과 사건과 관련된 인물, 각각의 상호작용과 관계성 및 상호작용성이다. 그 관계성은 서로 연결되어 생애사 주체에게 어떠한 의미를 부여하고 그 생애사를 가진 개인의 특별한 연구 관심으로 돌려놓는다.

물론 이러한 관계성 및 상호작용성에는 연구자와 연구 참여자(구술자)의 관계와 상호작용도 포함된다. 생애사 연구에서는 참여자를 단순히 자료를 제공하는 역할에서 나아가 연구의 중요한 주체로 인정하며 균등한 상호작용이 이루어지는 관계를 맺는 중요한 연구 협력자로 보고 있다(한광웅, 2012, pp. 174-175).

생애사 연구의 자료 수집 방법: Schütze의 생애사-내러티브 인터뷰

생애사 연구의 자료수집 방법은 주로 인터뷰(구술면담)를 통해 이루어지는데, 가장 대표적인 인터뷰 방법으로는 Schütze의 생애사-내러티브 인터뷰(autobiographisch-narratives Interview) 방법이 있다(양영자, 2010, 2011, 2013; 이효선, 2007a, 2007b; 이효선, 김혜진, 2014).

생애사-내러티브 인터뷰는 내러티브가 의미하듯이 서사적이고 개방성이 큰 비구조화된 인터뷰에 가깝다. 특정 연구 관심과 주제를 구체적으로 하나씩 묻는 인터뷰 방식이 아니라 인터뷰 참여자의 전체 생애사를 자유롭게 구술하도록 열린 질문으로 자유로운 구술 공간을 보장하는 것을 기본으로 한다.

생애사 연구에서 자료 수집을 할 때 생애사-내러티브 인터뷰를 통해 개인이 자신의 학습생애를 최대한 자유롭게 충분히 구술하는 방식을 기본으로 하는데, Schütze는 다섯 단계를 제시한 바 있다(Schütze, 1984). 그 다섯 단계는, 탐색 단계(anwerbungsphase), 도입 단계(einstiegsphase), 핵심구술 단계(phase der haupterzählung), 추가구술 단계(nachfragephase), 이론접목추가구술 단계(bilanzierungsphase)로 이루어진다.

탐색 단계 및 도입 단계에서 연구자는 연구 참여자에게 인터뷰를 요청하면서 연구 주제, 연구 목적, 연구 절차 및 인터뷰 절차 등 연구에 관한 내용 설명부터 연구 참여자에게 필요한 시간, 향후 인터뷰 내용 확인 가능성, 연구윤리 관련 지침 등 연구 참여자와 관련된 사항에 대해서도 자세히 안내한다. 실제 인터뷰 상황이 성사되고 시작될 때에도 이 부분에 대한 재설명과 연구 참여자의 준비 시간 및 분위기 유도의 단계를 중요하게 거친다.

핵심구술 단계에서는 인터뷰 참여자가 자신의 생애에 대해 자유롭게 이야기할 수 있도록 하면서, 연구자는 질문을 최소화하고 연구 참여자가 자신의 이야기를 중단하지 않고 자신 스스로가 경험을 구조화하면서 나름대로 이야기를 만들어 내며 풀어낼 수 있도록 자연스럽게 둔다. 이때 연구자는 연구 참여자가 자신이 만들어 내는 자신의 삶에 대한 이야기를 전개할 수 있는 충분한 시간과 공간, 분위기를 제공하는 데 초점을 두어야 한다.

추가구술 단계에서 연구자는 참여자의 이야기를 바탕에 두고 연구 주제와 관련되었으나 연구 참여자의 내러티브에서 다루어지지 않은 부분이나 이해가 더 필요한 부분에 대해 추가적인 심층 질문을 던지고 연구 참여자는 다시 구술한다. 이 과정을 어느 정도 반복하여 생애의 주요 사건, 주요 인물, 자신만의 의미, 감정을 과거와 현재 미래의 시점으로 입체성을 다해 이야기 층위를 만들어 나가서 생애에 관한 전체적인 이야기가 수집되었을 때 충분하면 마무리할 수도 있고, 연구에서 찾아내고자 하는 연구 주제 및 이론과 관련한 심도 깊은 이야기를 더 찾아낼 필요가 있으면, 마지막 단계인 이론접목추가구술 단계에서 특정 주제 및 이론에 관련한 질문을 추가하는 인터뷰를 더할 수 있다.

이 다섯 단계를 요약해서 말하면, 연구자의 구체적 질문을 통해 연구자의 관심과 의도에 맞춘 대답을 지양하기 위해 인터뷰 첫 단계에서는 연구 참여자의 삶 전체를 충분히 자유롭게 이야기하도록 격려하고, 이후 연대기 및 사건적 연계성을 고려한 보충 질문을 하고, 마지막에 연구자의 이론적 안목으로 연구 참여자에게 해석의 의미를 되묻는 방식이다(이희영, 2005, p. 135; 한국교육과정학회, 2023, p. 446; Schütze, 1984).

인터뷰를 통해 얻어진 생애사는 녹취를 통해 전사 텍스트로 정리되는데, 이때 연구 참여자의 언어적 표현뿐 아니라 말의 쉼, 억양, 웃음, 울음, 오용 가능성 있는 단어 사용, 얼굴 표정, 몸짓 등 비언어적 표현에 대한 연구메모를 텍스트에 담는다.

기타 자료 수집 방법으로 연구 주제에 맞춘 구조화된 인터뷰, 비구조화된 인터뷰, 개인의 일기 및 글쓰기 자료, 집단 인터뷰, 관찰 등이 여러 질적 연구방법에서 사용될 수 있다.

생애사 연구의 자료 분석 절차 1: Pinar(1995)의 자료 분석[1)]

Pinar는 인간의 생애와 교육적 경험을 분석하기 위한 구체적인 방법적 틀을 쿠레레 방법이라고 하면서 연구방법이자 분석방법으로 다음의 네 단계를 제시하였다(박채형, 2021, p. 263; Pinar 2004; Pinar et al., 1995; 박순경, 2001, p. 166). 주요 네 단계인 후향 단계(regressive step), 전향 단계(progressive step), 분석 단계(analytic step), 종합 단계(synthetical step)를 소개하겠다.

첫 번째 단계인 후향 단계는 과거의 경험으로 돌아가서 회상하는 것이다. 후향 단계의 자료는 개인의 삶 및 그 경험이다. 연구 참여자는 자신의 과거 경험으로 돌아가서 자신이 겪었던 교육적 경험을 하나하나 돌아보고 관찰하여 가능한 한 상세히 묘사한다. 이때 과거 사건에 대한 판단, 분석 및 평가를 유보하고, 최대한 묘사에 집중하는데, 그러려면 일정한 시간 간격을 두고 반복하여 회상된 장면과 그 경험을 기록해야 한다. 그 과정에서 현재 가지고 있는 생각과 성향이 과거의 어떤 경험을 통해 형성된 것인지, 주제 관련 경험의 어떤 점이 왜곡되거나 억압되거나 은폐되었는지 등을 깨닫기 위해 과거의 경험을 의식의 표면으로 끄집어 올린다. 결과적으로, 이 단계는 그 경험을 생생하게 묘사하는 동시에 그것이 미친 심리적 영향을 자유롭게 쓰는 단계이다.

두 번째 단계인 전향 단계는 아직은 존재하지 않지만, 현재에 스며들어 있는 미래를 주목하여 미래의 장면을 상상해 본다. 과거의 경험을 현재로 불러오면서 자신의 의식 속에서 자연스럽게 연관되도록 두면서 미래로 나아간다고 가정하는데, 1년, 5년 혹은 10년 후의 어떤 날을 떠올리며 자신이 겪을 특정 경험을 폭넓게 그려 보는 동시에 그것이 안겨 줄 심리적 영향을 생각하며 그것을 기술한다.

세 번째 단계인 분석 단계는 이때 현재라는 시점에 집중한다. '현재 나는 어디에 있는가?' '나의 지적 관심은 무엇인가?' '정서적 상태는 어떠한가?' 등에 대한 질문을 던지고 답하는 단계이다. 이때는 후향 단계와 전향 단계에서 떠올려 기록한 과거와 미래의 개인적 경험을 제도와 역사, 타인의 삶 등 여러 가지 질문 위에 놓고 '개념화'하는 단계로,

---

1) 이 내용은 저자가 집필에 참여한 한국교육과정학회(편)(2023, pp. 443-445)의 관련 내용을 이 책에 맞게 재구성하여 제시한 내용이다.

복잡하게 얽힌 맥락 속에서 나의 지적 관심 및 정서 등에 대한 답을 제기해 보고 분석하는 단계이다. 즉, 과거와 미래를 오가면서 묘사하고 그려 보는 특정 경험을 다양한 맥락에서 분석하고 비평하는 것이다.

이 단계를 거치면 과거, 현재, 미래라는 세 종류의 글 묶음을 가지게 되는데, 이 글들을 살펴보고 그 속에 들어 있는 주제와 개념을 찾는 것이 분석 과정이며, 이는 근거이론의 코딩 과정으로 수행될 수도 있다. 또한 분석을 하면서 다시 떠오르는 관련된 전기적 사건이나 해석 등이 있으면 이를 추가로 기록하고 다시 분석 과정을 거친다(정정훈, 2020, pp. 8-9).

네 번째 단계인 종합 단계는 앞 단계인 분석 단계에서 코딩하며 주제별로 나누었던 내용들을 다시 모으고 통합하는 단계이다(정정훈, 2020, p. 9). 현재로 돌아와서 자신이 겪고 있는 교육적 경험의 의미를 사전에 회상하고 예견한 교육적 경험과 관련지어 입체적으로 조망하는 동시에 자신의 내면에 귀를 기울여 새로운 안목을 얻는 단계이다.

생애사 연구의 자료 분석 절차 2: Schütze의 자료 분석[2)]

Schütze의 자료 분석방법(양영자, 2010, 2011, 2013; 이효선, 2007a, 2007b)은 일정한 단계를 소개하면서 동시에 연구자가 분석 틀을 재구성하여 사용할 것을 권고한다. 다만, 그 기초가 될 수 있는 일반적인 자료 분석 절차는 4단계로 구성되며, 1단계 형식적 분석 단계, 2단계 구조적 기술 단계, 3단계 분석적 추론 단계, 4단계 비교분석 단계로 이루어진다.

1단계 형식적 분석 단계에서는 화자가 구성한 생애이야기를 정확하게 이해하기 위해 화자의 이야기를 시간별 또는 사건별(출생, 입학 및 졸업, 이사, 발병 등)로 구분하여 일련의 순서에 따라 구성한다. 생애사 요약 및 일대기(portrait) 구성, 화자의 이야기를 시간, 사건, 시점의 변화 등에 따라 문단 나누기 과정이 이에 해당된다.

2단계 구조적 기술 단계에서는 삶의 과정과 경험을 연구 주제에 맞게 구조화한다. 이 단계의 목적은 인터뷰 자료의 '생생한 날것'으로부터 차차 연구 주제가 밝혀내고자 하는

---

2) 이 내용은 저자가 집필에 참여한 한국교육과정학회(편)(2023, pp. 445-446)의 관련 내용을 이 책에 맞게 재구성하여 제시한 내용이다.

패턴 및 이론을 구축하는 추상적 범주로 정리하는 것이다. 이때 전사된 텍스트를 여러 번 읽으며 텍스트의 성격에 따라 그냥 사건을 묘사하고 서술한 것인지, 현재의 관점에서 평가한 텍스트인지, 학문 및 이론의 관점에 따라 이론화한 텍스트인지 등 단락별로 표시할 수 있다. 또한 이때 근거이론의 코딩 절차인 축 코딩에서 사용하는 세부 분석 요소를 통해 구조화할 수도 있다.

3단계 분석적 추론 단계에서는 생애사적 핵심사건(biographische kernstelle)을 도출하여 각 핵심사건 속에서 연구의 주제와 연결된 고리를 찾아 재구성하며 해석적인 개념을 찾아내고 정리한다. 이 과정에서 생애사의 형태(gestalt)가 구성되고 외부 관련 개념과 이론이 해석에 사용될 수 있다. 단일사례의 경우는 이 단계에서 사례에 대한 재구성이 완성된다.

4단계 비교분석 단계에서는 복수 사례연구 설계에서 각각의 사례들을 비교함으로써 보다 구체적이고 일반화되는 유형들을 구조화할 수 있다(이효선, 김혜진, 2014). 즉, 여러 인터뷰 사례가 있으면 이 가운데 유형으로 구별되는 사례들을 모아 가장 상징적인 사례 및 이전 단계를 통해 재구성한 하나의 사례를 '닻사례(ankerfall)'로 설정하고 여타 사례들을 대조시킴으로써, 개별적인 각 사례가 지닌 특성 간의 공통적인 점과 특수적인 점을 도출해서 보여 주는 유형화(typenbildung)를 통해 연구 문제를 설명할 수 있는 이론을 정리해서 제시한다.

참고문헌

강이화, Alheit, P. (2015). 독일 생애사 연구의 인식론적 기반과 분화 과정. **교육의 이론과 실천**, 20(2), 1-20.

김무길(2010). 퍼스의 실재론적 프래그머티즘과 탐구 논리. **교육철학**, 48, 1-22

김영천(2004). 교사의 삶에 대한 생애사적 연구: 연구동향과 예들. **열린교육연구**, 12(2), 79-105.

김영천(2006). After Tyler: 교육과정 이론화 1970년-2000년. 경기: 문음사.

김영천, 한광웅(2012). 질적 연구방법으로 생애사연구의 성격과 의의. 교육문화연구, 18(3), 5-43.

김주현, 김사훈(2016). 학교와 학교 밖에서의 경험에 관한 자서적적 생애사 연구. 내러티브와 교육연구, 4(2), 5-27.

박성희(2004). 질적 연구방법의 이해-생애사 연구를 중심으로. 서울: 원미사.

박순경(2001). 자기주도성의 교육과정 이론적 기초로서의 '쿠레레'에 대한 일고. 교육과정연구, 19(1), 159-173.

박준호(2005). 퍼스의 귀추와 가설의 방법. 범한철학, 37, 65-85

박채형(2021). 교육과정 연구. 서울: 학지사.

손승남(1997). Dilthey의 해석학과 교육학적 전기연구. 교육학연구, 35(1), 17-39.

양영자(2010). 재독한인1세대 여성의 가치관과 정체성의 변화과정에 대한 생애사 연구. 한국사회복지학, 62(3), 323-351.

양영자(2011). 생애사 재구성-남성노인의 생애사를 중심으로. 사회복지연구, 42(2), 275-302.

양영자(2013). 내러티브-생애사 인터뷰 분석의 실제-재독한인노동이주자 인터뷰를 중심으로. 한국사회복지학, 65(1), 271-298.

양영자(2019). 한 교육과정 교육자의 교육경험에 대한 자서전적 탐구. 교육과정연구, 37(4), 171-200.

윤형숙(1996). 여성생애사 연구방법론. 여성연구, 3. 목포대학 여성문제연구소.

이동성(2013a). 생애사 연구동향의 방법론적 검토: 세 가지 방법적 이슈를 중심으로. 교육인류학연구, 16(2), 47-82.

이동성(2013b). 생애사 연구방법론의 이론적 배경과 분석 방법에 대한 탐구. 초등교육연구, 26(2), 71-96.

이효선(2007a). 파독간호사의 생애발달에 관한 질적 연구. 사회과학논총, 23, 153-179.

이효선(2007b). 중도장애인의 사고 이후 생애경험에 관한 질적 연구. 한국사회복지학, 59(4), 217-244.

이효선, 김혜진(2014). 생애사 연구를 통한 이주여성노동자의 삶의 재구성: 파독간호사 단일 사례 연구. **한국여성학**, 30(1), 253-288.

이효선, 유연숙(2017). 독일로 이주한 한인 1, 2세대의 생애발달경험에 관한 재구성 연구: 삶의 전략을 중심으로. **다문화와 평화**, 11(2), 113-138.

이희영(2005). 사회학방법론으로서의 생애사 재구성. 행위이론의 관점에서 본 이론적 의의와 방법론적 원칙. **한국사회학**, 39(3), 120-148.

정용재, 송진웅(2006). Peirce의 귀추법에 관한 이론적 고찰을 통한 과학교육적 함의 탐색. **한국과학교육학회지**, 26(6), 703-722.

정정훈(2020). 교사교육과 교육과정 연구를 위한 쿠레레의 개념화와 교육 연구 적용 가능성 탐구. **질적탐구**, 6(3), 1-34.

최재현(1991). **현대 독일사회학의 흐름**. 서울: 형성사.

한광웅(2012). 질적 연구방법으로 생애사연구의 의의와 원리. **한국사회교과교육학회 연차학술대회 자료집**, 165-187.

한국교육과정학회(2023). **교육과정 연구방법론**. 경기: 교육과학사.

한신갑, 이상직(2017). 생애사 연구의 자료기반 확장: 생애사 시간표를 활용한 구술 생애사 자료의 조직 및 분석. **조사연구**, 18(2), 99-136.

한혜정(2005). 자아성찰과 교수방법으로서의 '자서전적 방법'(Autobiographical Method). **교육과정연구**, 23(2), 117-132.

한혜정(2006). 교육과정연구의 질적 연구에서 '자서전적 방법'이 가지는 의의. **교육과정연구**, 24(2), 71-86.

Alheit, P. (1990). *Alltag und Biographie. Studien zur gesellschaftlichen Konstitution biographischer Perspektiven.* 2. Aufl. Bremen.

Alheit, P. (2021). Biographicity as 'mental grammar' of postmodern life. *European Journal for Research on the Education and Learning of Adults, 12*(1), 81-94.

Alheit, P., & Dausien, B. (2000). Die biographische Konstruktion der Wirklichkeit. überlegungen zur Biographizität des Sozialen. *Biographische sozialisation, 17*, 275-277.

Creswell, J. W. (2005). *Qualitative inquiry and research design: Choosing among five approaches*. SAGE Publications, Inc. 조흥식, 정선욱, 김진숙, 권지성 공역(2005). 질적 연구방법론–다섯 가지 전통. 서울: 학지사.

Fischer–Rosenthal, W. (1990). Diesseits von Mikro und Makro. Phänomenologische Soziologie im Vorfeld einer forschungspolitischen Differenz. In *Österreichische Zeitschrift für Soziologie, 15*(3), 21–34.

Fuchs, W. (1984). *Biographische Forschung. Eine Einführung in Praxis und Methoden*. Opladen.

Gibbs, G. R. (2007). *Analyzing Qualitative Data*. SAGE Publications, Inc. 김종훈, 조현희, 엄수정 공역(2022). 질적 연구의 자료 분석. 서울: 박영스토리.

Grumet, M. (1976). Psychoanalytic foundations. In W. Pinar & M. Grumet, *Toward a poor curriculum*. Dubuque, LA: K1endall/Hunt.

Grumet, M. (1980). Autobiography and Reconceptualization. *Journal of curriculum theorizing 2*(2), 155–158.

Pinar, W. F. (1976). The method of currere. In W. Pinar (Ed.), *Autobiography, politics and sexuality* (pp. 19–27). Peter Lang.

Pinar, W. F. (2004). *What Is Curriculum Theory*. Lawrence Erlbaum Associates Publishers.

Pinar, W. F., & Grumet, M. (1976). *Toward a Poor Curriculum*. Kendall Hung Publishing Co.

Pinar, W. F., Reynolds, W. M., Slattery, P., & Taubman, P. M. (Ed.). (1995). *Understanding Curriculum: An Introduction to the Study of Historical and Contemporary Curriculum Discourses*. Peter Lang.

Schütze, F. (1984). Kognitive Figuren des autobiographischen Stegreiferzählens. In M. Kohli, & G. Robert (Hrsg.), *Biographie und Soziale Wirklichkeit: neue Beiträge und Forschungsperspektiven* (S. 78–117). Stuttgart: Metzler.

Schwab, J. J. (1971). The Practical 2: Arts of Eclectic. I. Westbury & N. J. Wilkof (Ed.). (1978). *Science, Curriculum, and Liberal Education: Selected Essays*. The University of Chicago Press.

06

실행연구

1 실행연구 개관

수십 년 동안 이어진 사회과학 분야에서의 이분법적이고 수직적인 연구 문화의 한계를 지적하는 목소리가 높아지고 있다. 대학이나 특정 이론가의 손에서 만들어진 이론이 현장의 복잡한 사건들을 모두 설명하지 못하며 문제를 완전히 해결해 주지도 못하고 있다는 것이다. 이에 실천가들은 일반화된 이론 대신에 다양한 맥락을 직접 이해하고 실천하는 방식으로 문제를 다루려고 노력하고 있다.

이러한 흐름 속에서 실행연구(Action Research)는 연구자가 경험하고 있는 실제 현장의 사건, 문제, 딜레마 등을 진정으로 이해하고 그것을 학술적으로 다룰 수 있는 연구방법론으로 주목받고 있다. 질적 연구의 한 종류이자 사회과학 분야의 독자적인 연구 도구이기도 한 실행연구는 이론에 관한 성찰적 이해와 더불어 직접 실천을 통해 현장과 연구자 자신의 개선을 추구하는 연구방법이며, 반성적 실천과 같은 순환적 과정을 강조하는 방법론이다(이용숙 외, 2005). 실행연구는 현장의 개선을 궁극적인 목적으로 하며 질적 연구 중에서도 현장에 기반을 둔 실천가에게 특히 효과적인 연구방법론으로 인식되고 있고 교육학, 간호학, 행정학, 사회학, 지역학, 경제학 등 다양한 영역에서 활용되고 있다(Stringer, 2007). 실천가들은 자신의 현장에 가장 적합한 문제 해결법을 요구하고 있는데, 실행연구는 이들의 요구를 충족할 수 있는 연구 도구라는 점에서 현장에 기반한 연구를 충실히 수행하기를 원한다면 실행연구를 잘 이해하는 것이 필요하다.

실행연구를 설명하는 용어에는 실천(practice), 행위(praxis), 맥락(context), 현장(field), 협력(cooperation) 등이 있다. 이 외에도 연구자가 자신의 문제를 직접 성찰(reflect)하는 것, 실천과 성찰을 반복(loop)하는 것 그리고 연구의 결과를 현장의 모든 구성원과 공유(share)하는 것도 실행연구의 핵심 개념이다(Kemmis & McTaggart, 1988).

학자들의 정의를 종합해 보면, 실행연구를 수행하는 연구자는 반드시 자신의 현장이나 자신의 과업을 연구대상으로 삼아야 한다. 그리고 연구의 결과가 아무런 의미 없이 결론지어지는 일을 막고 가능한 한 많은 현장의 문제 해결과 긍정적인 효과를 이루어 내기 위하여 협력과 연대에 기반한 현장작업을 수행한다. 자료를 수집하고 분석할 때는 타당한 결론을 도출하기 위하여 동료 연구자들에게 연구 권한을 분산하며 심지어는 연구대상인 연구 참여자들에게도 연구의 결론이나 연구 과정을 공개하는 등 민주적인 조직을 운영하는 데 힘쓴다.

한 가지 분명히 해 두어야 할 부분은 '실행연구'와 '현장연구' 용어의 구별에 관한 점이다. 우리나라에서는 1990년대에 실행연구를 현장연구로 번역하였는데, 이는 이미 활용되고 있던 현장연구(field research)와의 개념적 혼동을 일으켰다. 기존의 현장연구는 과학적인 모든 형태의 연구를 뜻하는 것이었으며, 우리가 보통 알고 있는 통계분석 기법에 기반한 양적 연구를 의미하기도 했다. 그러나 현대의 실행연구는 분명히 질적 연구에 더 가까우므로 현장연구와는 다른 새로운 용어로 다시 정립할 필요가 있었다. 이에 2000년대 이후 실행연구라는 용어가 새롭게 정의되고 공인되기에 이르렀다.

2 실행연구 주요 용어 해설

실행연구action research

실행연구를 단순히 정의해 보면 '연구자가 자기 현장의 변화와 개선을 목적으로 스스로 주체가 되어 개인적 · 협력적으로 수행하는 연구'라고 할 수 있다. 다만, 현대의 실행연구는 연구 분야와 세부적인 연구 목적에 따라 다양하게 정의되고 있으므로, 이 글을 읽는 독자들은 다음에 제시된 학자들의 정의와 더불어 실행연구와 관련된 저서들을 좀 더 자세히 읽어 보고 자신의 연구 방향에 알맞은 실행연구의 정의를 설정해 볼 필요가 있다.

Lewin의 정의

Action Research라는 용어를 사회과학 분야에서 최초로 도입한 학자는 Lewin(1946)이다. 그는 우리 주변의 삶에 영향을 끼치는 다양한 사회적 · 문화적 법칙들이 어떻게 만들어지는지에 관심을 두었다. 그 결과, 많은 법칙과 이론들이 단순히 형이상학적으로 설계되거나 창조되지 않고, 어떠한 불확실한 가설의 형태로 나타난 뒤에 실제로 우리 삶에 적용되고 실제적 효과를 나타낸 뒤에 다시금 적용되면서 명료한 이론으로 점점 다듬어진다는 사실을 발견하게 되었다. 이에 따라 Lewin(1946)은 실행연구를 "자연적 · 사회적 환경 내 다양한 힘을 이해하고 과학적 법칙에 기반한 실천적 행위를 이끄는 연구방법"으로 정의하였다.

이 외에도 다음 학자들의 정의가 제시되었다.

Rapoport의 정의

Rapoport(1970)는 "당면한 문제 상황에서 개인의 실천적 관심을 충족하면서 사회과학의 목적에도 이바지하는 연구방법론"을 실행연구로 개념화하였다. 실행연구 속에서 연구자들은 윤리적으로 상호 합의된 틀 내에서 공동의 문제를 해결하기 위해 협력할 수 있으며 이론적인 탐구뿐만 아니라 사회적 문제를 실제로 해결할 수 있는 효과를 얻을 수 있다고 보았다.

▶ Ebbutt의 정의

Ebbutt(1985)는 실행연구를 "연구 공동체의 실행을 기록하고 그 효과에 관해 성찰함으로써 현실을 체계적으로 개선하는 연구"로 정의한다. 그의 정의에서는 공동체가 좀 더 강조되어 실행연구가 집단적 연구의 특성을 보이게 됨을 알 수 있다.

▶ Glickman의 정의

Glickman(1993)은 "연구 공간에서 실천가들이 동료들과 함께 특정한 행위를 실천하면서 개선하는 활동의 일종"으로 실행연구를 바라본다. 즉, 이론과 실제의 통합적 입장에서 실행연구의 개념을 제시하고 있으며, 현장의 문제는 현장의 당사자들이 실천적이고 협력적인 참여 · 반성 · 개선 과정을 통해서 해결하는 것이 효과적이라는 의미를 전달하고 있다.

▶ Burns의 정의

Burns(2010)는 실행연구를 "실행의 품질을 개선하려는 시도이자 사회적인 맥락에서 문제를 실제로 해결하기 위한 다양한 방안을 찾고 적용하는 연구"로 나타냈다. 추가로 "연구자, 실천가 그리고 외부 전문가와의 협업을 반드시 포함"한다는 점도 제시하였다. 그는 거의 모든 사회적 상황에서의 문제를 해결하기 위해서 실행연구가 사용될 수 있다고 주장하였는데, 이를 통해 실행연구의 대상이 교육학뿐만 아니라 사회과학의 전 분야(사회학, 심리학, 인류학, 간호학, 경영학, 행정학 등)로 확장될 수 있었다.

▶ Carr와 Kemmis의 정의

Carr와 Kemmis(1986)는 종합적인 정의를 제시하고 있다는 점에서 주목할 만하다. "참여자의 실천에 대해 합리적으로 정의하는 것, 참여자의 실천을 실제로 이해하는 것 그리고 상황을 개선하기 위해 스스로 반성하는 것"을 실행연구로 정의하였는데, 이러한 정의는 연구자나 연구와 관련이 있는 참여자가 실제 맥락에서 상황을 정말로 개선하려는 의지를 가져야 함을 강조하고 있다는 점 그리고 개인의 합리성과 공정에 관한 심층적이면서도 성찰적인 연구를 제안했다는 점에서 실행연구의 중요한 특징을 밝혔음을 알 수 있다.

Johnson의 정의

Johnson(2008)은 "연구자 스스로 필요성을 인식하여 수행하는 연구, 자기 실제에 관한 진정한 탐구의 성격을 지닌 연구, 체계성을 갖춘 연구"를 실행연구로 보고 있다. 그의 정의에서는 실행연구로 분류될 수 있는 세 가지의 최소 기준이 제시된다는 점에서 주목할 만하다. Johnson은 주로 교육적 상황에서의 실행연구를 수행했는데, 교사들은 자신의 현장(교실)을 더욱 잘 이해하거나 수업의 양적 · 질적 효과를 높이기 위해 실행연구를 사용해야 한다고 주장한다.

Mills의 정의

Mills(2011)는 실행연구를 "교사나 교육행정가와 같은 사람들이 그들의 교육적 실천이 어떠한지, 그 결과로 학생들은 어떻게 공부하고 있는지 탐색하는 연구"로 정의하였다. 이는 교육학적 입장에서 정의된 것이므로 모든 실행연구 상황에는 적합하지 않을 수도 있다. 다만, 이 정의에서는 연구 주체가 실천가(교사) 그 자체만 의미하지 않고 그 주변인(행정가, 학생 등)까지도 확대될 수 있다는 점에서 새로운 가치를 찾을 수 있다. 즉, 실행연구는 현장에만 초점을 맞추는 연구라기보다는 현장이 어떻게 작동하는지를 효과적으로 규명하는 체계적인 방식의 연구이다.

앞에 제시된 실행연구의 정의를 종합해 보면 다음의 내용이 나타난다. 첫째, 실행연구는 현상이나 문제의 실제적인 개선을 지향한다. 둘째, 실행연구는 탐구 과정에서 참여 · 연대 · 협력을 강조한다. 셋째, 실행연구는 합리적이고 논리적인 체계를 요구하는 한편, 개인의 내면에서 이루어지는 성찰도 추구한다. 즉, 실행연구는 새로운 지식을 생성하는 데 관심을 두는 학문이다. 다만, 일반적인 학술 연구와 다른 점은 실제 현장에서 실천가가 행동하는 내용을 토대로 지식을 생성한다는 점이 될 것이다. 연구자는 직접 실천해야만 지식을 얻을 수 있다. 따라서 자연스럽게 실행연구는 이론과 실천 사이의 간격을 좁히는 효과를 얻게 된다.

한편으로는 이론가들이 지식을 생성하고 실천가들이 지식을 현장에 전달한다는 이분법적 세계관에도 효과적으로 의문을 제기할 수 있다. 또한 실행연구는 유연하며 상대적으로 자유로운 연구 기법이기도 하다. 개인이 수행하는 것을 기본으로 하지만 참여를 통해 공동의 목적을 달성하는 목표도 가능하며, 일반화가 아니라 상황과 맥락을 고려한다. 그러므로 같은 주제라고 할지라도 연구자와 연구 참여자들이 어떤 상황에서 어떠한 조건을 활용하는지에 따라 전혀 다른 방향으로 연구가 이루어질 수 있다. 이것을 가능하게 하는 핵심적인 요소가 성찰이다. 연구자는 성찰을 통해 연구를 앞선 실천과는 전혀 다른 방향으로 끌어갈 수 있게 되며 연구는 더욱 생동감 있고 실천적인 성격을 띠게 된다.

작업work으로서 실행

실행연구에서 말하는 실행에는 다양한 의미가 내포되어 있는데, 이를 몇 가지 용어로 이해해 볼 수 있다. 먼저, 노동(labor)과 작업(work)의 비교를 통해 실행을 살펴본다. 여기서 노동(labor)은 어떤 목적에 따른 행동이 아니라 인간이기 때문에 당연히 하는 것이며, 생명체가 생존하기 위해 숨을 쉬고 밥을 먹는 것처럼 특정한 의지나 의도가 개입되지 않고 의식 없이 이루어지는 행동이다(박영주, 2011). 만약 특정한 목적을 두고 행동하게 된다면 노동의 개념에서 벗어나게 된다. 가령, 우리가 방을 청소하고 설거지하는 일은 보통 노동으로 취급되지만, 이 행위에 의미(손님맞이, 마음을 다스리기)를 부여하면 더 이상 노동이 아니게 된다.

한편, 작업은 무언가를 만들어 내는 것이다. 작업은 노동과는 달리 목적이 강조된다. 대신 목적을 달성하는 순간(무언가가 완성되는 순간) 작업은 끝나게 된다(Arendt, 1957). 추가로 다양한 기준을 달성해야 하는데, 이 기준은 작업의 목적이 되는 생산품이 그 사회나 공동체의 구성원들에 의해 정당한 것으로 인정받아야 하는 것, 동시에 자연을 과도하게 파괴하지 않아야 하는 것 등의 윤리적 · 규범적 성격을 띤다.

여기서 우리는 실행연구가 작업 개념을 지향한다는 점을 알 수 있다. 작업의 철학적 입장에서 유추해 보면, 실행은 무목적적이지 않고 인간의 의지를 포함하고 있다. 또한 실행은 공동체 내부에서 인정되는 범위 안에서 그리고 자연이나 지속 가능한 발전 등을 고려하는 도덕적이며 규범적인 범위 안에서 논의될 수 있다.

프락시스Praxis로서 실행

다음으로, 실행연구의 철학을 가장 잘 반영하고 있는 프락시스에 관해 자세히 살펴본다. 프락시스는 행위 그 자체가 목적이 되는 것으로 정의된다. 실행에 영향을 미칠 수 있는 존재도 자기뿐이며 인간은 스스로 자신의 실행에 대해 생각하고 판단하고 실행해야 한다는 주장을 펼친다. 그러한 점에서 프락시스는 개인의 주체성이 강하게 나타나며 아무런 목적이 없는 노동과 구별됨을 알 수 있다. Habermas(1981)는 프락시스의 주체적인 개념을 사회과학 연구에 적용하였는데, 좀 더 자세히 설명하면 이론이 주체적인 실천가에 의해 적용되면서 그들의 내적 관심과 의지에 따라 이론이 재구성되는 모습을 프락시스 개념으로 설명하였다. 이 과정에서 함께 등장하는 개념이 성찰이다. 프락시스를 성공적으로 수행하기 위해서는 성찰이 반드시 함께 수반되어야 한다. Freire(1970) 역시 프락시스의 의미를 실천과 성찰의 연속으로 보고 있는데, 자신의 실천을 비판적으로 반성하는 변증법적 과정을 통해 인간의 의지를 나타낼 수 있다고 주장하였다. 즉, 프락시스로서 실행은 일종의 순수 과학적인 탐구를 의미한다고 볼 수 있다. 사전에 계획한 연구절차를 따라 일정한 행위를 하고, 그 결과로 나타난 내용을 반성하여 자신과 현장을 끊임없이 변화시켜 나가는 것이다.

이 과정에서는 어떠한 다른 외부적 힘이나 타율적 간섭이 나타나지 않는다. 즉, 프락시스로서 실행은 그 자체로 목적이 된다. 여기에 영향을 주는 것은 행위 당사자의 의지(연구자의 자기 의지)뿐이다. 이 개념은 현대 과학적 연구에서 흔히 찾아볼 수 있다. 연구행위에는 딱히 이유가 없으며 연구자가 연구해야겠다고 마음먹기만 하면 된다. 반대로, 연구자들은 모두 왜 연구해야 하는지에 대한 자기 판단을 수행해야 한다. 그리고 연구자는 인간이므로 인간의 불완전함을 보완하기 위해서는 실행에 관한 다양한 이론적 근거와 주변 인물들의 의견을 살피는 과정을 거쳐야 한다(박영주, 2011).

프락시스Praxis의 핵심 특성

앞서 살펴본 바와 같이 프락시스는 실행연구 패러다임에서 실행의 근본적 개념으로 활용되었으며 현재도 실행연구의 중요한 철학적 지향점으로 인식되고 있다. 이에 프락시스 개념이 지닌 중요한 특성들을 살펴보고, 이를 통해 실행연구의 방법적 특징을 도출해 보고자 한다.

첫째, 프락시스는 규범적 특성과 과학적 특성을 동시에 지니고 있다. 보통 규범(윤리)과 과학(법칙)은 배타적이며 잘 융합되지 않는다고 인식된다. 그러나 포스트모더니즘과 후기 구조주의의 등장으로 두 가지 속성(객관성과 주관성)을 동시에 추구할 수 있다는 점이 받아들여졌고, 자연스럽게 그 방법에 관심이 쏠리게 되었다. 사회과학 연구에서 온전히 규범적이거나 온전히 과학적이기란 사실상 불가능하며, 그것이 가능하더라도 우리의 삶에 실제 의미를 가져다줄 수 없었기 때문이다. 이에 규범과 과학 두 측면을 모두 고려할 수 있는 프락시스 개념이 수면 위로 떠오르게 되었다.

이것이 가능한 이유로는 '의사소통에 기반한 실천'의 개념이 등장한 것을 들 수 있다. 즉, 프락시스는 의사소통적 실천 행위이므로 규범적 특성과 과학적 특성이 모두 나타날 수 있다는 뜻이다(김태오, 1991). 여기서 의사소통적 행위란 규범적 타당성과 진실성을 회복하는 것을 목표로 하되, 행위에 참여하는 주체들이 자유롭게 합의하는 과정을 거치는 개념으로 정의된다(Held, 1980). 이와 관련하여 Freire는 프락시스를 행위 속에 반성이 이미 포함되어 있다고 보았으며, 반성과 행위는 언어를 매개체로 상호작용을 한다고 주장하였다(Freire, 1970). 그러므로 진실한 대화로부터 출발하는 실천적 행동은 현실을 근본적으로 개선할 수 있는 원동력이 될 수 있음을 제시하였다. 상호작용의 특성은 개인 내부에서만 일어나지 않는다. 자신의 실천을 타자와 자유롭게 논의하고 근거에 따라 비판하며 일종의 타당성과 엄밀성을 획득한다. 물론 이것은 자연과학에서 이야기하는 타당성과는 조금 차이가 있으나 상호작용을 통해 인식의 공감대를 확대해 나간다는 점에서 의의가 있다(김태오, 1991).

둘째, 프락시스는 인간의 능동적 참여를 전제로 한다. 독특하게 프락시스는 별도의 번역을 하지 않은 채 원어 그대로 '프락시스'라는 용어를 그대로 사용하는 경우가 많다. 그 이유는 실행, 실천, 행위, 행동 등의 한글 번역이 개인의 주체성이나 이론과 결부된 실천이라는 의미를 제대로 살리지 못하기 때문이다. 즉, 프락시스는 이론이 없는 단순한 행동, 또는 적극적인 참여가 없는 수동적인 행동 등으로 의미가 협소해지는 것을 매우 경계한다(서윤경, 권성호, 2004). 프락시스에는 삶의 실제 상황과 이에 따른 주체로서의 실천을 동시에 지향한다는 의미가 담겨 있음을 다시 한번 이해할 필요가 있다.

Freire(1970)는 프락시스를 행위와 성찰 간의 무한한 변증법이자 역사적 맥락 속에서 타자와의 상호작용을 통해 사회를 재구성하는 활동으로 본다(신득렬, 1987). 이 과정에서도 인간의 능동적 참여는 매우 중요하다. 프락시스는 주체적인 활동이며 실행하는 본인이 실행한다는 의식을 뚜렷이 가지고 있어야 한다. 실행하는 주체가 주체적인 의식을 지니기 위해서는 현장의 맥락이 반드시 반영되어야 한다. 여기서 말하는 현장은 단순히 물리적 환경만 지칭하지 않는다. 사회적 · 문화적 · 환경적으로 현장을 둘러싼 모든 내용이 광범위하게 다루어진다. 현장 맥락이 강조되고 현실의 문제를 실제로 해결할 수 있을 때 연구자들은 진실로 연구에 능동적으로 참여하게 된다(유기웅 외, 2012).

실행과학action science

실행연구의 배경인 실행과학 개념에 관해서도 이해해 볼 필요가 있다. 여기서 '과학'은 자연과학에서 이야기하는 과학이 아닌, 사회과학 측면의 과학을 뜻한다. 실행과학은 사회적 현상 속에서 관찰되는 인간과 인간의 행동을 연구대상으로 본다. 특히 사회적 현상에 인간이 어떻게 대응(행위)하는가를 주목한다. 또한 특정한 패러다임이나 단일한 학문적 가치관으로 현상을 바라보는 관습을 거부하고, 다양한 이론을 편견 없이 사용하고자 한다. 궁극적으로는 연구의 초점을 개인과 개인, 개인과 환경, 공동체 내부의 변인 간의 관계로 돌리고 연구의 맥락성과 개인성을 부각하고자 한다. 이러한 특성은 실행과학이 사회과학의 전 분야에서 적용되는 것을 가능하게 하였다.

좀 더 구체적으로 실행과학은 충분한 데이터와 이를 바탕으로 이루어지는 실증적 추론을 기반으로 하고, 우리들의 눈에 보이지 않는 경험이나 문화에 대해서는 해석학적 접근을 취하며, 현상에 관련된 사람들의 주장과 논거들을 비판적으로 바라보는 일종의 사회과학 패러다임이다(Lewin, 1946).

사례 **교육과정학에서의 실행과학**

교육과정학 분야에서 실행과학의 적용 예시를 들면 다음과 같다.

교육과정을 설계할 때 활용되는 대표적인 모형 두 가지를 들면, 첫째, 인류의 문화유산을 전달하는 데 목적을 두는 교과중심 교육과정, 둘째, 아동의 성장 · 발달에 초점을 두는 경험중심 교육과정이 있다. 각 모형은 모두 효과적인 교육과정 설계를 위해 제시된 방법이었으며, 어느 정도 교육적 효과가 있었고 뚜렷하게 지지하는 학자들이 있었다는 점에서 의미가 있다. 한편으로는 두 모형 모두 이론적 한계점이 존재했다. 교과중심 교육과정은 실제 생활과 유리되어 실용적이지 못하거나 단편적인 지식만 학습하는 경향이 있었고, 학생의 흥미와 요구를 대체로 무시하는 경향도 있었다. 경험중심 교육과정은 반대로 체계적인 지식 습득이 어렵다는 단점과 더불어, 교육의 효율성과 경제성이 낮다는 문제점도 있었다.

더 중요한 것은, 각 이론을 지지하는 연구자들은 서로를 인정하는 것이 아니라 비난하거나 공격하는 일이 많았다는 데 있다. 이 문제를 해결하기 위해 실행과학이 등장했다. 실행과학은 변증법적 방법으로 양극단에 있는 이론의 갈등을 해소하면서 교과와 경험 간의 조화를 가능하게 했다.

실행과학은 교과중심 교육과정과 경험중심 교육과정의 사이에서 교실 현장의 실제 문제를 해결하는 데 중점을 둔다. 이를 위해 광범위한 도구(행위의 개념과 이론, 체계적인 연구 설계, 통계적 측정 기법, 문화기술지와 같은 질적 연구방법을 포괄)를 골고루 활용한다. 이것은 기존의 당위적 가치에 따른 연구방법과 비교하였을 때 차별화되는 특징이다.

세부적으로 실행과학은 다음과 같은 특징이 있다.

첫째, 실행과학은 특정한 실천을 끌어내는 데 관심을 둔다. 이를 위해 관찰한 인간의 행위에 나름대로 해석하여 실천을 끌어낼 수 있다고 본다. 이는 전통적인 과학 이론을 만들어 내는 방법(사건과 사건 간의 규칙을 설명하고 예측)과 유사하다고 볼 수 있다. 다만, 그 초점이 우리의 현장과 문제 해결에 영향을 주는 실제적인 내용에 기반을 둔다는 점이 다르다. 실행과학은 실천가이자 연구자가 우리의 구체적인 삶의 장면에서 의미를 찾아내고 이에 따라 행위를 도출할 수 있어야 한다고 주장한다.

둘째, 실행과학은 법칙의 적용을 강조한다. 이는 어느 정도 응용과학의 성격을 띠는 것이다. 다만, 여기서 응용은 생성된 지식이나 이론을 다른 현장에 수정 없이 적용하는 것을 의미하지는 않는다. 실행과학을 제대로 구현하기 위해서 연구자는 현장의 세부 상황에 관한 정보를 심층적으로 탐색하여 기존의 이론을 어떻게 변형할지 결정해야 한다. 이 과정에서 기존의 지식과 이론은 자연스럽게 현장에 적합한지 검증된다. 즉, 실천을 제대로 하면 이론의 발전에 도움이 되는 피드백이 만들어지고, 그 결과 기존 이론의 정립이 이루어지는 구조가 형성된다. 이렇게 실행과학은 기존의 응용과학의 개념 또한 다시 설정하는데, 전통적으로 강조되는 과학적 지식 대신 실천적 지식을 탐구하는 학문의 성격을 띠게 만든다.

셋째, 실행과학에서는 인간의 행위에 영향을 미치는 규범적 요인도 중요하게 다룬다. 이는 전통적인 과학 연구의 입장과는 상당히 차이를 보이는 지점이다. 보통 과학 연구에서 규범적 요인(행위 목적이 바람직한가? 혹은 행위로 인한 결과기 어떠할 것인가?)은 연구 설계에서 배제하거나 관련된 내용을 판단하는 것을 외부 기관(연구 윤리 위원회, 정책결정자, 이론의 소비자, 대중 등)에 맡겨 버린다. 규범적 요인은 소위 '가치 지향적'이기 때문에 과학적 연구 결과에 중대한 손상을 끼칠 수 있다고 생각하기 때문이다. 하지만 실행과학자들은 오히려 연구가 규범적이라는 데 동의한다. 이는 현대의 많은 연구 철학에서 인간의 행위가 규범적 차원과 결부되어 있다고 설명하는 것과 인식을 같이한다.

정리하면, 실행과학 패러다임에서 보여 주는 몇 가지 특징(실행 강조, 맥락에 따른 실천적 지식의 추구, 규범적 요인의 고려, 폭넓은 연구 도구)은 실행연구에서도 그대로 나타나며, 이를 통해 실행연구는 과학적이면서도 사회문화적인 연구방법론이 될 수 있음을 알 수 있다.

실천적 지식practical knowledge

실행연구는 실천적 지식을 형성하기 위한 연구방법이다. 그러므로 실천적 지식에 대해 온전히 이해하는 것이 필요하다. 여기서 실천적 지식은 기존 지식관의 한계를 지적하며 나타난 일종의 새로운 개념이다. 우리가 익히 알고 있는 기존 지식(과학적 지식)은 인간과 관계없이 이미 영구적으로 존재하고 있으며, 인간은 그것을 발견할 수만 있고 새롭게 만들어 낼 수는 없다고 인식된다. 특히 지식은 인간의 감정이나 직관에 전혀 영향을 받지 않으므로 지식을 발견하기 위해서는 가능한 한 인간의 주관성을 배제하고 논리적인 추론의 과정만이 필요하다고 보았다(홍미화, 2005).

그러나 실천적 지식은 기존의 객관성 및 절대성을 부정하면서 개인 내부에서 지식이 변형되거나 재구성되는 것이 가능하다는 견해를 제시한다. 더 나아가 온전히 독립적인 지식은 없으며 모든 지식은 사회 · 문화 · 개인 맥락 속에서 존재한다고 주장하기도 한다. 결국 여기서는 현장 실천가가 자신의 맥락에 맞게 경험과 이론을 어떻게 변화시키는 재구성하는지가 중요한 쟁점이 된다(홍미화, 2005). 이와 관련하여 학자들의 논의 내용을 살펴보면 다음과 같다.

Oakeshott는 실천적 지식 개념을 도입한 초기 학자이다. 그는 지식을 기술적 지식과 실천적 지식으로 나누었다. 이 중에서 실천적 지식은 교실에서 가르치고 배우기보다는 현장에서 직접 전수되는 성격을 지니고 있다고 보았다. 따라서 책이나 강의를 듣는 것보다 실제 그 행위를 하는 사람과 계속 접촉하면서 지식을 획득할 수 있다고 보았다(Oakeshott, 1962). 또한 실천적 지식은 대개 자기도 모르는 사이에 얻게 되며 글이나 말로 표현되기 어렵고 실제 행동하는 과정에서 확인된다.

도자기를 만드는 장인을 예로 들면, 도자기를 만드는 설명서, 도자기를 만드는 데 필요한 도구, 재료의 배합 비율, 도자기 가마의 이상적인 온도가 기록된 문서 등이 기술적 지식이 될 것이고, 도자기 장인만이 가지고 있는 도자기를 대하는 태도, 도자기를 제작할 때 나타나는 스타일, 독특한 루틴 등은 실천적 지식에 해당한다고 할 수 있다. 실천적 지식은 실행의 원천이 되는 개념이자, 지식의 겉으로 드러나는 측면과 숨겨진 측면을 모두 나타내는 복합적인 개념이라고 볼 수 있다(홍미화, 2005).

Carter(1990)는 실천적 지식을 교사의 수업 계획과 운영에 사용되는 지식이자 교사가 행동하면서 경험하는 갈등, 상황, 환경에 관한 지식이라고 보고 있는데, 이러한 정의에 따르면 실천적 지식은 매우 복잡한 성격을 띠고 있다. 사실에 관한 지식이기보다는 교사가 교직을 수행하면서 획득, 구성, 사용하는 지식이며 일반화되거나 명료하게 정리될 수 없는 성격의 지식이라고 할 수 있다.

Elbaz(1980)는 교육과정 학자로서 교사의 실천적 지식을 연구했고, 그 결과를 다섯 가지 종류로 정리하였다. 첫째, 교육과정 지식은 교육과정을 어떻게 개발하는지, 그리고 기존 교육과정을 어떻게 재구성하는지에 관한 실천적 지식이다. 둘째, 교과 내용 지식은 말 그대로 교과에서 다루는 지식과 더불어, 그 지식을 가르치는 데 필요한 기능과 관련된 지식이다. 셋째, 교수·학습 지식은 학습관, 교육관, 학습자에 관한 지식, 교수법, 학습 모형에 관련된 지식이다. 넷째, 자기 지식은 자기 삶의 궤적, 자신의 교육관, 자신을 바라보는 관점, 자신을 이해하는 능력 등과 관련된 지식이다. 다섯째, 환경 지식은 교사가 근무하고 있는 교실이나 학교의 환경(물리적, 사회적, 문화적, 정치적, 경제적 등)에 관한 지식이다.

Schön(1983)은 실천적 지식이 곧 암묵적 지식의 특성을 띤다고 보았다. 현대 사회에서 개인들의 실천에는 복잡성, 다양성, 가치 등이 내포되어 있는데, 이 과정에서 암묵적 특성(분명히 지식을 습득하였으나 스스로 인지하지 못하거나 습득 사실 자체는 인지하였으나 정확히 자신이 어떤 지식을 습득했는지 설명하지 못하는 현상)이 나타난다는 것이다. 이는 곧 앎이 행위 안에 포함되어 있다는 의미를 담고 있다(Schön, 1983). 실행연구에서 연구자들은 실천적 지식의 암묵적 특성에 관해 이해해야 하며, 성찰이라는 도구를 통해 실천적 지식을 항상 규명할 필요가 있다(김재웅, 2000).

이러한 학자들의 정의를 종합해 보았을 때 실천적 지식은 다섯 가지 특성을 띠고 있다.

첫째, 상황적 특성이 있다. 실천적 지식은 현장의 상황, 환경적 상황, 외부적 상황 등에 따라 만들어지므로 실천적 지식을 이해하기 위해서는 지식 그 자체뿐만 아니라 지식이 만들어질 당시의 상황을 고려해야 한다.

둘째, 개인적 특성은 실천적 지식을 만들어 내는 연구자 개인의 느낌, 목적, 가치, 지적 신념이 지식에 포함된다는 뜻이다. 그러므로 지식을 누가 만들어 내는지를 살펴야 한다.

셋째, 사회적 특성은 지식을 둘러싼 사회적 요구나 특수한 사회적 배경을 뜻한다. 실천적 지식을 만들어 낼 때는 이러한 사회적 압력이 영향을 줄 수 있음을 인지하여야 한다.

넷째, 경험적 특성은 실천적 지식에 이전 경험이 기반이 될 수 있다는 의미를 담고 있다. 연구자들은 관련된 경험을 종합하고 재구성하여 새로운 차원의 실천적 지식을 만들어 낸다.

다섯째, 이론적 특성은 실천적 지식이 단편적이고 분절적인 개념이 아니라 일종의 구조화된 이론 형태를 띠고 있다는 의미이다. 연구자가 특정한 실천적 지식을 갖추게 되면 실제 연구나 실행하는 내용과 모습이 전체적으로 변화하게 된다.

성찰reflection

성찰은 실행연구의 절차와 과정에서 중요한 개념이므로 실행연구에 관심이 있는 연구자라면 성찰의 본질적 의미와 특성에 관해서 자세히 이해할 필요가 있다. Dewey(1929)에 따르면 성찰은 일종의 생각이나 사고(思考)를 의미하며, 어떠한 목적에 따라 자신의 인지를 재구조화하는 개념으로 보았다. Killion과 Todnem(1991)은 성찰이 자기 행동을 내면적으로 분석하고 생각하는 논리적 활동이라고 정의하였으며, 시간 측면에서 성찰은 과거를 토대로 현재에서 미래로의 변화를 이끄는 실천적 도구로 작용하고 과거 행동과 현재 행동을 점검하면서 미래 행동에 대한 지식을 생성한다고 설명하였다. 또한 실행연구에서 성찰은 기본적인 의미 이외에도 '당연하게 여기던 현상을 새롭게 바라보기' '실천에 영향을 미치는 다양한 변인에 대해 비판적으로 평가하기' '실천적 행동의 변화를 추구하기'와 같은 속성도 함께 담고 있다. 정리하면, 실행연구에서 연구자는 자신의 연구 경험을 다시 곱씹어 보고 평가함으로써 행위에 대한 통제력을 높이고 문제를 진정으로 해결하는데, 이를 성찰이라는 개념으로 정의할 수 있다.

성찰 개념을 더 명료하게 이해하기 위해 자주 혼용되는 반성 개념을 함께 살펴볼 필요도 있을 것이다. 일상생활에서는 성찰과 반성이 거의 구분되지 않고 있다. 그러나 학술적으로는 성찰과 반성이 엄격히 구분된다. 반성은 돌아보는 대상에 관한 잘못이나 부족함이 없는지 돌이켜 보는 것을 의미한다. 그리고 성찰은 주로 내면을 살피는 의미를 지니고 있다. 상당히 유사해 보이나 반성은 문제점이나 결점을 찾아내는 의미로 더 많이 사용되고 있다. 반면에 성찰은 긍정·부정적인 의미에 치우치지 않고 어떤 대상을 객관적으로 살펴본다(임현정, 2010).

그렇다면 왜 성찰은 실행연구에서 중요한가? 왜냐하면 성찰을 통해서 진정한 실천의 변화를 효과적으로 끌어낼 수 있기 때문이다. 보통 사람들은 자신의 신념 체계를 가지고 있으며, 이러한 신념 체계는 무의식적으로 자신이 행동하는 방향을 결정한다. 보통 신념 체계는 우리가 매번 생각하지 않아도 효율적으로 행동하게 만드는 역할을 하는데, 때로는 잘못된 행동을 반복하거나 문제를 해결하는 과정을 방해하는 요소로 작용할 수도 있다. 평소에 우리는 이러한 신념에 관해 따로 생각하지 않는데, 성찰이라는 도구를 활용하면 과거와 현재를 돌아보면서 자기 행동의 원인이나 근거에 관해 재구성할 기회를 얻게 된다. 특히 우리의 일상적인 행동뿐만 아니라 예상하지 못했거나 곤란했던 상황 속 행동을 분석하는 것은 매우 중요하다(Naughton & Hughes, 2008). 이러한 특징에 따르면 성찰은 사람들의 행위에 따라 어떠한 결과가 도출되었는지에 관해 설명하는 사회과학 이론을 형성하는 핵심 도구가 될 수 있다(Peters, 1999).

실행연구는 이러한 성찰의 특징을 적극적으로 활용한다. 자신이 가지고 있는 신념 체계와 행동 양식에 관해 꾸준히 성찰하기를 요구하며 이를 통해 현재를 조금 더 변화시키고자 한다. 특히 연구 과정에서 우리가 하는 것에 대해 왜 그것을 하고, 그에 따른 영향은 무엇인지에 대해 살펴보고자 한다. 연구자들은 실행연구 속에서 자신이 무엇을 하고 왜 하는지, 그리고 이 변화가 어떠한 영향 때문에 생겨난 것인지를 끊임없이 성찰하면서 연구 결과를 만들어 간다. 실행연구의 대표적 학자인 Schön(1983) 또한 성찰의 중요성을 강조하였다. 특히 그는 교육학자 Dewey의 사상에서 영감을 받아 실행연구에 성찰을 적용한 것으로 알려져 있다. Schön은 교육 분야의 실천가인 교사들의 전문성 발달이 중요하다는 점을 인식하고 성찰 기법을 교사에게 적용하고자 하였다. 성찰을 통해 교사는 자신의 교육적 행위에서 문제점을 찾아내고, 이를 수정하면서 더 나은 전문성을 스스로 획득할 수 있다고 보았기 때문이다. 특히 교사는 대학의 이론이나 교육 정책을 그대로 재생산하는 수동적 역할에 머물러서는 안 되고, 자신의 교실 현장에서 적극적으로 문제를 새롭게 인식하고 자신만의 방법을 창출하는 등의 역할로 발전해야 한다고 믿었다. Schön의 주장은 교육학에 국한된 것이기는 하지만 실행연구를 시도하고자 하는 연구자들에게 시사점을 지닌다.

이러한 성찰은 다양한 수준과 차원을 지닌다. 이와 관련하여 van Manen(1990)은 기술적 수준, 전문적 수준, 윤리적 수준을 제시하고 있다.

기술적 수준의 성찰은 현재 내가 사용하고 있는 절차나 방법이 원하는 목적을 달성하는 데 효과적인지를 살펴보는 것을 뜻한다. 가장 단순한 차원이며 행위의 이유나 규범을 탐색하지는 않기 때문에 성찰의 효과가 제한된다. 따라서 가벼운 목적이나 연구 초반에 많이 수행된다.

전문적 수준의 성찰은 주로 연구 상황에서 연구자 본인의 신념, 생각, 가치관, 관점, 감정 등을 분석하는 것이다. 연구에서 주관성을 고려하여 기존의 선입견이나 오해와 같은 연구를 방해할 수 있는 요소들을 찾아내고, 연구 과정과 더불어 연구자의 자기 발전을 가능하게 하는 내용을 도출한다는 점에서 다른 성격을 보인다.

윤리적 수준의 성찰은 실천에 대한 내·외적 특성을 종합적으로 고려한다. 앞서 두 가지 수준의 성찰이 자신의 행동 그 자체만 다루고 있다면 윤리적 성찰은 연구 목적이 정당한지, 연구 과정이 얼마나 정의로운지, 연구가 평등을 지향하는지, 그리고 연구자와 연구 참여자들의 삶의 개선에 이바지할 수 있는지를 다룬다. 윤리적 수준으로 성찰하기 위해서는 연구자로서의 역량뿐만 아니라 사회적·문화적·정치적 소양까지도 갖추어야 한다.

다음으로, 성찰의 과정은 몇몇 학자가 모형화하여 제시하고 있는데, 그중 대표적인 두 가지를 제시하고자 한다. 가장 먼저, Dewey(1929)의 성찰 모형은 다음과 같다.

성찰의 1단계는 문제가 무엇인지 이해하는 것이다. 대부분의 사람은 현재 처한 상황이 문제인지도 모르는 경우가 많다. 심지어는 현장에 발을 딛고 있는 연구자들도 문제 인식에 어려움을 겪기도 한다. 따라서 문제가 무엇인지를 정확히 파악하고 그것이 해결해야 할 문제임을 스스로 인식하는 것이 성찰의 시작점이 된다.

2단계는 발견한 문제에 대해 질문하면서 문제를 명료화하는 것이다. 이를 통해 성찰 대상은 아주 작은 것으로 좁혀질 수도 있다. 추가로 문제를 해결할 수 있으리라고 기대되는 해결 방안들을 떠올려 보기도 한다.

3단계는 가설 설정으로서, 앞서 도출한 각각의 해결 방안들을 실제 적용하였을 때 어떤 결과가 나타날지를 예상해 본다. 대개 몇 가지의 해결 방안들이 생각나면 각 방법에 관한 결과를 대략적으로나마 추론한다.

4단계는 다양한 이론적 근거와 연구 사례들을 살펴보면서 각각의 방안을 합리적·논리적·분석적으로 검증한다. 여기에는 추가로 연구자의 직관이나 판단도 포함된다. 이 과정을 통해 앞서 규명된 문제를 어떤 방법으로 해결할지 결정할 수 있게 된다.

5단계는 최종적으로 선택한 방법을 실천하여 문제를 해결하고 성찰을 종료한다. 성찰 과정은 앞의 순서대로만 진행되지는 않는다. 연구자가 처한 상황에 따라 성찰의 순서가 바뀌거나 특정 단계가 생략될 수도 있다. 때로는 한 번으로 해결되지 않는 부분들이 있으면 몇 번이고 처음으로 되돌아가서 반복될 수도 있다.

다음으로 Copeland 등(1993)은 성찰의 절차를 다음과 같이 4단계로 구분하여 안내하고 있다.

1단계는 문제의 인식으로 연구자의 과거 실천 기록이나 현재 상황에 대한 분석을 통해 연구자 개인에게 의미 있는 성찰 주제를 찾아낸다.

2단계는 해결 방안의 일반화로 명명되며 연구자는 기존의 귀납적 지식에 근거하여 문제를 해결할 수 있는 해결책들을 도출한다. 이때는 발견한 해결책들이 긍정적인 효과를 불러일으킬 것인지에 대해 검토하고, 더불어 자신의 관습을 비판적으로 살펴보아야만 한다.

3단계는 찾아낸 해결 방안을 검증하는 것으로 해결 방안들을 직접 수행해 보고 그 결과들을 정리하며, 이 과정은 객관적인 자료 수집을 바탕으로 해야 한다.

4단계는 돌아보기로 명명한다. 지금까지 이루어진 성찰 과정을 모두 종합하여 그동안 연구자 스스로 지니고 있던 신념, 가치관, 관점, 상황 판단 등이 어떻게 변화되었는지에 관해 서술한다.

성찰적 실천Reflective practice

성찰적 실천은 앞서 살펴본 실행과 성찰의 의미를 종합한 실행연구만의 독특한 개념이라고 할 수 있다. 실행연구에서는 실행만을 추구하지 않는다. 오히려 실행하기 전이나 실행하고 난 후에 그 내용을 다시 한번 돌이켜 보는 것을 더 강조한다. 이것을 정리하면 성찰에 기반한 실천, 즉 성찰적 실천이 된다.

성찰적 실천은 Schön(1983)에 의해 처음으로 제안되었는데, 이 개념 역시 Dewey의 주장으로부터 기원하였다. 그는 성찰적 실천을 일컬어 실천가가 자신의 실천을 스스로 분석하고 검토하는 방식으로 현실 문제에 효과적으로 대처하는 지식과 이론을 형성하는 것이라고 정의 내렸다(Schön, 1983).

이러한 성찰적 실천의 개념에 대해서는 우리나라에서도 다양한 학자가 다루고 있다. 손은정(2003)은 특정 사건과 발견한 문제에 대해 깊게 사고하는 것을 성찰로 보고, 실천하면서 나타나는 오류와 문제점에 성찰을 적용하여 해결하고 개선하는 원형적 탐구 과정을 성찰적 실천으로 보고 있다. 정영란과 김동식(2003)은 성찰적 실천을 다음과 같이 다섯 가지 의미로 세분화하였는데, ① 실천에 관하여 주변인들과 토론하거나 자기 실천의 규범적 내용을 스스로 평가하는 것, ② 전문 분야에 관해 깊이 탐구한 결과를 현장에 적용하여 창의적인 결과를 산출하는 것, ③ 단순히 전문 지식을 암기하거나 주입받는 것이 아니라 연구 주제에 관해 다양한 관점을 두루두루 학습하여 폭넓은 이해에 도달하는 것, ④ 자기 내면에 관해 사색하거나 주변 사람들과 이야기를 나누면서 문제의 본질을 파악하고 지금 무엇을 해야 할지 깨닫는 것, ⑤ 불확실한 상황, 풀리지 않는 의문이나 고민, 불만족스러운 현재 상태 등을 개선하는 것이다.

논의된 내용을 종합해 보면, 성찰적 실천이란 자기 분야에서 실천하면서 확인한 몇몇 사건이나 문제점에 대해 스스로 혹은 타인과 협력하여 여러 대안을 탐색하고 적용한 뒤에 상황을 개선하는 과정이 될 것이다. 이러한 성찰적 실천의 대상으로는 다음을 들 수 있다.

첫째, 전문가적 능력이나 기술이다. 성찰적 실천을 꾸준히 활용하면 초보자에서 숙련된 전문가로 성장할 수 있다. 그것이 구체적인 기술이든, 추상적인 기능이든 성찰적 실천을 통해 키울 수도 있다.

둘째, 학문과 제도이다. Mezirow(1990)는 성찰적 실천은 단순히 연구자 개인만 성장시키는 것이 아니라 그 결과를 학문에 적용하여 정체된 학문을 흐르게 할 수 있다고 주장하였는데, 이는 성찰적 실천이 수많은 대안적 방법을 만들어 내기 때문이다.

셋째, 연구(실천)의 과정이다. 일종의 메타 인지적 성격을 띠고 있는 것으로서 성찰적 실천은 자기 연구 과정에 관해 연구할 수 있게 한다. 특히 연구를 수동적이거나 처방적인 관점으로 대응하던 관점에서 전환하여 문제 상황을 신속히 인식하고 선제적으로 접근할 수 있도록 돕는다.

넷째, 자기 인식이다. 성찰적 실천은 자기 자신에 관해 올바로 인식하도록 돕는다. 이와 관련하여 Osterman과 Kottkamp(1993)는 성찰적 실천은 자기 인식을 강화하고 이를 통해 진정한 변화를 이룩할 수 있다고 보았다. 올바른 자기 인식을 할 수 있는 연구자는 어떠한 연구도 성공적으로 수행할 수 있다(정영란, 김동식, 2003).

한편, 성찰적 실천은 성찰의 시점 중 현재를 강조하는 특성이 있다. 일반적으로 성찰은 과거, 현재, 미래에 대한 성찰 등 세 가지 종류로 나누어진다. 이 중에서 일반적으로 알려지고 우리에게 익숙한 것은 과거형으로서 어떤 행위를 한 후에 그 행위가 무슨 의미였는지 돌아보는 행위에 대한 성찰(reflection on action)이라고 할 수 있을 것이다. 이 외에도 실천하는 중에 즉시 개선하기 위하여 실천과 성찰을 동시에 수행하는 행위 중 성찰(reflection in action), 장기적인 관점에서 이루어지는 행위를 위한 성찰(reflection for action)이 있다.

그런데 Schön은 이 중에서 현재를 다루는 행위 중 성찰을 주목하고 이것을 성찰적 실천이라고 생각하였다. 행위와 동시에 일어나는 성찰은 연구자의 앎과 행동의 상호작용이 극대화된다는 특성이 있는데, 이 과정은 마치 전문가의 지식·기능 형성 과정과 유사하다고 본 것이다. 더 나아가 그는 행위 중 성찰 개념을 더욱 자세히 규명한다. 행위 중 성찰, 즉 성찰적 실천을 수행하게 되면 우리는 그동안 잘 드러나지 않았던 몇 가지 내용들을 탐구할 수 있게 된다. 그중 첫 번째는 우리의 행동과 감정 속에 숨겨진 지식, 사상, 기능, 가치관 등을 찾아낼 수 있다. 모든 실천가는 자기만의 방식대로 일하지만 실제로 그것은 쉽게 드러나지 않는데, 행위 중 성찰을 하게 되면 이러한 내용들을 찾아낼 수 있다(Schön, 1983). 두 번째는 예상하지 못했던 경험을 다룰 수 있다. 보통 연구의 목적에서 벗어나거나 기대하지 않았던 사건이 발생하는 경우, 그것을 배제하거나 삭제하는 일이 많다. 그러나 이것은 본질적 의미에서의 성찰이라고 볼 수 없다. 기존의 선입견이나 편견에 따르지 않고 예상치 못한 결과가 나타났다고 하더라도 이에 관해 열린 마음을 가져야 하는데, 성찰적 실천은 이를 가능하게 한다. 세 번째는 연구자의 상황에 가장 적합한 이론이나 체계를 만들어 낼 수 있다. 성찰적 실천, 그리고 행위 중 실천은 이미 알려진 이론이나 기술을 그대로 적용하는 관습을 거부한다. 오히려 사례 하나를 깊이 탐구하여 그에 알맞은 이론을 만들어 내려고 한다. 여기서 이론을 만드는 주체는 다름 아닌 실천가 그 자신이다. 실천가이자 연구자는 자기 행위를 비판적으로 살펴보고 행위의 기저에 깔린 패러다임이나 숨겨진 지식을 도출한다. 그리고 실제 문제를 해결할 수 있는 발전적인 관점에서 연구의 진짜 목적을 찾아낸다. 일종의 문제 재구성이 이루어진다고 볼 수 있다.

실행연구의 유형 1: 공학적 실행연구

실행연구의 첫 번째 유형은 공학적(technical) 실행연구이다. 공학적 실행연구는 연구 결과로 나타나는 산출물에 관심을 두며, 궁극적으로 맥락에 적합하면서도 효과적인 프로그램을 개발하고자 한다. 그리고 공학적 실행연구는 다른 유형에 비해 문제를 해결하는 과정에서 좀 더 과학적이고 논리적인 특성을 강조하기도 한다(Mckernan, 1996).

공학적 실행연구를 확립한 대표적인 학자는 Lewin이다. 그는 당시 서구 사회의 오랜 딜레마였던 빈부 격차, 인종 차별, 범죄 등의 문제를 이해하고 해결하기 위해 공학적 실행연구를 도입하려고 하였다. 그는 그동안 주류를 이루었던 기존의 사회과학 연구방법이 실제 사회 문제의 개선에 그다지 큰 영향력을 지니지 못하였다고 느꼈다. 또한 연구가 실제 효용성을 지니기 위해서는 문제를 얼마나 효과적으로 해결할 수 있는지 체감할 수 있어야 한다고 보았다. 자연스럽게 Lewin은 문제를 발견하는 것, 문제 해결을 위한 계획을 세우는 것, 그리고 계획을 그대로 실행하는 공학적인 실행연구 모델을 구상하게 되었다.

연구자는 분석을 통해 연구 문제를 찾아내고 이를 토대로 일련의 연구 절차를 수립한다. 그리고 그 절차대로 방안을 적용하고 그 과정을 객관적으로 검증한다. 만일 문제가 해결된다면 그대로 연구 절차는 종료되지만, 만일 문제가 해결되지 않거나 다른 문제를 발생시킨다면 그것을 해결하기 위해 또 다른 연구 절차가 개발되고 적용된다. 이러한 방식으로 일종의 알고리즘을 가진 연구 프로그램을 반복하여 적용한다는 점에서 공학적인 특성이 나타난다. 이러한 특성은 실제 맥락 속에서 복잡한 문제를 해결할 방법을 알려 준다는 점에서 의미가 있다(Warrican, 2006). 특히 주어진 이론이나 조건을 아무런 변화 없이 수용하지 않고 실제 문제 해결을 위해 유연하게 변화시키거나 재구성하는 실용적 특성이 나타난다. 공학적 실행연구에서 연구자는 기계를 수리하는 기술자, 전문가의 행동 양식과 비슷한 모습을 보여 준다.

정리하면, 공학적 실행연구는 현장의 중요한 이슈와 쟁점을 연구자가 직접 확인하고 이를 매끄럽게 해결할 방안들을 찾아낸다는 점에서 실행연구의 가장 기초적이며 본질적인 유형이라고 볼 수 있다. 이와 더불어 공학적 실행연구는 실행연구의 유형 중에서도 연구 과정이 간소한 편이며, 더불어 가장 체제적인 특징이 있다. 실제로 공학적 실행연구는 실행연구 개념의 도입에서부터 함께 시작되었으며, 1970년대 이전까지 서구의 사회과학 연구에서 중심적인 위치를 차지하였다. 그 이후에도 연구자들이 가장 먼저 이해해야 하는 전통적인 연구 유형이 되었다.

실행연구의 유형 2: 실천적 실행연구

두 번째 유형은 실천적(practical) 실행연구이다. 공학적 실행연구의 한계가 지적된 1970년대 이후로 Elliott, Schwab, Stenhouse, Schön 등이 중심이 되어 새로운 관점의 실행연구가 나타나게 되었는데 그것이 바로 실천적 실행연구이다. 실천적 실행연구에서는 실험실 바깥의 현장에서 나타나는 불확실, 불안정, 특수함, 가치 지향, 규범, 갈등과 같은 요소에 주목한다(서경혜, 2005). 자연스럽게 측정이나 통제된 연구 방식보다는 소통, 해석, 토의토론, 타협, 합의 등의 인간적인 연구 방식을 추구한다. 추가로 실천적 실행연구는 연구자의 자주성이나 연구에 대한 주체적 의지를 중요하게 고려하며, 연구는 기계적으로 진행되지 않고 성찰에 따라 변화해 나간다고 본다. 여기서 성찰은 연구자가 스스로 자신이 왜 연구하는지, 그리고 연구를 위해 무엇을 준비하고 실행해야 하는지를 계속 검토하도록 하는 장치라는 점에서 실행연구와 깊은 관련을 지닌다.

실천적 실행연구에서는 문제를 해결하는 것만큼이나 실제를 진정으로 이해하는 것도 중요하다. 그리고 연구가 도덕적으로나 규범적으로 올바르게 진행되고 있는지도 살핀다. 이러한 특징은 실천적 실행연구를 과정 중심적인 연구 모형으로 볼 수 있게 만들어 준다(Mckernan, 1996).

실행연구에서 실천적 특징을 강조했던 대표적 학자는 Elliott이다. 그는 1970년대 이전까지 활용되었던 공학적 측면의 실행연구와 일부 현장에서 이루어진 관습적인 연구를 비판했다. 그는 다양한 연구 결과를 분석한 끝에 연구자들이 일하는 현장에서 실제 어떠한 일이 일어나고 있고, 그 영향이 무엇인지에 관해 진지한 성찰이 없었기 때문에 다양한 연구가 제대로 된 효과를 거둘 수 없었다고 결론지었다(Elliott, 1991). 그리고 이 문제를 제대로 다룰 수 있는 장치로 성찰을 부각한 실천적 실행연구를 주장하였다.

실천적 실행연구에서 말하는 성찰 개념은 연구 전반에 녹아들게 되었고 연구자들은 자신이 왜 이러한 연구를 하고 있는지를 생각하게 되었다. 그리고 자신의 연구를 다시 돌아보는 경험을 통해 더 나은 연구 과정을 추구할 수 있었다. 이전의 공학적 실행연구와 비교하면 단순히 연구를 기계적으로 반복하는 것이 아니라 자료를 분석하고 연구 과정을 다시 보면서 성찰하는 데 중점을 두며 새로운 연구 결과들을 도출할 수 있게 되었다. 결과적으로, 이 유형에서 추구하는 바람직한 연구의 변화는 일종의 철학적인 연구자로 성장하는 윤리적이고 도덕적인 과정이라고 할 수 있다. 연구자는 자신, 또는 현장의 다양한 사람이 서로에게 미치는 윤리적 · 도덕적 효과를 탐색한다. 그리고 그들이 특정한 상황에서 현명하게, 어떻게, 왜 행동하는지를 완전히 이해할 때 비로소 문제 해결의 실마리를 찾아낼 수 있다(Naughton & Hughes, 2008).

성찰을 강조했던 Schön(1983)에 의하면, 현장에서 '연구 문제'는 실천가에게 누군가가 알려 주는 것이 아니라, 불확실하고 불안정하며 특수하고 가치 갈등이 복합적으로 섞인 '문제 상황'으로부터 구성된다고 했다. 그리고 문제 상황에서 문제를 끄집어내고 구체화하는 주체는 실천가이자 연구자 본인이다. 자연스럽게 연구자의 역할은 문제가 무엇인지도 모르는 혼란스러운 현장 상황에서 그것을 명확하게 도출해 내는 '문제 제기'라고 볼 수 있다. 이것은 과학적 이론이나 기술을 고도화한다고 해서 해결될 수 없고, 앞서 소개한 성찰, 성찰적 실천 등을 연구자가 직접 반복하여 수행해야만 한다(서경혜, 2005).

실천적 실행연구를 통해 우리가 주로 얻고자 하는 것은 실천적 지식 또는 암묵적 지식에 있다. 이것은 우리가 무의식적이고 직관적으로 수행하는 일상적 행동 속에 존재하는 지식인데 때로는 행위 중 앎으로 불리기도 한다. 그러므로 공학적 실행연구보다 훨씬 더 내밀하고 개인적인 지식을 추구하며 그러면서도 발견한 지식을 이론화하려고 한다. 기존의 사회과학 연구의 관점이 실제의 구체적인 맥락과는 동떨어진 일반적인 이론을 구축하고자 하는 것과 달리, 실제에 근거한 이론을 추구한다는 점에서 차이가 나타난다. 물론 여전히 이론과 실제, 교사와 연구자, 행위와 사고 등이 분리되어 있다고 인식하고 있다는 점은 알아 둘 필요가 있다(Cochran-Smith & Lytle, 1999).

실천적 실행연구의 장점으로는 현장의 복잡한 문제를 비교적 구체적인 해결 방법을 통해 개선할 수 있다는 점을 들 수 있다. 특히 연구자가 직접 실천하는 과정을 그대로 기술하면서 그들이 문제를 해결할 수 있었던 내 · 외적 요인들을 연구 과정과 결과에 상세히 서술한다. 그리고 연구를 진행할 때 나타났던 딜레마나 윤리적 문제 등도 생략 없이 제시한다. 이러한 연구 과정은 분명 우리가 이해하기 쉬우며, 그 과정이 상당히 합리적이고 타당하여 연구의 신뢰도를 높여 준다는 측면에서 장점이 있다. 특히 실천가들이 이러한 연구 사례들로부터 자신의 현장을 개선할 실마리를 쉽게 찾아낼 수 있다.

실행연구의 실천적 특징을 잘 살펴보면 모든 과정마다 순환적인 과정을 통해 본래의 연구 목적에 대한 지속적인 검증은 물론이고, 발견한 문제를 나름대로 재정의하는 데 관심을 둔다는 것을 알 수 있다. 즉, 실천적 실행연구는 현재의 문제에 대한 인간적인 숙고의 측면이 연관되어 있다. 연구자는 실행연구 과정의 각 사이클 속에서 자신을 드러내는 다양한 측면의 의미를 밝혀야 한다. 또한 꾸준한 성찰을 통해 반복적으로 연구 과정 전반을 성찰하는 자세가 필요하다. 그러므로 실천적 실행연구는 일종의 성찰 연구가 된다. 그것은 엄격하게 통제되어야 하는 것이 아니라 제약을 벗어나 자연스럽게 전개될 수 있어야 한다(Mckernan, 1996). 연구를 수행할 때는 지속적인 문헌 검토와 분석을 통하여 계획을 수립한다. 그 이후에 자신이 설정한 해결 방법을 실행하고 효과들을 점검한다. 그리고 연구 과정을 다시 훑어보고 반성할 점을 찾아 수정된 아이디어를 도출한다. 연구는 반복될수록 정교화되고 문제는 점점 명확해진다.

실행연구의 유형 3: 비판적 실행연구

실행연구의 세 번째 유형은 비판적(critical) 실행연구이다. 공학적 실행연구와 실천적 실행연구 유형이 개인의 전문성 혹은 프로그램의 개선에 초점이 맞추어져 있다면 비판적 실행연구 유형은 개인의 차원을 넘어서 사회 변혁이나 인간 해방과 같은 거시적인 차원에서 행위를 강조한다. 비판적 실행연구에서 현장의 변화는 구성원들의 행동과 정치적인 비판으로부터 시작된다고 본다. 연구자는 힘이나 권력이 현장에서 어떻게 제한되는지, 또는 부여되는지를 탐색한다. 그리고 진정한 현장의 변화는 연구자가 사회적 정의를 개선하기 위해서 새로운 방법으로 행동하고, 사고하고, 존재하는 방법을 익히면서 이루어진다(Naughton & Hughes, 2008).

비판적 실행연구의 도입과 적용에 영향을 미치는 역사적 배경은 1980년대 초로 올라

가게 된다. 당시 실행연구의 공학적 관점과 실천적 관점이 여전히 이론과 실천의 분리로 인해 발생하는 문제를 여전히 해소하지 못했다는 인식에서 비판적 실행연구가 출발했다. 즉, 근대 과학 패러다임에서 유래된 이원론적 연구 패러다임(이론과 실천의 철저한 분업)을 해체하기 위해서 비판적 실행연구가 시작된 것이다. 특히 시대적으로 포스트모더니즘이 유행하면서 실행연구 또한 이론과 실천의 변증법적 발달을 가능하다는 점이 주목받았고, 연구자와 연구자의 주변 상황 모두를 변화시키면서 체계적인 진화를 거듭하는 생명력이 있는 연구방법론으로 인식되기 시작했다(McTaggart, 1991). 비판적 실행연구는 자신의 실행에 대해 좀 더 깊은 이해를 추구하는 동시에 이러한 이해가 환경과 사회를 변혁하는 실천으로 이어지는 출발점이 된다는 점을 제시하면서 지식의 창조가 다시 실천으로 재창조되는 순환(김희연, 2004) 과정을 가능하게 한다. 이러한 비판적 실행연구의 철학은 이전까지 일부 분야 또는 일부 학자들에게만 관심을 받던 실행연구를 전 세계적인 파급력을 갖춘 연구방법론으로 인정받게 하는 계기로 작용하였다.

이러한 비판적 실행연구는 기존의 실행연구와는 구별되는 다음의 특징들을 가지고 있다.

첫째, 비판적 실행연구는 해체적 특성이 있다. 여기서 해체라는 개념에 관해 잠시 살펴볼 필요가 있다. 철학적으로 해체는 우리가 이미 가지고 있는 해석, 가치관, 믿음 체계 그리고 문화 등이 어떻게 형성되는지를 검토하여 이전에 인지하지 못했던 것들을 발견해 내는 것을 뜻한다. 해체라는 용어는 포스트모던 패러다임과도 연결되어 있는데, 대표적으로 Derrida(1983)는 해체를 읽기와 해석 그리고 글쓰기에서 이용되는 전략적 장치라고 보았다. 그리고 Lather(1992)는 해체를 일종의 사고 방법으로 사용하여 무엇이 옳고 그른가가 아니라 그것이 어떻게 구조화되어 있으며, 모순은 무엇인지에 관해 질문을 던져야 한다고 하였다. 이를 풀어서 설명하면 해체한다는 것은 흔히 반대되거나 모순되어 보이는 개념들을 양자택일로 생각하려는 경향을 거부하는 것을 의미한다. 예를 들어, 연구자는 객관적이어야 하는가 혹은 인간적이어야 하는가와 같은 이원적 질문을 받으면 보통은 어떤 한편을 선택해 버리고 만다. 하지만 이것은 비판적 관점에서 볼 때 구조적 모순이 있다. 즉, 이원론적으로 다루어지는 요소들은 서로 고립되어 있어 성장이나 발전을 기대하기 어려워진다(Phillips & Carr, 2006). 같은 맥락에서 Lather(1992)는 특정 문제를 해결하기 위해서는 자세하고 더욱 꼼꼼하게 관련된 현상을 보는 것도 중요하지만, 궁극적으로 자기 생각과 행동에 영향을 미치는 거시적 사고의 틀을 아는 것이 중요하다고 지적한다. 즉, 우리가 보는 행위에 영향을 미치는 맥락과 환경적 관계들을 고려하는 것이 중요하다.

둘째, 비판적 실행연구는 거시적 특성을 지닌다. 이는 단순히 자기 자신만의 변화를 추구하는 것을 넘어 현장 전체의 변화, 심지어는 사회 전체의 변화를 추구한다는 점을 의미한다. 이를 가능하게 만드는 요소가 바로 이론이다. 비판적 실행연구는 실천을 이론으로 만들어 이해하려고 하고, 동시에 자기 실천에 기반을 둔 이론을 다시 현장에 적용하면서 이론과 실천의 변증법적 합일을 이루어 내고자 한다. 비판적 실행연구에서 만들어 낸 이론은 현장 전체와 주변 사람들에게 광범위하게 영향을 끼치게 되며 궁극적으로는 학문 분야와 사회 전반에 시사점을 부여한다.

셋째, 비판적 실행연구는 참여적 특성이 있다. Whyte(1989)에 따르면, 비판적 실행연구의 참여적 특성은 공동체에 기반한 사회 연구, 산업 연구, 기업 연구, 행정 연구 등에서 뚜렷하게 나타난다고 하였다. 비판적 실행연구의 대상이 개인적인 현장이나 내면의 문제보다는 사회 또는 공동체에 있다는 점은 연구의 목적이나 가치도 일부 다름을 시사한다. 그것은 바로 공동체나 사회의 근본적인 변화를 위해 어떤 사람이 어느 정도로 참여하는지를 중요하게 고려한다는 점이다. Stringer(2007)는 비판적 실행연구를 수행하는 연구자는 개인과 다른 사람들과의 관계를 탐구하는 데 집중하므로 연구가 사회적인 과정을 띤다는 점을 지적한다. 그러므로 비판적 실행연구는 공동체의 발전이나 민주적인 결정을 제한하는 불합리하거나 불공정한 구조를 탐색하고 개선하고자 하는 데 활용된다. 이러한 참여적 성격은 때로는 비판적 실행연구를 다른 유형의 실행연구와 상당히 다른 모습으로 보이게 만든다.

한편, 비판적 실행연구에서는 비판적 탐구의 방법을 사용하여 문제를 해결하고자 한다. 비판적 탐구를 통해 실천가들은 연구 행위가 갖는 해석적 의미를 찾아내고, 여러 가지 제약을 극복할 수 있는 방향으로 문제 해결 방안을 도출할 수 있다고 주장한다. 이것은 문제 해결에 있어서 지식의 도구적 역할에 대한 실증주의자들의 신념을 거부하고 있다고 볼 수 있다(Mckernan, 1996). 또한 비판적 실행연구는 사회와 연구와의 관계에 주목한다. 즉, 사회에 관한 연구는 사회 재건과 인간 해방을 위한 통로가 되어야 하는 것이다. 이러한 논리에 따르면 연구는 연구자만의 소유물이 될 수 없고, 연구 결과는 주변 사람들과 연구실을 둘러싼 모든 곳에서 공유해야만 하는 것이 된다. 따라서 비판적 실행연구는 철저히 협력적이다(Kemmiss & McTaggart, 1988). 이러한 방법적 특징은 바로 비판이론과 포스트모더니즘 이론에서 유래를 찾을 수 있다. 실행연구는 우리가 아무런 의식 없이 취하는 개인적 · 사회적 행동에 대해 다시 생각하기를 요구한다. 연구자들은 계속 연구를 재검토하고 특별한 경험을 글로 표현하며 끊임없이 토론한다.

정리하면, 비판적 실행연구가 다른 연구 과정과 결정적으로 차이가 나는 부분은 바로 개혁, 사회의 재구조화, 인간화, 정의적 요소의 강조 등에 있다. 이러한 요소 때문에 비판적 실행연구에서는 비판적이고 자기 해방적인 문제를 강조하고, 이러한 문제를 해결하기 위해 실천하고자 한다. 비판적 특징은 실행연구를 더 적극적이고 참여적으로 만들어 준다. 이러한 실행연구의 특징을 통해 문제점을 다시 바라보게 만들고, 더 나아가 자신의 연구를 개선하고 더욱 믿을 수 있게 만든다. 비판적 실행연구는 문제의 이슈를 좁히는 것 혹은 초점화하는 데 관심이 있다. 이것을 달성하기 위해서는 지금 무슨 일이 벌어지고 있는지, 그것이 문제가 된다면 어떠한 측면에서 그러한지, 문제를 진정으로 해결하기 위해 무엇을 할 것인지와 같은 근본적인 질문들을 제기한다(Mckernan, 1996). 비판적 실행연구는 합리적이고 공정하게 그리고 민주적으로 문제를 해결하기 위해 노력하는 과정이기도 하다. 한편, 비판적 실행연구의 공동체적 성격은 이론의 창출이 소수의 전문가만 독점해서는 안 되고 모든 참여자가 함께해야 한다는 점을 제시한다. 연구자는 자신이 만들어 낸 작은 이론을 다른 실천가들과 함께 공유하고 이를 수정하면서 함께 살아가는 사회 전체에 공유한다. 그러면서 실천가들은 사회 개혁을 주도하는 사람으로 거듭나게 된다(Mckernan, 1996).

참고문헌

김재웅(2000). 학교행정가의 전문성 보장을 위한 대안적 접근: Schon의 실천적 인식론을 중심으로. **교육행정학연구**, 18(1), 265-286.

김태오(1991). Habermas의 praxis 이론과 그 교육실천적 논의. **교육철학연구**, 9, 151-168.

김희연(2004). 실행연구자로서의 유아교사: 유아교사의 정체성 확립을 위한 일고. **유아교육연구**, 24(6), 235-255.

박영주(2011). 한나 아렌트 행위 'praxis'에 대한 고찰: 초등학교 도덕과 교육에 주는 시사. **초등도덕교육**, 36, 55-85.

서경혜(2005). 반성과 실천: 교사의 전문성 개발에 대한 소고. **교육과정연구**, 23(2), 285-310.

서윤경, 권성호(2004). 프락시스 중심의 디지털 리터러시 학습을 위한 학습 전략 개발 및 적용. **교육공학연구**, 20(2), 101-131

손은정(2003). 반성적 사고와 전문가 교육. **서울교육대학교 학생생활연구**, 28(2), 31-54.

신득렬(1987). 성인교육의 철학적 이해: Freire를 중심으로. **계간성인교육**, 5(2), 3-42.

유기웅, 정종원, 김영석, 김한별(2012). **질적 연구방법의 이해**. 서울: 박영사.

이용숙, 김영천, 이혁규, 김영미, 조덕주, 조재식(2005). **실행연구방법**. 서울: 학지사.

임현정(2010). '성찰'과 '비평'의 개념에 기초한 수업보기. **초등교육학연구**, 17(1), 105-128.

정영란, 김동식(2003). 웹 기반 프로젝트 중심학습에서 성찰적 실천과정이 학습자의 태도 및 학습결과에 미친 영향. **교육공학연구**, 19(2), 87-115.

홍미화(2005). 교사의 실천적 지식에 대한 이론적 논의: 사회과 수업을 중심으로. **사회과교육**, 44(1), 101-124.

Arendt, H. (1957). *The human condition*. IL: University of Chicago Press.

Burns, A. (2010). *Doing action research in English language teaching: A guide for practitioners*. NY: Routledge.

Carr, W., & Kemmis, S. (1986). *Becoming critical: Education, knowledge and action research*. Geelong: Deakin University Press.

Carter, K. (1990). Teachers' knowledge and learning to teach. In W. R. Houston (Ed.), *Handbook of research on teacher education* (pp. 291-310). NY: Macmillan.

Cochran-Smith, M., & Lytle, S. L. (1999). Relationships of knowledge and practice: Teacher learning in communities. *Review of Research in Education, 24*(1), 249-305.

Copeland, W. D., Birmingham, C., Cruz, E., & Lewin, B. (1993). The reflective practitioner in teaching: Toward a research agenda. *Teaching and Teacher Education, 9*(4), 347-359.

Derrida, J. (1983). *Dissemination.* IL: University of Chicago Press.

Dewey, J. (1929). *The quest for certainty study of the relation of know.* NY: MintonBalch.

Ebbutt, D. (1985). *Educational action research: Some general concerns and specific quibbles.* Cambridge: Cambridge Institute of Education.

Elbaz, F. (1980). The teacher's "Practical Knowledge": Report of a case study. *Curriculum Inquiry, 11*(1), 43-71.

Elliott, J. (1991). *Action research for educational change.* PA: Open University Press.

Freire, P. (1970). *Pedagogy of the oppressed.* NY: Herder & Herder.

Glickman, C. D. (1993). *Renewing America's schools: A guide for school-based action.* CA: Jossey-Bass.

Habermas, J. (1981). New social movements. *Critical Theory of the Contemporary, 49*(0), 33-37.

Held, D. (1980). *Introduction to critical theory: Horkheimer to Habermas.* CA: University of California Press.

Kemmis, S., & McTaggart, R. (1988). *The action research reader.* Geelong: Deakin University Press.

Kemmis, S., & McTaggart, R. (2000). Participatory action research. In N. Denzin & Y. Lincoln (Eds.), *Handbook of qualitative research.* CA: Sage.

Killion, J., & Todnem, G. (1991). A process for personal theory building. *Educational Leadership, 48*(6), 14-17.

Johnson, A. P. (2008). *A short guide to action research.* NY: Pearson.

Lather, P. (1992). Critical frames in educational research: Feminist and post-structural perspectives. *Theory into Practice, 31*(2), 87-99.

Lewin, K. (1946). Action research and minority problems. *Journal of Social Issues, 2*(4), 34-46.

Mckernan, J. (1996). *Curriculum action research.* NY: Routledge.

McTaggart, R. (1991). Principles for participatory action research. *Adult Education Quarterly, 41*(3), 168-187.

Mezirow, J. (1990). *Fostering critical reflection in adulthood: A guide to transformative and emancipatory learning.* NY: Jossey-Bass.

Mills, G. E. (2011). *Action research: A guide for the teacher researcher.* NY: Pearson.

Naughton, G. M., & Hughes, P. (2008). *Doing action research in early childhood studies: A step by step guide.* London: Open University Press.

Oakeshott, M. (1962). *Rationalism in politics and other essays.* IN: Liberty Press.

Osterman, K. F., & Kottkamp, R. B. (1993). *Reflective practice for educator: Improving schooling through professional development.* CA: Corwin Press.

Peters, B. G. (1999). *Institutional theory in political science: The new institutionalism.* NY: 80 Maiden lane.

Phillips, D. K., & Carr, K. (2006). *Becoming teacher through action research: Process, context, and self-study.* NY: Routledge.

Rapoport, R. N. (1970). Three dilemmas in action research: With special reference to the Tavistock experience. *Human Relations, 23*(6), 499-513.

Schön, D. (1983). *The reflective practitioner: How professionals think in action.* NY: Basic Books.

Stringer, E. T. (2007). *Action research.* LA: Sage.

van Manen, M. (1990). *Researching lived experience.* Ontario: The University of Western.

Warrican, S. J. (2006). Action research: A viable option for effecting change. *Journal of curriculum studies, 38*(1), 1-14.

Whyte, W. F. (1989). Introduction to action research for the twenty-first century: Participation, reflection, and practice. *American Behavioral Scientist, 32*(5), 502–512.

07

초상화법

1 초상화법 개관

초상화법(Portraiture)은 일종의 사례연구이다. 연구대상은 보통 특정 개인인 경우가 많으나, 사회적 집단이나 사회현상 등도 탐구의 대상이 될 수 있다. 초상화법은 대상에 대한 단순한 외형적 인상을 기술하는 것이 아니라, 그 본질(essence)과 존재 방식(way of being)을 직관적으로 포착한다는 점에 특징이 있다(Witz, 2015). 그래서 주로 연구 참여자의 철학, 가치관, 내면적 동기나 태도, 관점 등 인간 내면에 대해 심층적으로 이해하거나, 집단이나 환경 속 행위자들, 예를 들어 학교 문화를 창조하는 이들의 목소리, 관점, 지혜 등을 드러내는 데 효과적이다.

Lawrence-Lightfoot은 초상화법을 소개한 대표적인 학자이다. 6개 학교의 사례연구를 담은 『좋은 학교란 무엇인가(The Good High School: Portraits of Character and Culture)』(1983)라는 책을 서술하면서, 각 학교의 독특한 문화와 특성, 그 안의 역동성을 표현하기 위한 방법으로 초상화법을 고안하였다. 이후 Davis와 협업하여 1997년에 『초상화법의 예술과 과학(The Art and Science of Portraiture)』이라는 책을 발간하였으며, 이 책을 통해 초상화법의 방법론적 특성을 집중적으로 소개하였다.

Lawrence-Lightfoot의 초상화법은 현상학과 밀접한 연관성을 가지면서도, 문화기술지적 접근과 예술적 감각을 융합한 독창적인 질적 연구방법론이다. 현상학이 경험의 본질을 탐구하고 개인이 세계를 어떻게 인식하고 의미를 부여하는지 해명하는 데 초점을 두는 것과 마찬가지로, 초상화법 역시 연구 참여자의 주관적 경험(subjective experience)과 내러티브를 깊이 탐구하여, 그들이 속한 사회적·문화적 맥락 속에서 형성된 의미를 조명하는 것을 핵심으로 한다. 그러나 전통적인 현상학적 연구가 개별 경험의 본질을 탐색하는 과정에서 연구자의 개입을 최소화하고자 하는 것과 달리, 초상화법은 연구자의 목소리를 적극적으로 활용하며 연구자의 경험과 해석이 연구 결과의 일부로 통합된다는 점에서 보다 주관적이고 관계 중심적인 특성을 지닌다. 또한 초상화법은 문화기술지의 맥락적 깊이와 예술적 내러티브를 융합하여, 연구자가 연구 참여자의 경험을 보다 직관적이고 통합적으로 이해하고 전달한다는 데 특징이 있다.

Lawrence-Lightfoot과 Davis(1997, p. xv)는 초상화법을 "인간의 경험과 사회적 활동의 복잡성, 역동성, 섬세함 등을 담기 위한 미학(aesthetics)과 경험론(empiricism)의 경계에 놓인 질적 연구의 한 방법"이라고 정의하였다. 즉, 전통적인 질적 연구가 강조하는 경험적 엄밀성과 예술적 내러티브를 활용한 미적 표현을 결합함으로써, 연구자와 독자가 경험의 깊이를 보다 직관적으로 이해할 수 있도록 하는 방법론이다. 초상화법은 단순한 예술적 탐색이 아니라, 연구자가 수집한 인터뷰 자료, 관찰 기록, 현장일지, 문서 그리고 인상적 기록을 면밀히 검토하며, 데이터 속에서 의미 있는 패턴을 식별하고 내러티브의 틀을 구성하는 반성적 검토와 후속 분석 과정이 이루어진다. 즉, 연구자가 단순한 관찰자가 아니라, 자료를 해석하고 의미를 창출하는 창조적 해석자로서 역할을 수행해야 함을 의미하며, 연구대상의 경험을 보다 생생하게 전달하면서도, 연구자 자신의 해석적 개입을 신중하게 조절해야 하는 미묘한 균형점을 요구하는 접근법이다.

Lawrence-Lightfoot의 초상화법을 기반으로 Witz와 그의 동료들(Witz, 2006, 2007, 2015; Witz et al., 2001)은 인간 내면에 대한 깨달음과 통찰 그리고 인물의 전체적인 이미지 구현을 더욱 강조하는 본질적 초상화법(essentialist portraiture)을 제안하였다. 이들은 잘 그려진 초상화가 한 개인의 본질을 포착할 수 있듯이, 글로 쓰인 초상화를 통해 개인이 특정 상황에서 느끼는 감정과 의식의 흐름, 존재 상태 등을 독자에게 보다 직접적이고 즉각적으로 전달할 수 있다고 보았다. 이를 위해, 연구자는 Cooley(1956)의 공감적 내성(sympathetic introspection) 원리에 따라, 연구 참여자와 동반자적 관계를 형성하는 것을 강조했다. 연구자는 단순한 외부적 관찰자가 아니라, 참여자의 세계 속에서 참여자의 삶을 공감적으로 탐색하고 자신의 내면에 이를 재현하며 구성해 나가는 내면적 탐구자로서의 역할을 해야 한다. 또한 연구자는 참여자의 개별적 경험 속에서 보편적 의미를 탐색하며, 연구 과정에서 형성된 자신의 깨달음을 연구의 일부로 포함시킨다. 따라서 연구자는 독자에게 단순히 연구 결과를 전달하는 것이 아니라, 연구자가 참여자의 삶을 어떻게 이해하게 되었는지 독자가 직접 체험할 수 있도록 묘사하는 것을 중요하게 여긴다. 훌륭한 초상화 화가가 자신의 앞에 있는 개인으로부터 포착한 것을 그림으로 담아내듯이, 초상화법 연구자는 글로 한 편의 초상화를 구성해 낸다.

초상화법을 활용한 대표적 연구로는 앞에서 언급한 Lawrence-Lightfoot(1983)의 『좋은 학교란 무엇인가(The Good High School)』 외에도 Witz(2008)의 『수학을 통한 영적 열망: 미국 대학생들의 경험(Spiritual Aspirations Connected with Mathematics: The Experience of American University Students)』을 들 수 있다. 이 책에는 수학을 전공하고 있는 예비교사와 수학자로서의 진로를 모색하고 있는 대학원생들의 초상화가 제시되어 있다. 이 외에도 Witz와 그의 제자들은 「인간 삶과 경험 연구에서의 의식(Consciousness in the Study of Human Life and Experience)」이라는 주제로 『Qualitative Inquiry』 저널에 시리즈로 논문을 게재하였으며, 이 논문에는 다양한 초상화와 방법론적 고찰이 소개되어 있다.

2 초상화법 주요 용어 해설

초상화portrait

연구자가 초상화법을 활용하여 개인이나 사회적 집단이나 사회현상 등에 대해 그려낸 연구 산물을 초상화라고 한다. 훌륭한 초상화 화가가 자신의 앞에 있는 개인으로부터 포착한 것을 화폭에 담아내듯이, 연구자도 글로 작성된 초상화를 통해 연구자가 이해한 개인의 깊은 내면에 대한 통찰을 직관적으로 전달할 수 있다. 초상화는 연구 참여자의 주관적 세계(내재된 깊은 가치나 신념, 동기, 삶의 방향 등)가 드러나는 상대적으로 길고 생생한 인용구와 묘사를 포함하여 연구 참여자의 본질을 드러내며, 각 초상화에는 한 개인의 통합성이 드러난다.

초상화가portraitist

초상화법으로 연구를 수행하는 연구자를 초상화가에 비유한다. 초상화가는 단순한 관찰자가 아니라 연구의 공동 참여자로서 인간 경험을 기록하고 해석하며 내러티브를 창조하는 역할을 수행한다. 초상화가는 이야기를 단순히 듣는(listening to a story) 사람이 아니라 이야기를 찾아 듣는다(listens for a story). Lawrence-Lightfoot(2005)은 초상화가가 이야기의 핵심을 찾아내고, 그 이야기가 갖는 일관성과 미적 구조를 형성하는 데 중요한 역할을 한다고 설명하였다. 초상화가는 연구대상과 객관적 거리와 친밀감 사이에서 균형을 유지하고, 연구대상의 경험을 왜곡하지 않으면서도 깊이 있는 내러티브를 형성해 낸다.

본질essence

초상화는 본질을 포착하고자 한다. 본질은 거울 속에 반영된 모습을 바라보는 것과는 전혀 다르다. 본질은 단순한 사실의 나열이나 표면적 특성의 기술을 넘어, 연구 참여자들이 표현하는 가치, 신념, 정체성 그리고 관계적 맥락 속에서 드러나는 근본적인 속성이다. 또한 개인의 성격과 역사를 담고 있으며, 그중 일부는 자신이 미처 인식하지 못했던 부분이거나 강하게 저항하고 싶었던 부분 또는 깊이 익숙하게 느껴지는 부분이기도 하다. 초상화가는 서술적이고 해석적인 접근을 통해 연구 참여자의 행동과 담론 속에 내재된 본질을 구성적으로 조명하며, 이를 통해 연구대상이 지닌 고유한 성격과 경험을 보다 깊이 있게 이해하고자 한다. 이러한 본질은 정적(static)이고 단일한 개념이 아니라, 맥락에 따라 가변적이며 다층적으로 형성되는 개념이다. 즉, 본질은 연구자가 설정한 특정한 틀 속에서 고정된 실체로 존재하는 것이 아니라, 연구자가 수집한 데이터와 연구 참여자의 경험이 상호작용하며 유동적으로 형성되는 의미 구조로 이해된다.

선함goodness

Lawrence-Lightfoot(1986)은 6개의 학교 초상화를 그린 후, 선함의 의미를 다음과 같이 설명했다. 선함은 개별적인 요소들의 단순한 합이 아니라, 이들이 어우러져 전체(a whole)를 형성하는 과정을 의미한다. 선함은 맥락에서 분리된 추상적 개념, 포괄적이고 절대적인 개념이 아니다. 선함은 다양한 환경에서 다채로운 방식으로 표현되며 불완전성(imperfection)을 필연적 요소로 받아들인다. 예를 들어, 학교 연구 맥락에서 선함은 성취점수나 대학진학률, 출석률 등의 지표와 같이 학교의 현재 상태를 반영하는 것이 아니라, 학교가 지금까지 얼마나 변화해 왔는지, 자신들의 약점을 인식하고 어떻게 행동하려고 하는지, 그리고 앞으로 어디를 향해 나아가고자 하는지를 포함하는 개념이다. 이러한 특성들은 학교를 유지하는 핵심 가치를 드러내는 세밀하고 생생한 묘사, 섬세한 뉘앙스, 상세한 내러티브를 통해서만 파악할 수 있다.

개인을 대상으로 하는 초상화에서도 선함에 대한 탐색은 근본적인 전제이다. 초상화법에서 연구자는 연구대상이 지닌 강점을 식별하고, 그들이 어떠한 방식으로 도전에 대응하는지 탐색하는 과정을 의식적으로 수행한다. 개인의 선함은 개인의 현재 상태가 완벽함을 의미하는 것이 아니라 개인이 어떠한 변화의 과정을 거쳐 왔는지, 도전적 상황을 어떻게 조정하고 협상해 나가는지, 어떠한 가치와 태도로 나아가는지, 어떻게 미래 목표에 대한 비전을 설계하고 행동하는지 등을 포함한다. 선함을 해석하는 과정은 오직 해당 맥락 안에서만 가능하지만, 원래의 맥락이 가진 생태와 역동성을 충분히 인식하면 다른 맥락으로의 전이가능성도 존재한다.

본질주의적 초상화법essentialist portraiture

Witz 등(2001)에 의해 제안된 본질주의적 초상화법은 연구 참여자의 외적인 특성(성격, 관심사, 가치관 등)뿐만 아니라 그의 의식과 자기 이해의 성장 과정까지도 상세하게 드러내고자 한다. 이를 탐구하는 과정에서 연구자는 참여자의 경험을 직접적으로 이해하고, 그들이 느끼는 바를 공유하며, 궁극적으로 그들의 의식(consciousness) 상태를 인지하는 방식으로 접근한다. 본질주의적 초상화법은 Cooley(1956)가 제시한 공감적 내성의 원리를 기반으로 하고 있다. 즉, 참여자의 경험을 연구자 자신의 내면에서 공감적으로 받아들일 때 연구자는 단순히 참여자의 성격, 인격, 개인 특성, 생동감을 관찰하는 것에 그치지 않고, 참여자의 의식 자체를 일정 부분 감지할 수 있게 된다.

목소리voice

Lawrence-Lightfoot과 Davis(1997)는 연구자의 역할과 연구 과정에서의 해석적 개입을 설명하기 위해 여섯 가지 목소리를 정의하였다. 이들은 연구자가 연구 참여자의 경험을 기록하고 해석하는 과정에서 다양한 방식으로 연구자의 목소리가 개입된다고 보았다. 그러나 절제되고 통제된 형태로 작용해야 하며 연구 참여자와의 관계 속에서 균형을 유지해야 함을 강조하였다.

증인으로서의 목소리voice as witness

연구자가 연구대상의 경험을 있는 그대로 기록하는 역할을 수행하는 방식이다. 즉, 연구자의 개입을 최소화하고 관찰자로서의 입장을 유지하여 연구대상의 행동, 언어, 맥락을 사실적으로 묘사하며, 상세한 기술을 통해 연구대상의 경험을 있는 그대로 재현하려고 노력해야 한다.

해석자로서의 목소리voice as interpretation

연구자는 단순히 연구대상의 이야기를 기록하는 것이 아니라, 적극적으로 개입하여 수집된 자료를 분석하고 의미를 구성하는 역할을 수행한다. 연구대상의 경험과 내러티브에서 반복적으로 나타나는 말과 행동을 주제, 비유, 문화적 맥락을 통해 분석하고, 연구자가 발견한 의미를 내러티브 안에서 정리해야 한다.

성찰적 목소리voice as preoccupation

연구자가 연구를 수행할 때 자신의 이론적 배경과 학문적 관심 그리고 연구 질문이 연구 과정과 해석에 영향을 미친다는 점을 인식하는 것을 의미한다. 연구자의 인식론적 · 방법론적 · 이데올로기적 입장이 연구 과정에서 필연적으로 개입될 수밖에 없으며, 따라서 연구자는 자신의 편향과 전제를 성찰해야 한다.

자전적 목소리voice as autobiography

연구자의 개인적 경험이 연구 과정과 해석에 영향을 미친다는 점을 인식하는 것이다. 연구자의 가족적 · 문화적 · 교육적 · 이념적 배경이 연구 주제와 연결될 수 있으며, 이는 연구자의 인식과 해석 방식에 반영된다. 연구자는 자신의 위치성(positionality)을 자각하고, 연구 과정에서 자신의 경험이 연구대상의 경험을 과도하게 해석하는 것을 방지해야 한다.

다른 목소리를 구별하는 목소리voice discerning other voices

연구자가 단순히 연구 참여자의 이야기를 듣는 것(listening to a story)이 아니라, 참여자의 경험을 적극적으로 탐색하고 포착해야 함(listening for a story)을 의미한다. 연구 참여자의 언어뿐만 아니라 침묵, 비언어적 표현(예: 톤과 억양, 몸짓 등), 문화적 맥락(cultural contexts) 등을 고려하여 연구 참여자의 본질을 보다 깊이 이해해야 한다.

대화 속의 목소리voice in dialogue

연구자는 연구 참여자의 경험을 일방적으로 기록하는 것이 아니라, 그와 상호작용하며 공동으로 연구 내러티브를 형성하고 의미를 구성해야 한다. 연구자는 참여자의 관점을 존중하면서도 자신의 해석이 연구 과정에서 어떻게 작용하는지를 분석하며, 참여자의 목소리와 연구자의 해석이 조화를 이루도록 조율해야 한다.

관계relationship

초상화 연구에서 연구자와 연구 참여자 간의 관계 구축은 연구의 모든 과정에서 핵심적인 역할을 한다(Lawrence-Lightfoot & Davis, 1997). 연구자는 연구 참여자와의 관계를 단순한 자료 수집의 도구가 아니라, 신뢰와 상호 이해를 바탕으로 한 생산적이고 의미 있는 관계로 인식해야 한다. 이러한 관계는 고정된 것이 아니라, 연구 과정에서 지속적으로 협상되고 재구성된다. 연구자는 이를 통해 참여자가 연구에 편안하게 몰입하고 존중받는다고 느낄 수 있도록 해야 한다. 특히 연구 과정에서 도전적인 질문을 던지더라도 참여자가 충분한 사고와 성찰을 할 수 있도록 지원해야 하며, 연구 종료 후에도 심리적 안정감을 유지할 수 있도록 세심한 배려가 필요하다.

Lawrence-Lightfoot과 Davis(1997)는 연구자가 세 가지 요소를 중심으로 참여자와의 관계를 조율해야 한다고 설명하였다. 첫째, 연구자는 선함에 대한 탐구를 통해 연구 참여자의 긍정적인 특성과 강점을 발견하고 이를 강조해야 한다. 둘째, 공감적 배려(empirical regard)를 통해 연구 참여자의 경험과 관점을 존중하며, 이들이 연구 과정에서 자신을 온전히 표현할 수 있도록 촉진해야 한다. 셋째, 연구자는 대칭성(symmetry), 상호보상(reciprocity) 그리고 경계 조정(boundary negotiation)을 신중하게 고려하여 연구 참여자와의 관계를 형성하고 유지해야 한다. 이를 통해 연구자는 연구 참여자와 협력적인 관계를 구축하며, 동시에 연구의 윤리성과 신뢰성을 확보할 수 있다.

동반자적 관계participant as ally

초상화법에서는 연구자가 연구대상과 상호작용하면서 관계를 형성하고 발전시키는 과정 자체가 연구의 질적 깊이와 타당성을 결정짓는 중요한 요소라고 본다(Lawrence-Lightfoot & Davis, 1997). Witz(2006)는 이와 같은 관계를 '동반자적 관계'로 비유하였다. 동반자적 관계가 되기 위해서는 연구자가 연구 주제의 중요성에 대한 확신을 갖고, 면담 초반부터 연구의 방향과 연구가 지닌 사회적, 학문적 또는 우리 삶 속에서 갖게 되는 중요한 의미를 참여자와 공유해야 한다. 참여자가 이에 어느 정도 공감하게 되면, 자신의 감정, 가치관 그리고 주제와 관련된 과거 경험을 보다 자유롭게 공유하게 된다. 이러한 과정을 통해 연구자와 참여자는 서로 협력하는 관계로 자연스럽게 발전한다.

공감적 내성sympathetic introspection

Witz 등(2001)은 연구자와 참여자와의 관계를 동반자적 관계에 비유하면서, 그 인식론적 토대를 사회학자인 Cooley(1956)의 '공감적 내성' 원리에 두었다. Cooley는 연구자가 타자와 깊이 있고 공감적인 접촉을 맺고, 그 과정에서 타자의 삶이 자신의 내면에서 유사한 형태로 깨어나도록 허용한다면, 그러한 삶과 타자에 대한 주관적 이해가 연구자의 내면과 의식 속에서 자생적으로 형성될 것이라고 보았다. 즉, 공감적 내성은 연구자가 면담 참여자의 경험과 내면을 단순히 기술하는 것이 아니라, 참여자의 삶을 자신의 의식 속에서 재구성하는 내면적 탐구자(inner explorer)로서 기능하도록 한다. 이러한 접근 방식은 연구자가 참여자의 감정과 사고방식을 깊이 이해할 수 있도록 하며, 특히 내면을 탐색하는 면담(interviewing for feeling)에서 핵심적인 역할을 한다(Witz, 2007).

맥락context

Lawrence-Lightfoot과 Davis(1997)는 현상학적 접근과 마찬가지로, 초상화법도 인간 경험과 조직 문화를 문서화하는 과정에서 맥락이 핵심 요소라고 설명했다. 여기에서 맥락이란, 물리적 · 지리적 · 시간적 · 역사적 · 미학적 요소를 포함하는 환경을 의미하며, 행동이 발생하는 틀(framework), 참조 지점(reference point), 지도, 생태학적 영역으로 기능한다. 연구자는 맥락을 활용하여 시간과 공간 속에서 개인과 행동을 위치시키고, 연구대상의 말과 행동을 해석하는 중요한 자원으로 삼는다. 맥락은 연구자가 연구대상의 경험을 분석하는 데 있어 중요한 단서를 제공하며, 이를 통해 연구자는 특정한 행동, 몸짓, 대화, 감탄사 등을 해석하고 분석할 수 있는 기초를 마련하게 된다. 즉, 초상화가는 인간 경험을 독립적이고 절대적인 개념이 아니라, 특정한 환경에 의해 형성되고 맥락화된 개념으로 이해한다.

Lawrence-Lightfoot과 Davis(1997)는 초상화법에서 맥락을 활용하는 다섯 가지 방식을 제시하였다. 첫째, 물리적 특성을 상세히 기술함으로써 연구대상의 활동을 공간적으로 위치시킨다. 둘째, 연구자가 환경을 어떻게 경험하고 해석하는지, 연구자의 역할과 시선을 명확하게 드러낸다. 셋째, 장소가 포함하는 역사적 · 문화적 · 이념적 요소가 연구대상의 행동과 의미 형성에 어떻게 작용하는지를 탐색한다. 넷째, 내러티브를 구성하는 핵심적인 은유와 상징을 분석한다. 다섯째, 연구 맥락이 연구대상에게 미치는 영향뿐만 아니라, 연구대상이 맥락을 어떻게 구성하고 이해하는지를 분석한다.

발현적 주제emergent themes

Lawrence-Lightfoot과 Davis(1997)는 초상화 연구에서 개별적 사건과 맥락 속에서 더 큰 의미를 지닌 공통된 주제(common themes)가 형성됨을 강조하였다. 발현적 주제의 형성은 반복적(iterative)이며 생성적(generative)인 과정이다. 주제는 수집된 데이터로부터 도출되면서 동시에 데이터를 조직화하고 구조화하는 역할을 한다. 초상화가는 데이터 속에서 반복적으로 나타나는 패턴과 주요한 흐름을 추출하고, 이를 바탕으로 내러티브 구축을 위한 틀을 형성한다. 이러한 과정에서 연구자는 데이터의 수집, 조직, 분석을 통해 서로 연관된 요소를 통합하고, 은유적 표현과 상징적 요소를 탐색하며, 연구 참여자들이 개별적으로는 관련이 없다고 인식했던 요소들을 보다 일관된 맥락 속에서 재구성한다. 이는 서술, 해석, 분석, 종합의 경험적 절차이면서 동시에 내러티브를 형성하는 미적 과정이기도 하다. 이를 통해 초상화 연구는 특정 맥락에 뿌리를 두면서도, 궁극적으로는 더 광범위한 사회적 의미를 조명할 수 있다.

미적 총체aesthetic whole

Lawrence-Lightfoot과 Davis(1997)는 미적 총체를 초상화 연구에서 각 요소들이 결합하여 하나의 통합된 구조를 형성하는 과정과 결과로 정의하였다. 이는 단순한 데이터의 나열이 아니라, 연구자의 해석을 통해 의미 있는 이야기로 조직되는 서사적 구조를 의미한다. 미적 총체는 연구의 다양한 요소(예: 맥락, 목소리, 관계, 도출된 주제)가 개별적으로 분석된 후, 최종적으로 조직화되고 연결되며 하나의 전체적인 형태를 이루는 과정을 포함한다. 이 과정에서 연구자는 논리적 일관성(logical coherence)을 유지하면서도, 단순한 일관성이나 피상적인 논리를 강요하지 않도록 주의해야 한다. 미적 총체의 핵심은 연구 대상, 독자, 그리고 연구자 자신이 연구의 결과를 신뢰하고 공감할 수 있어야 한다. 초상화가는 하나의 태피스트리를 만들어 가는 것처럼, 이야기의 개념(conception), 구조(structure), 형식(form) 그리고 응집성(cohesion)을 고려하여 다층적이고 역동적인 서사를 창출하게 된다. 이를 통해 연구 결과가 독자에게 직관적으로 이해되며, 자연스럽게 받아들여지는 경험을 제공하는 것을 추구한다.

개인의 총체적 이해person as a whole

Witz(2007)는 연구대상이 되는 현상의 본질과 속성은 개인을 하나의 총체적 존재로 이해하는 과정 속에서 탐색되어야 하며, 보다 넓은 맥락과 긴밀하게 연결 지어야 함을 강조했다. 다시 말해, 특정한 현상을 연구할 때 이를 개별적인 사건이나 단편적인 요소로 분리하여 분석하기보다는, 연구대상의 전반적인 성격이나 삶의 맥락과 유기적으로 연결시켜 탐색하는 것이 중요하다. 예를 들어, 연구대상이 어떤 사람인지, 그의 근본적인 동기와 철학은 무엇이며 어떠한 삶의 방향을 추구하고 있는지, 그는 어떠한 배경과 환경에서 성장해 왔는지 등에 대한 이해가 병행되어야 한다. 또한 참여자의 삶과 내적 동인을 형성하는 중요한 요소들을 고려함으로써, 특정 현상이 단순한 개별적 경험을 넘어 보다 심층적인 의미를 지닌다는 점을 포착해야 한다. 이를 통해 연구대상의 본질을 보다 입체적으로 조망하고, 연구 결과의 해석적 깊이를 더할 수 있다.

주관적 이해subjective understanding

Witz(2007)의 초상화 연구에서 주관적 이해는 연구자가 참여자의 경험을 단순히 분석하는 것이 아니라, 공감적 내성을 통해 직접 내면적으로 체험하는 과정이다. 연구자는 참여자의 경험, 감정, 자기 이해를 외부 관찰자로서 해석하고 객관적으로 기술하는 것이 아니라, 장기간의 현장연구와 면담을 통해 참여자의 의식과 감정을 내면적으로 공감하고 참여자의 삶이 자신의 내면에서 재현되도록 허용함으로써 보다 깊이 있는 이해를 형성할 수 있다.

깨달음awakening to과 표현articulating

Cooley(1956)의 공감적 내성 원리에 따른 '깨달음'이란, 갑작스러운 연결고리를 발견하거나 즉각적으로 의미를 포착하는 단순한 과정을 의미하는 것이 아니라, 참여자가 연구자 내부에 '자신과 유사한 삶'을 불러일으키는 경험을 의미한다. 즉, 연구자는 참여자가 느끼는 바를 자신의 내면에서 분명하게 인지하거나(혹은 분명히 인지한다고 느끼게 되며), 참여자의 경험, 관심사, 자기 이해, 영감이 연구자의 내면에서도 살아 숨 쉬는 것처럼 경험하게 된다. 참여자의 삶을 내면화하면, 연구자는 참여자가 고유한 개성과 능력, 개인적 역사 그리고 독자적인 영감을 지닌 유일한 존재, 즉 참여자의 개별성이 느껴진다. 동시에 그 깨달음을 더 큰 의미의 전체적 구조(gestalt)로 인식하게 되며, 그것이 참여자나 특정한 환경(예: 학교)과 독립적으로 존재할 수 있는 보편성과 타당성을 지닌다는 점을 깨닫는다. 그 개별성과 보편성을 동시에 포착하고 조화롭게 전달하는 것이, 깨달음과 표현이라는 연구 과정에서 가장 중요한 과제가 된다.

이를 위해 초상화에서는 학술적으로 알려진 언어로 개념을 구성하는 것을 지양한다(Witz, 2007). 초상화에서는 연구자가 단순한 결과만을 제시하는 것이 아니라, 독자가 연구자의 통찰을 신뢰할 수 있도록 연구 과정 전체를 드러내는 것이 필수적이다. 이를 위해 연구자는 연구자가 어떤 계기로 특정한 깨달음을 얻게 되었는지를 보여 주어야 한다. 특정한 상황이나 면담 자료에서 연구자가 무엇을 느꼈으며, 어떤 표현이나 행동이 그러한 깨달음을 이끌어 냈는지를 독자가 공유할 수 있도록 해야 한다. 독자가 연구자의 직관적 이해를 공감할 수 있도록, 참여자의 행동과 주관적 상태를 실질적인 증거와 함께 제시해야 한다.

보편성universality

초상화는 독자가 자신의 모습을 초상화 속에서 발견할 수 있기를 기대한다. 즉, 하나의 개별 사례 속에 보편적이고 공감할 수 있는 주제가 내재되어 있다고 믿는다. Witz 등(2001)은 초상화가가 다양한 배경의 독자들에게도 메시지를 전달하고자 한다면, 오히려 연구대상이 매우 구체적이고 깊이 맥락화되어야 한다고 설명했다. 묘사가 구체적이고, 미묘한 차이를 강조할수록 독자가 더욱 강한 공감과 동일시를 경험할 가능성이 커진다. 즉, 보편성을 획득하기 위해서는 오히려 개별성(particularity)과 맥락성(contextuality)이 강조되어야 한다는 점에서 기존 일반화 개념과 역설적인 관계를 보여 준다.

통합성unity/oneness

연구 참여자가 다양한 맥락에서 동일하거나 유사한 본질을 경험한다고 인식하는 현상은 초상화 연구에서 중요한 개념 중 하나이다(Witz, Lee, & Huang, 2010). 특히 연구 참여자의 심층동기, 고차원적 경험 또는 개인의 영성적 측면 등을 살펴보면, 모든 부분이 놀라울 정도로 통합성을 보여 준다. 참여자는 특정한 경험이 서로 다른 상황에서도 동일한 본질을 지니고 있다고 느끼며, 때로는 그것이 본질적으로 같은 것이라고 확신하기도 한다. 이러한 경험은 연구 참여자에게 하나의 통합성으로 인지된다. 참여자가 특정 개념이나 경험을 다양한 상황에서 일관되게 경험하고 해석하는 방식은 연구자가 참여자의 사고방식과 인식 구조를 이해하고 분석하는 데 핵심적인 역할을 한다.

초상화법에서의 면담Interview

Witz(2006)는 면담을 '정보 수집을 목적으로 하는 면담(interviewing for information)'과 '감정 및 내면의 의식 상태를 탐색하는 면담(interviewing for feeling, consciousness, overall state)'으로 구분하였다. 이 두 가지 면담 접근 방식의 차이는 단순히 구조화된 면담과 비구조화된 면담의 차이를 의미하는 것이 아니다. 가장 본질적인 차이는 면담자가 참여자의 경험을 어떤 방식으로 이해하고 기술하는가에 있다. 초상화에서의 면담은 감정과 주관적 상태에 초점이 맞추어지며, 필요한 객관적 정보는 자연스러운 대화의 흐름 속에서 스스로 드러나거나, 몇 가지 명확한 질문을 통해 얻을 수 있는 경우가 많다.

정보 수집을 목적으로 하는 면담interviewing for information

참여자의 이야기를 최대한 구체적이고 사실적인 방식으로 탐색하고, 그의 경험을 공적 담론에서 일반적으로 사용되는 수사적 표현과 범주를 통해 설명하고자 하는 면담을 의미한다. 이 경우, 참여자가 자신의 경험을 상세히 설명하도록 유도하며 필요에 따라 추가 질문을 통해 더 깊이 있는 답변을 얻거나 명확성을 확보하는 것이 필요하다. 참여자는 일종의 '답을 담고 있는 그릇(a vessel of answers)'과 같은 역할을 수행한다.

감정 및 내면의 의식 상태를 탐색하는 면담interviewing for feeling, consciousness, overall state

전형적인 범주를 피하면서 참여자의 태도, 가치관 그리고 전체적인 경험을 가능한 한 주관적으로 이해하려고 노력하는 면담을 의미한다. 면담은 친구와의 대화처럼 자연스럽고 열린 방식을 사용하며, 참여자가 각 주제를 자신이 원하는 방식으로 자유롭게 전개하도록 격려한다. 참여자가 해당 주제에 대해 느끼는 감정, 자신의 주관적 경험, 기억, 당시 혹은 현재의 감정, 태도 등을 솔직하게 표현하도록 유도하는 것이 핵심이다. 연구자는 참여자가 말하는 내용을 얼마나 잘 이해하고 있는지를 지속적으로 신호를 보내면서, 그가 묘사하는 상황에 공감하고자 노력한다.

생생한 인용구alive passages

초상화에는 '생생한 인용구'가 포함된다. 생생한 인용구란 면담 기록과 관찰 자료에서 연구 참여자의 내면을 드러내는 의미 있는 구절을 의미한다(Witz, 2006). 초상화는 인용구를 포착하고 그에 담긴 의미를 정교화하는 과정을 통해 연구대상의 경험과 삶의 실재에 다가가게 된다. 이러한 인용구는 특정한 감정과 공명을 포함하는 독특한 표현들을 담고 있어, 초기 단계에서 연구자의 주관적 이해의 개별적 단위로 작용한다. 이러한 요소들은 연구 참여자의 주관적 경험, 의식 그리고 그가 속한 세계의 근본적인 동력과 원천이 어떠한 방식으로 작용하는지를 보여 주는 초기 단서로 기능한다.

공명resonance

초상화법에서 공명은 연구자가 구성한 내러티브가 연구 참여자, 독자 그리고 연구자 자신에게 진정성(authenticity)과 신뢰성(credibility)을 갖도록 하는 핵심 개념이다. 이는 단순한 사실의 재현이 아니라, 연구 참여자들이 자신의 경험과 내러티브 속에서 스스로를 인식하고, 독자들이 해당 서사를 자연스럽게 받아들이며, 연구자가 자신의 해석이 연구 맥락과 조화를 이루는지 성찰하는 과정에서 발생한다. 초상화가는 연구를 통해 "그래, 맞아!"라는 인식적 순간을 유도하며, 이를 통해 연구 참여자들이 자신의 경험이 정당하게 묘사되었다고 느끼고, 독자들이 서사의 논리적 일관성과 타당성을 직관적으로 받아들일 수 있도록 한다(Witz, 2007).

이러한 공명은 연구자가 서사를 구성하는 과정에서 맥락적 깊이, 해석적 통찰, 감성적 반응을 고려하여 내러티브를 조직할 때 더욱 강화된다. 초상화 연구에서 공명은 연구자의 주관성과 참여자의 경험이 상호작용하며 형성되는 것으로, 연구자의 내러티브가 연구 참여자들의 실제 경험을 왜곡하지 않으면서도 보다 깊은 의미를 조명할 수 있도록 하는 역할을 한다. 따라서 공명은 연구 결과의 보편적 타당성을 주장하는 것이 아니라, 연구자가 구성한 내러티브가 연구 참여자와 독자 모두에게 의미 있게 다가갈 수 있도록 하는 해석적 정합성과 감성적 연결 상태를 의미한다.

시간흐름표timeline와 주요 흐름major strand

연구자는 개별 요소들이 참여자의 경험을 구성하는 더 큰 맥락 속에서 어떻게 맞춰질 수 있는지를 직관적으로 이해하고자 한다. 이 과정에서 시간에 따른 변화를 시각적으로 표현하는 시간흐름표는 매우 유용한 도구이다(전영국, 이현주, 2016). 시간흐름표는 연구자가 연구 참여자의 감정과 의식이 시간의 흐름 속에서 어떻게 변화하고 발전하는지를 보다 체계적으로 조망할 수 있게 돕는다(Witz, 2006).

연구자는 전사 자료에서 의미 있는 단락들을 선별한 후에 시간흐름표 위에 위치시킨 후 그 단락 사이의 관련성을 시간의 축 위에서 심도 있게 고려해 본다. 미시적 자료 분석을 하는 과정에서 참여자에게서 전체적으로 관통하는 고유한 측면을 포착하게 된다. 연구 참여자에게서 일관성 있게, 때로는 시간에 따라 발전 또는 퇴화해 가는 흐름을 보면서 초상화의 구조를 만들어 낸다.

인상적 기록impressionistic record

Lawrence-Lightfoot과 Davis(1997)가 정의하는 인상적 기록은 연구자가 현장에서 관찰한 내용과 해석적 통찰을 반영하는 반성적이고 사색적인 기록물이다. 이 기록은 연구 과정에서의 초기 가설, 해석적 가능성, 연구자의 시각 변화 그리고 연구의 개념적·방법론적·윤리적 딜레마 등을 탐색하는 도구로 활용된다. 이는 단순한 객관적 데이터 수집을 넘어, 연구자의 직관, 감각적 반응, 해석적 사고가 유기적으로 결합된 기록으로, 연구자가 경험한 장면과 의미를 더욱 풍부하게 묘사하고 해석할 수 있도록 돕는다. 이러한 기록은 연구 과정에서 반복적이고 생성적인 분석의 기초를 형성하며, 연구자가 데이터 속에서 새로운 패턴을 발견하고 연구 질문을 정교화하는 과정에서 중요한 역할을 한다.

참고문헌

전영국, 이현주(2016). 질적 연구방법으로서의 초상화법 소개와 특징 고찰. 교육문화연구, 22(4), 5-23.

Cooley, C. H. (1956). *The two major works of C. H. Cooley: Social organization and human nature and the social order.* Glencoe, IL: Free Press. (Original work published 1909)

Lawrence-Lightfoot, S. (1983). *The good high school: Portraits of character and culture.* New York: Basic Books.

Lawrence-Lightfoot, S. (1986). On goodness in schools: Themes of empowerment. *Peabody Journal of Education, 63*(3), 9-28.

Lawrence-Lightfoot, S. (2005). Reflections on portraiture: A dialogue between art and science. *Qualitative Inquiry, 11*(1), 3-15.

Lawrence-Lightfoot, S., & Davis, J. H. (1997). *The art and science of portraiture.* San Francisco: Jossey-Bass.

Witz, K. G. (2006). The participant as ally and essentialist portraiture. *Qualitative Inquiry, 12*(2), 246-268.

Witz, K. G. (2007). "Awakening to" an aspect in the other: On developing concepts in qualitative research. *Qualitative Inquiry, 13*(2), 235-259.

Witz, K. G. (2008). *Spiritual aspirations connected with mathematics: The experience of American university students.* Lewiston, NY: Edwin Mellen Press.

Witz, K. G. (2015). Portraiture and essentialist portraiture. 질적탐구, 1(1), 67-84.

Witz, K. G., Goodwin, D. R., Hart, R. S., & Thomas, H. S. (2001). An essentialist methodology in education-related research using in-depth interviews. *Journal of Curriculum Studies, 33*(2), 195-227.

Witz, K. G., Lee, H., & Huang, W. (2010). Consciousness in the study of human life and experience: "Higher aspects" and their nature. *Qualitative Inquiry, 16*(5), 397-409.

08

포토보이스

1 포토보이스 개관

최근 포토보이스(Potovoice)를 적용한 연구가 다양한 학문 영역에서 활성화되고 있다. 포토보이스는 사진을 활용하는 새로운 형태의 질적 연구방법이다. 그 용어에서도 알 수 있듯이 포토보이스는 사진(photo)과 목소리(voice)가 결합되어 만들어진 합성어로, 사진에 사람들의 목소리를 담는 활동에 중점을 둔다. 사진에 담긴 목소리의 형태는 다양할 수 있다. 일상의 삶 속에서 일어나는 다양한 이슈를 알리거나 자신의 생각, 감정, 느낌 등을 사진을 통해 투사할 수 있다.

포토보이스를 처음 소개한 사람은 Wang과 Burris이다. 이들이 처음부터 '포토보이스'라는 용어를 사용한 것은 아니다. Wang과 Burris가 수행한 연구를 바탕으로 포토보이스가 하나의 연구방법으로 정립되는 과정을 파악할 수 있다. Wang과 Burris는 1994년에 「Empowerment through photo novella: Portraits of participants」라는 연구를 수행하였는데, 여기서 '포토 노벨라(photo novella)'라는 용어에 주목해 볼 필요가 있다. 포토 노벨라는 사진을 통한 짧은 이야기를 말하는데, 연구에 참여한 사람들은 포토 노벨라 기법을 활용함으로써 자신들의 삶과 관련된 이야기를 사진으로 보여 주었다. 1996년에는 「Chinese village women as visual anthropologists: A participatory approach to reaching policymakers」 연구를 통해 포토 노벨라의 장점과 한계를 집중적으로 조명하면서 포토 노벨라 연구 참여자들은 사진을 찍고 자신의 삶을 기록함으로써 시각 인류학자로 거듭날 수 있음을 밝히고 있다(Wang, Burris, & Ping, 1996). 이러한 과정을 거쳐 1997년에 「Photovoice: Concept, methodology, and use for participatory needs assessment」 연구를 통해 포토보이스의 이론적 토대를 구축하였다(Wang & Burris, 1997). 즉, 포토보이스의 개념과 발달 과정, 포토보이스의 장점 및 단점, 포토보이스의 구성 요소, 포토보이스 적용 및 분석방법 등을 소개하면서 연구방법론의 체제를 마련하였다(오영범, 2023a; Latz, 2017; Wang & Burris, 1997).

포토보이스는 참여적 행동 연구(participatory action research)의 한 유형이다. Kemmis와 McTaggart(2006)은 참여적 행동 연구의 세 가지 특징을 제시하고 있다.

첫째, 사회 문제에 대한 공동체적 접근과 이해를 강조한다. 사회적 소수자 혹은 취약계층이 직면하는 문제를 단순히 그들만의 문제로 보지 않는다. 사회 문제로 인식하고 함께 삶을 영위하고 있는 모든 사람이 인식하고 해결해야 할 공동체성을 강조한다.

둘째, 사회 문제에 대한 공동체의 이해를 넘어 행동을 지향한다. 사회 문제에 대한 전 사회적 공감대를 이끌어 내고, 이를 해결할 수 있는 구체적인 행동을 강조한다. 이처럼 참여적 행동 연구는 참여자들로 하여금 당면한 문제를 해결할 수 있는 행동하는 실천가의 역할을 기대한다.

셋째, 연구 수행 과정에서 연구자와 참여자 간의 공유를 강조한다. 기존의 연구에서는 학문적 권위를 가진 연구자가 그 소유권을 갖는 경향이 있었다. 단순히 연구에 필요한 정보를 제공하는 소극적인 역할로 참여자들을 제한한 것이다. 그러나 참여적 행동 연구에서 참여자들은 연구자와 함께 연구를 수행하는 공동 연구자로서의 위상을 갖고 그 소유권도 공유하게 된다. 이러한 특징을 갖고 있는 참여적 행동 연구의 탄생은 연구자 중심으로 진행되는 일방적이고 권위적이며 전통적인 연구에서 벗어나고자 하는 성찰에서 비롯된 것이다. 연구자만이 자료를 수집하고 분석하여 의미를 찾는 권한을 갖는 것이 아니라, 연구 참여자들 또한 함께 자료를 수집하고 분석하며 의미를 도출하는 과정에 적극적으로 참여함으로써 연구에 대한 주인 의식을 갖게 된다.

포토보이스 연구는 사회적 · 정치적으로 소외된 계층이나 주변인에 관심을 갖는다. 부와 권력을 갖고 사회에 영향을 미치고 있는 사람들보다는 열악한 환경에서 사회적 어려움을 겪고 있는 사람들에게 관심을 더욱 기울인다. 한 사회에서 공존하고 있는 일반 사람들이 알지 못하는 소수자들의 삶을 인식하고, 이들의 어려운 현실을 들여다보며, 이러한 어려움 혹은 문제를 유발하는 사회적 요인을 함께 찾아 해결하고자 하는 것이 포토보이스가 지향하는 바이다. 그동안 포토보이스 연구에 참여해 왔던 사람들은 여성, 성소수자, 노숙자, 어린이 및 청소년, 장애인, 미혼모, 에이즈 환자 등과 같이 사회적 약자 혹은 소외계층임을 확인할 수 있다(오영범, 2023b; Latz, 2017; Wang & Burris, 1997). 포토보이스는 이러한 사람들이 겪고 있는 문제를 사회적 책임으로 인식하고 공동체의 문제로 확장한다. 즉, 사회적 약자나 소외계층의 삶을 연구라는 형태로 집중 조명함으로써 이들의 현실을 대중에 알리고 삶의 질이 더욱 향상될 수 있도록 돕는 역할을 한다.

포토보이스 이론적 토대를 마련한 Wang과 Burris(1997)은 포토보이스의 목표를 세 가지로 제시하고 있다.

첫째, 자신이 속한 공동체의 강점과 문제를 기록하고 반영한다. 포토보이스 연구에 참여한 사람들은 자신을 둘러싼 일상의 삶과 관련된 사진을 찍고, 사진에 의미를 부여하는 활동을 통해 공동체에서 어떠한 일이 일어나고 있는지 기록하게 된다.

둘째, 사진에 대한 토론으로 중요한 이슈에 대한 비판적 대화를 촉진한다. 포토보이스에서 중요한 활동 중 하나는 사진을 바탕으로 진행되는 토론 활동이다. 연구 참여자가 직접 찍은 사진을 바탕으로 다양한 이야기를 나누게 된다. 어떤 장면의 사진인지, 사진 속에는 무슨 일이 일어나고 있는지, 우리의 삶과 어떤 관계가 있는지 등에 대한 집중적인 토론을 통해 삶의 모습을 심층적으로 들여다보게 된다. 이러한 토론 과정을 통해 자연스럽게 비판 의식이 길러진다.

셋째, 공동체가 더 발전할 수 있도록 정책 입안자에게 정책을 제안한다. 포토보이스 연구에 참여한 사람들이 사진을 찍고 사진을 바탕으로 토론 활동을 하는 과정에서 평소 인식하지 못했던 공동체의 문제가 부각된다. 자연스럽게 수면 위로 떠오른 문제를 해결할 수 있는 대안도 탐색하게 된다. 결국 공동체가 질적으로 더욱 개선될 수 있는 방안의 일환으로 정책을 제안하게 된다. 이러한 차원에서 포토보이스는 인간이 보다 인간다운 삶을 영위할 수 있도록 삶의 질을 개선할 수 있는 방안을 탐색하는 유용한 연구방법이라 할 수 있다.

2 포토보이스 주요 용어 해설

포토보이스photovoice

포토보이스를 연구방법으로 정립한 Wang과 Burris(1997)는 포토보이스의 개념을 다음과 같이 정의하고 있다.

> 포토보이스란, 사람들이 특별한 사진 기법을 활용하여 자신이 속한 공동체의 특징을 파악하고 의미를 드러냄으로써 공동체가 더욱 발전할 수 있는 방안을 제시하는 과정이다(Wang & Burris, 1997).

앞의 포토보이스 개념을 정의하고 있는 주요 속성을 추출해 보면 사진, 공동체, 발전이 핵심이 된다. 포토보이스 개념을 구성하고 있는 세 가지 속성을 바탕으로 설명하면 다음과 같다.

사진

포토보이스에서는 사진이 단연코 연구의 핵심이 된다. 사진은 연구자와 참여자 간의 소통을 원활하게 하는 매개체이자, 참여자들의 주체적인 참여를 이끌어 내는 윤활유이자, 토론을 활성화시키는 촉진제의 역할을 한다. 일반적인 질적 연구에서도 사진은 면담을 유도하여 의사소통을 촉진하는 유용한 도구로 평가받고 있다(김도현, 2016; Latz, 2017). 사진이 매개된 면담은 참여자의 주의집중을 유도함으로써 면담을 촉진하고, 리터러시 능력이 부족한 사람에게 효과적이며, 대화에 중점을 둔 면담에 비해 참여자의 피로도를 방지하는 효과가 있다(김도헌, 2016; 오영범, 2023a; Harper, 2002; Latz, 2017). 또한 사진은 참여자의 기억을 회상하고 경험을 성찰하는 데 효과적이기 때문에 연구자와 참여자와의 경험을 공유하기에 용이하다(김도헌, 2016; Wang, 1999). 특히 포토보이스 토론 활동에서는 참여자가 찍은 사진을 바탕으로 진행되는데, 이때 주로 활용되는 질문 기법인 PHOTO 질문 기법과 SHOWeD 질문 기법을 결합할 수 있다. 사진과 질문 기법을 결합함으로써 핵심 질문에 초점을 맞추어 면담을 더욱 의미 있는 방향으로 이끌 수 있다(Collier, 1957).

공동체

포토보이스는 공동체에서 일어나는 일, 즉 사회현상에 관심을 갖고 있다. 이질적인 다양한 존재들이 모여 한 사회를 구성하는 공동체의 속성은 상호 협력하고 배려하며 베푸는 긍정적인 측면 이면에 사회적 억압, 폭력, 불평등, 차별 등과 같은 부정적인 측면도 존재한다. 포토보이스는 공동체에서 일어나는 부정적인 측면에 관심을 기울인다. 우리 사회에 함께 살아가고 있는 약자, 소수자, 주변인이 겪는 사회적 폭력, 불평등, 차별 등에 관심을 갖고 이들의 삶을 심층적으로 들여다보면서 문제 해결 방안을 모색하는 일련의 과정을 포토보이스가 구현해 준다. Wang과 Burris(1997)는 포토보이스 연구를 통해 참여자들이 목소리를 낼 수 있는 공간을 조성해 주고, 사진을 통해 자신들의 이야기를 전할 수 있는 기회를 제공해 준다고 하였다. 특히 소외된 사람들 혹은 주변인들의 생각, 감정 등을 전달함으로써 우리가 함께 살아가는 사회에서 일어나는 일에 관심을 기울이는 계기가 된다. 구체적으로 나와 다른 삶을 살아가는 사람들의 어려운 상황을 이해하고 공감함으로써 사회적 인식의 폭을 넓히고 공동체 정신을 일깨울 수 있다.

발전

여기서 발전은 공동체, 즉 사회 발전을 의미한다. 발전의 의미는 현시점보다 더 나은 모습으로의 질적인 성장을 의미하기 때문에 지금과는 다른 형태로 나아가는 사회 변화를 의미하기도 한다. 공동체 발전의 첫 시작은 연구 참여자가 찍은 사진에서 비롯된다. 연구 참여자는 공동체 내에서 일어나는 사회현상 혹은 자신의 일상에 관한 사진을 찍는다. 어떤 장면의 사진인지 혹은 어떤 의미를 담고 있는지 구체화하기 위해 연구 참여자는 간단한 글쓰기를 병행하여 의미를 부여하는 활동을 하는 경우도 있다. 사진은 토론 자료가 된다.

여러 명의 연구 참여자가 한데 모여 각자 찍은 사진을 바탕으로 공동체에서 일어나는 다양한 이슈에 대해 토론한다. 이 과정에서 연구 참여자는 평소에는 관심을 기울이지 않았던 자신의 삶에 대해 심층적으로 관찰하고, 다른 사람의 일상 혹은 사회적 이슈에 관심을 가지면서 비판 의식을 함양하게 된다. 이러한 과정에서 해결해야 할 문제가 있을 경우, 이를 해결할 수 있는 다양한 대안도 모색한다. 그리고 사회 문제 해결 의지가 강한 개인들이 연대하여 변화의 목소리를 높인다. 이러한 과정을 통해 사회 발전 혹은 변화를 이끌어 낸다. 오영범과 백승미(2024)는 한 지역에서 육아를 경험하고 있는 14명의 어머니를 대상으로 「육아의 현실에 관한 포토보이스」 연구를 수행하였다. 육아의 의미, 육아의 고충, 그리고 육아의 보람과 관련된 구체적인 연구 문제를 설정하고 세 차례의 포토보이스 활동을 통해 육아의 현실을 집중적으로 조명하였다. 육아의 고충과 관련하여 소아과 부족 현상, 현실적인 육아 지원책 미흡 등과 같은 문제가 부각되었다. 이러한 문제를 개선하기 위해 영향력 있는 사람들(의원, 기관 업무 담당자, 지역주민 등)을 초청하여 포토보이스 전시회 및 토론회를 개최하였다.

참여적 행동 연구participatory action research

포토보이스는 참여적 행동 연구의 한 유형이다. 참여적 행동 연구는 참여자의 역할과 관여 정도가 기존의 연구와는 다른 특징을 가지고 있다. 기존의 질적 연구에서 참여자는 정보 및 자료를 제공하는 소극적인 역할이었다면, 포토보이스에서 연구 참여자는 연구의 전 과정에 적극적으로 참여하고 사회 변화를 위해 주체적으로 행동한다. 따라서 포토보이스 연구 참여자는 연구자와 공동 연구자의 역할을 수행한다. 연구 참여자는 수집한 자료를 분석하고, 토론을 통해 문제를 인식하며, 의미를 도출하는 전 과정에서 연구자와 함께 협력한다. 연구자와 참여자가 함께 연구를 수행하고 의미를 만들어 가기 때문에 포토보이스는 지식 생산의 민주화에 기여한다는 평가를 받고 있다(오영범, 2023b; Latz, 2017). 또한 사진 전시회나 토론회는 연구 참여자의 목소리를 낼 수 있는 유용한 기회로 활용한다.

참여적 행동 연구의 구성 요소components of participatory action research

Liebenberg(2018)는 참여적 행동 연구를 구성하는 네 가지 요소로 연구, 참여, 행동 그리고 사회 변화를 제시하였다. 즉, 체계적인 연구 과정을 통해 적극적으로 참여하고 주체적으로 행동함으로써 궁극적으로 사회 변화를 이끌어 내는 것이 참여적 행동 연구의 핵심이라 할 수 있다(Whyte et al., 1991).

참여participation

연구 참여자가 연구의 전반적인 과정에 적극적이고 주체적으로 참여하는 것을 말한다. 연구자는 학문적 권위에서 탈피하여 연구 참여자와 평등한 관계를 조성할 필요가 있다. 관계의 민주성을 강조한 것이다. Bradbury와 Reason(2003)은 참여적 행동 연구에서의 참여는 사람들이 민주적 지식 생산 과정에 관여하는 것이라고 언급하였다. 참여(participation)는 두 가지 측면을 염두에 둘 수 있다.

첫째, 포토보이스 연구 초기부터 영향력 있는 사람을 참여시키는 것이다. 영향력 있는 사람은 연구 참여자의 입장을 대변하여 사회 변화에 힘을 실어 줄 수 있는 사람을 말한다. 예를 들면, 해당 분야의 전문가, 정책 결정자 혹은 정책 입안자, 권위자 등이 해당된다. 안전한 마을을 만들기 위해 마을 곳곳의 위험 요소를 찾아 개선하는 포토보이스 연구를 진행한다면, 안전 관련 전문가, 마을 주민들의 의견을 대변하는 의원, 마을에 소속되어 있는 행정기관장, 마을 안전 관련 업무 담당자 혹은 정책 입안자 등의 참여를 고려해 볼 수 있다.

둘째, 그동안 사회 및 정치적으로 소외되었던 주변인들이 참여자가 되어 연구에 직접 관여하는 것이다. 이들이 겪는 고충이 있다면 포토보이스 연구를 통해 목소리를 낼 수 있다. 목소리를 내는 형태도 다양하다. 사진에 목소리를 담는 포토보이스 활동 그 자체, 사진 기반 토론 활동, 일반 시민을 초청하여 진행하는 전시회와 토론회 등을 통해 연구 참여자가 목소리를 낼 수 있다. 연구 참여자는 포토보이스 전 과정을 통해 비판 의식을 함양하고, 변화를 위해 함께 힘을 모아 목소리를 낼 필요성을 인식하게 된다. 체계적인 연구에서 비롯된 참여자의 목소리는 일반 대중의 공감대를 형성할 수 있는 힘이 된다.

[그림 8-1] 참여적 행동 연구의 네 가지 구성 요소(Liebenberg, 2018)

연구

여기서 연구(research)는 기존의 연구자 중심의 그것과는 차별적인 성격을 띤다. 먼저, 연구는 지식 생산의 민주화에 기여할 수 있어야 한다(Sutton-Brown, 2014). 지식 생산의 민주화 여부는 연구자와 참여자 간의 관계를 통해 가늠할 수 있다. 기존의 연구는 주로 학문적 권위를 가진 연구자 중심으로 진행된 반면, 포토보이스는 연구자와 참여자 간의 수평적 관계를 중시한다.

행동

포토보이스 연구 참여자는 단순히 앎의 수준을 넘어 행동(action)하는 실천가로 거듭난다. 특정 주제로 자신의 삶과 관련된 사진을 찍고, 토론을 하는 가운데 평소에는 잘 몰랐던 사실을 알게 된다. 평소에는 무심코 지나쳤던 마을 환경과 관련된 포토보이스 연구에 참여하면서 환경 오염에 대한 심각성을 알게 되는 것과 같다. 환경 오염의 실태를 인식하였다면 인식의 수준에서 머무는 것이 아니라 환경을 지키기 위한 행동으로 이어지는 것이 참된 배움이라 할 수 있다. 포토보이스는 변화를 위해 연구 참여자로 하여금 행동하는 실천가로 성장할 수 있도록 도와주는 연구방법이라 할 수 있다.

사회 변화

포토보이스가 지향하는 궁극적인 목적은 사회 변화(social change)이다. 사회 변화는 참여적 행동 연구의 구성 요소인 참여, 연구, 행동이 각각의 역할을 수행하고 상호작용할 때 가능하다. Liebenberg(2018)는 적극적인 연구 참여자가 지식을 습득하고 문제를 발견하며 문제 해결을 위해 행동할 때, 사회 변화를 통한 삶의 질 향상을 가져올 수 있다고 하였다. 이때 한 사람의 목소리보다는 함께 연대하고 협력할 때 더 큰 목소리로 사회적 울림이 될 수 있다는 점을 알아야 한다. 목소리가 더욱 크게 지속될 때, 긍정적인 사회 변화의 시간도 단축될 수 있다.

포토보이스 연구 절차research procedure of photovoice

Latz(2017)는 포토보이스 연구 절차를 파악, 초대, 교육, 기록, 서술, 관념화, 발표, 확증의 8단계로 제시하였다. 이 8단계가 반드시 순서대로 따라야 하는 것은 아니다. 연구자가 수행하고 있는 목적과 맥락에 맞게 인접한 단계들을 통합하거나 좀 더 단순한 형태로 절차화하여 적용할 수 있다. 또한 연구자로서 타당화 과정을 거쳐 새로운 포토보이스 연구 절차를 개발할 수 있다. 여기서는 Latz(2017)가 언급한 연구 절차에 따라 설명하고자 한다.

파악

파악(identification) 단계에서는 두 가지를 염두에 둘 필요가 있다. 첫째, 포토보이스 연구를 시작함에 따라 연구 목적, 연구 문제, 연구 장소, 연구대상 등을 파악해야 한다. '이 연구의 목적은 무엇인가?' '목적을 달성하기 위해 설정한 세부 연구 문제는 무엇인가?' '연구 장소는 어디인가?' '이 연구에 참여하는 구체적인 대상은 누구인가?' 등에 관한 질문을 통해 향후 전개할 포토보이스 활동과 연결할 필요가 있다. 적절한 이해를 돕기 위해 오영범 등(2023)이 수행한 「장애인 자립의 현실과 평생교육의 방향에 관한 포토보이스」 연구에서 활용한 예시를 제시하고자 한다.

〈표 8-1〉 연구 목적, 연구 문제, 연구 장소, 연구대상 등 파악의 예시(오영범 외, 2023)

구분	세부 내용	비고
연구 목적	· 장애인이 실제 삶의 맥락에서 마주하는 자립의 현실을 살펴보고, 평생교육이 나아가야 할 방향 탐색	연구 목적을 설정하고 이를 위한 세부적인 연구 문제 3개를 설정함
연구 문제	· 장애인이 일상생활에서 직면하는 자립의 어려움은 무엇인가? · 평생교육이 장애인의 자립에 도움이 되는 것은 무엇인가? · 장애인의 자립을 위한 평생교육의 방향은 무엇인가?	
연구대상	· 실제 자립하여 생활하고 있는 장애인	8명 목적표집
연구 장소	· 장애인 평생학교, 장애인의 일상생활 맥락(가정, 학교, 사회 등)	

둘째, 상황을 바꿀 수 있는 사회적 영향 혹은 힘을 가진 사람들을 파악해야 한다. 연구 참여자들의 입장을 대변하고 포토보이스 연구 결과에 힘을 실어 함께 목소리를 내줄 수 있는 영향력 있는 사람이 처음부터 참가하면 좋다. 만약 학교 폭력 피해자의 감정에 대한 포토보이스 연구를 한다면, 학교 폭력 피해자 입장을 대변하는 의원, 정책 결정자, 교육감, 전문가 등의 참여를 고려할 수 있다.

초대

초대(invitation)는 포토보이스 연구에 참여할 사람을 모집하는 단계로 연구 참여자를 선정하는 것을 말한다. 포토보이스 연구에서 참여자를 선정하는 주요 방법으로는 의도적 표본 수집(purposive sampling)이 사용된다. 즉, 연구자는 달성하고자 하는 연구 목적, 연구 문제, 연구 맥락 등을 고려하여 연구에 필요한 적합한 대상자를 의도적으로 선정하게 된다. 정신장애인이 직면하는 취업의 어려움과 관련된 포토보이스 연구를 수행하고자 하는 연구자는 실제 정신장애를 가진 사람을 연구대상자로 선정해야 할 것이다. 또한 악성민원을 경험한 교사를 대상으로 포토보이스 연구를 수행하려는 연구자는 실제 악성민원 경험이 있는 교사를 의도적으로 선정해야 할 것이다. Wang(1999)은 포토보이스 연구에 참여하는 인원은 7~10명 정도가 이상적인 규모라고 하였다. 연구 참여자 수가 너무 적으면 풍부하지 못한 자료 수집, 원활하지 못한 토론, 연대하여 한목소리를 내기에는 부족한 힘 등과 같은 어려움이 따를 수 있다. 반면, 연구 참여자 수가 너무 많으면 토론 과정을 주도하는 일부의 목소리에만 집중하게 되어 연구 맥락을 포괄적으로 드러낼 수 없는 한계가 드러날 수 있다. 연구 참여자 모집의 어려움이 수반되는 연구의 경우, 눈덩이 표집(snowball sampling) 방법이 사용되기도 한다. 만약 연구자가 성소수자를 대상으로 연구하고자 한다면, 연구에 참여하기로 한 최초 한 명의 성소수자를 중심으로 알고 있는 다른 성소수자를 추천받을 수 있다. 왜냐하면 비슷한 상황에 있는 사람들은 일단의 그룹들과 네트워크를 형성하고 있는 경우가 많기 때문이다. 최근에는 디지털 기술의 발달로 인터넷 홈페이지 공고, SNS 등을 통해 연구 참여자의 조건과 연구 참여를 통해 얻을 수 있는 혜택 등을 제시하면서 공개 모집하는 경우도 있다.

교육

연구 참여자 모집이 완료되었다면, 이들을 대상으로 교육(education)을 실시하게 된다. 교육은 참여자들이 포토보이스 연구에 참여하면서 어떤 일을 하게 될 것인지 전반적인 과정을 안내하고, 어떠한 주제로 사진을 찍을 것인지, 사진을 찍을 때 유의해야 할 점은 무엇인지, 토론은 어떤 방식으로 진행될 것인지, 사진 전시회 및 토론회 일정 등에 대해 안내하고 공유한다. 먼저, 연구자는 참여자들에게 연구에 대한 전반적인 개요를 공유해야 한다. 연구의 목적, 내용, 방법 등의 안내를 통해 이 연구가 무엇인지, 이 연구를 통해 참여자는 어떤 과업을 하게 될 것인지 등에 대한 자세한 소개가 필요하다. 연구자는 참여자들과 신뢰에 기반한 협력적인 관계를 구축하면서 참여자들의 적극적이고 주체적인 참여를 유도해 낼 수 있는 역량이 필요하다(Sutton-Brown, 2014). 연구 참여자가 주체성을 갖고 적극적으로 참여하려는 의지는 포토보이스 활동의 질을 높이고 연구 목적을 달성하는 데 영향을 미치기 때문에 연구자의 협력 구축 역량은 중요하다.

교육 단계에서 중요한 또 다른 과업은 연구 참여자로부터 연구 참여 및 사진 공개에 대한 동의서를 받는 일이다. 포토보이스 연구에서 참여자의 필수 동의가 필요한 사항은 연구 참여에 대한 동의와 사진 공개에 대한 동의다. 특히 연구 참여자는 사진 촬영 주제에 따라 직접 사진을 촬영하는 주체이기 때문에 참여자는 사진에 대한 저작권을 갖고 있는 주인이라 할 수 있다. 사진은 연구 보고서 작성에 필요하고, 전시회 및 토론회 개최 시 활용되기 때문에 그 공개 여부를 사전에 결정해 두어야 한다. 상황에 따라 사진 속에 사람의 모습이 포착되기도 한다. 인물이 담길 경우를 대비하여 초상권에 대한 동의도 받아 둘 필요가 있다. 연구 참여자가 찍은 사진 속에 본인의 얼굴이 아닌 다른 사람의 모습이 담기는 경우도 있는데, 이러한 상황을 대비하여 제3의 인물에 대한 사진 촬영 및 사진 공개 동의서를 미리 준비해 두어야 한다.

교육 단계에서는 참여자들에게 사진 촬영 방법을 안내해야 한다. 연구 예산이 충분하다면 별도의 카메라를 구입한 후, 연구 참여자들에게 하나씩 제공하여 활용할 수 있다. 고가의 카메라일 경우 연구가 종료된 후에는 참여자들로부터 카메라를 회수하기도 하지만, 경우에 따라 연구 참여에 대한 보답의 차원에서 기념품으로 제공하기도 한다. 최근에는 스마트폰을 활용하는 사례가 늘고 있다. 특히 연구 참여자가 포토보이스 사진을 찍을 때 주의할 점은 사진의 질보다는 현실이 그대로 담긴 장면과 함께 사진에 부여하는 의미가 더 중요하기 때문에 연구자는 참여자들로 하여금 예술성을 과도하게 부각하여 사진을 찍을 필요가 없다는 것을 강조할 필요가 있다.

기록

기록(documentation)은 연구 참여자가 실제로 사진을 촬영하는 단계다. 연구 참여자가 연구 목적 및 연구 문제와 관련된 사진을 명확하게 찍을 수 있도록 연구자는 사진 촬영과 관련된 주제와 방향을 분명하게 제시해야 한다. 사진 촬영 주제는 다양한 형태로 제시할 수 있다. 첫째, 질문하는 방식을 취할 수 있다. '내 공부를 방해하는 요인은 무엇인가?' '건강을 지키기 위해 노력하는 것은 무엇인가?'와 같이 질문하는 형태로 사진 촬영 주제를 제시할 수 있다. 둘째, 지시문 형태를 활용할 수 있다. '우리 마을에서 환경 문제가 심각한 장소를 촬영하시오.' '학교에서 학생들의 안전에 위험이 될 만한 곳을 촬영하세요.'와 같은 주제를 제시하면서 사진 촬영을 유도할 수 있다. 셋째, 빈칸 채우기 형태로 제시할 수 있다. '내가 생각하는 독서는 (　　)이다.' '육아는 나에게 (　　)이다.'와 같이 특정 개념에 대한 주관적인 의미를 부여하는 방식의 사진 촬영 주제를 제시할 수 있다. 사진 촬영 주제와 함께 연구 참여자들에게 안내되어야 할 것은 촬영 기간, 찍은 사진의 공유 방법, 사진의 양 등에 대한 부가적인 안내가 필요하다.

서술

서술(narration)은 사진에 관해 토론하고 의미 부여하며 해석하는 단계이다(Wang, 1999). 연구 참여자는 자신이 찍은 사진에 제목 부여하기, 사진을 설명하는 글쓰기, 사진에 생각과 마음 담는 글쓰기, 여러 장의 사진을 이용한 스토리 만들기 등과 같은 방법을 활용하여 스스로 의미를 부여할 수 있다. 연구 참여자가 사진에 간단한 의미를 부여하는 사전 작업은 토론 활동을 활성화하는 데 도움이 된다.

토론은 포토보이스 연구에서 중요한 활동이다. 토론 활동을 통해 연구 참여자가 찍은 사진에 대해 정보를 파악할 수 있는데, 구체적으로 사진을 찍은 이유, 사진에 담긴 장면에 대한 사실적 정보, 사진에 숨겨진 의미, 사진에서 드러나는 문제 등을 새롭게 알게 된다. 이때 연구자는 토론을 효과적으로 이끌어 가는 역량이 필요하다. 우선, 특정 연구 참여자가 발언권을 독점하지 않고 모두가 골고루 돌아가며 발언할 수 있도록 조율하는 연구자의 역량이 필요하다. 이러한 역량은 한쪽으로 편중된 연구 자료를 수집하는 위험으로부터 벗어나게 한다. 연구자는 참여자들이 들려주는 이야기를 경청하는 올바른 자세를 갖춰야 한다. 참여자들의 내러티브에 관심을 갖고 귀 기울이는 수용의 태도가 누적될수록 신뢰는 더욱 두터워진다. 이 토론 과정에서 주고받는 대화 내용은 연구의 의미를 도출하는 네 중요한 자료가 되기 때문에 참여자들의 동의를 얻어 녹음이나 녹화를 해 두면 좋다. 포토보이스 토론 활동 시, SHOWeD 질문 기법(Shaffer, 1983)이나 PHOTO 질문 기법(Hussey, 2006)을 활용하면 토론을 활성화하는 데 도움이 된다.

〈표 8-2〉 SHOWeD 질문 기법(Shaffer, 1983) 및 PHOTO 질문 기법(Hussey, 2006)

SHOWeD 질문 기법	PHOTO 질문 기법
What do you **S**ee here?	Describe your **P**icture.
What is really **H**appening here?	What is **H**appening in your picture?
How does this relate to **O**ur lives?	Why did you take a picture **O**f this?
Why does this situation, concern, or strength **e**xist?	What does this picture **T**ell us about your life?
What can we **D**o about it?	How can this picture provide **O**pportunities for us to improve life *with regard to healthcare?* (phrase in italics added by project facillitator to adapt specially to this project.)

포토보이스 연구자는 SHOWeD 및 PHOTO 질문 기법을 활용하여 반구조화된 면담을 진행할 수 있다. 각 질문 기법에서 제시한 내용을 핵심 질문으로 두고, 면담을 진행하면

서 생길 수 있는 부가적인 질문을 활용함으로써 반구조화된 면담의 기능을 구현할 수 있다. 면담 또한 연구자의 목적과 상황, 연구 맥락에 따라 개별 혹은 소집단 형태로 진행할 수 있다.

관념화

관념화(ideation)는 일반적인 질적 연구의 자료 분석 단계로 이전의 서술 단계에서 수집한 자료를 집중적으로 분석하여 의미를 도출하는 단계이다(오영범, 2023a, 2023b; Wang & Burris, 1997). 자료 분석 시 포토보이스 연구 과정에서 수집한 사진, 연구 참여자가 사진에 의미를 부여한 서술, 토론 활동에서 산출된 언어적 상호작용 등을 활용할 수 있다. 포토보이스에서는 두 가지 측면의 자료 분석 목적이 있다. 첫째, 현상에 대한 이해와 주장에 대한 근거를 제시함으로써 지식의 확장을 도모하는 것이다. 둘째, 확장된 지식을 바탕으로 참여적 행동 연구의 특징을 지닌 포토보이스가 사회 변화의 힘으로 작용하는 것이다.

Wang과 Burris(1997)는 선택하기(selecting), 맥락화하기(contextualizing), 성문화하기(codifying)로 전개되는 3단계 분석방법을 제시하였다. 1단계 선택하기는 연구 참여자가 자신의 삶과 일상을 잘 드러내 줄 수 있는 사진을 선택하는 단계이다. 사진을 선택할 때는 사진 촬영 주제와 부합하고 연구 문제와 연결될 수 있도록 유의해야 한다. 또한 연구 참여자의 일상을 풍부하게 드러내고 삶과 관련된 사회적 문제를 이야기할 수 있는 사진이어야 한다. 2단계 맥락화하기는 사진이 담고 있는 의미를 이야기하는 단계로 '개인 및 집단 경험이야기하기(Voicing Our Individual and Collective Experience)'라는 의미를 가진 VOICE 방법에 따라 그룹 토론 활동이 일어난다(오영범, 2023b). 3단계 성문화하기는 포토보이스 연구 과정에서 수집한 모든 자료를 종합적으로 분석하여 드러난 이슈, 주제 혹은 이론을 확인하는 단계이다.

Tsang(2020)은 연구자의 해석에 기반한 사진 분석, 연구 참여자의 해석에 기반한 사진 분석, 상호비교, 이론화로 이어지는 4단계 분석방법을 제시하였다. 연구자의 관점에서 사진을 해석하고, 연구 참여자의 관점에서 사진 해석을 들어 본 후, 상호비교를 하는 이유는 연구자의 주관적인 관점에서 사진을 해석함으로써 참여자가 의도한 사진 의미를 왜곡시킬 수 있는 위험을 방지하기 위해서다. 즉, Barthes(1981)가 언급한 사진을 이해하고 해석하는 두 가지 개념인 스타디움(stadium)과 펑툼(punctum)을 고려한 것이다. 스타디움은 작가가 의도한 바를 관객이 동일하게 느끼는 것이고, 펑툼은 관객이 자신의 경험에 비추어 지극히 주관적으로 작품을 받아들이는 것을 말한다. 만약 연구자가 참여자의 해석을 무시하고 자신의 감각에 의존하여 일방적으로 해석한다면, 포토보이스 연구가 지향하는 참여자의 주체성 보장과 참여적 행동 연구의 가치를 훼손하는 일이 될 것이다. 연구 참여자가 자신의 사진을 해석하는 과정에서 표현의 세련미 부족 혹은 어휘 사용의 부적절함이 드러날 경우, 연구자는 참여자의 해석에 도움을 제공할 수 있다. 앞서 언급한 두 가지 외에도 포토보이스 연구에서 사용되는 자료 분석방법으로 주제분석, 비교분석, 콜라이찌(Colaizzi) 등의 방법이 활용되는 것으로 나타나고 있다(오영범, 2023c).

진영학과 오영범(2022)이 수행한 「코로나19를 경험하는 초등학생의 감정 탐색」 연구에서 제시된 관념화의 예시를 [그림 8-2]을 통해 확인할 수 있다.

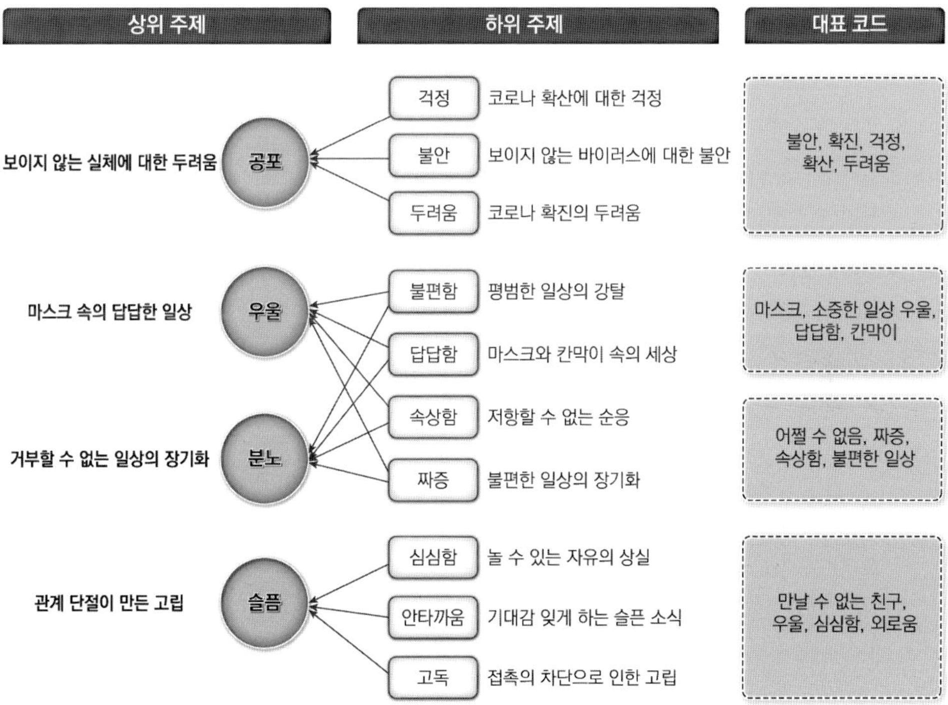

[그림 8-2] 관념화를 통한 의미 도출 과정의 예시(진영학, 오영범, 2022)

발표

포토보이스 연구에서 발표(presentation)는 기존의 질적 연구와 차별화되는 독특한 특징으로 주로 사진을 전시하거나 토론회를 개최하는 방법으로 진행된다(Latz, 2017). 사진 전시회와 토론회를 결합할 수도 있고, 다른 창의적인 방법으로 발표 단계를 구체화할 수도 있다. 발표는 두 가지 측면에서 의미를 가지고 있다.

첫째, 소외된 사람 혹은 주변인이 사회로 진입할 수 있는 통로를 제공하는 역할을 한다(오영범, 2023a; Latz, 2017; Wang & Burris, 1997). 사진 전시회는 사진을 직접 찍은 주인공(연구 참여자)과 일반 대중이 만날 수 있는 유용한 기회이다. 일반 시민이 전시회에 전시된 작품을 보고 작가의 정신, 철학, 의미 등을 파악할 수 있는 것처럼, 포토보이스 연구 참여자들도 사진을 전시함으로써 자신들의 특별한 일상, 주변인으로서의 삶을 시민들에게 알릴 수 있다. 둘째, 사진 전시회나 토론회를 통해 정책 결정자 혹은 공동체에 강한 영향력을 행사하고 있는 사람들과 직접적으로 교류할 수 있는 기회의 장을 마련할 수 있다. 사회에 강한 영향을 미치고 있는 사람들에게 연구 참여자의 목소리를 전달함으로써 공동체 변화를 유도할 수 있다. 또한 사회 변화의 공감대가 형성되면 연대의 힘은 더욱 강해지고 목소리의 힘도 커져서 긍정적인 변화가 가속화될 수 있다.

사진 전시회는 반드시 특정 공간을 마련하여 개별 사진을 보기 좋게 전시할 필요가 없다. Latz(2017)는 포스터, 안내 책자, 웹사이트, 디지털 스토리 등과 같은 다양한 발표 방법을 제시하고 있다. 최근에 보편화된 디지털 매체를 활용하여 온라인 공간에 전시할 수도 있다. 토론 또한 마찬가지다. 사람들이 한데 모인 면대면 공간에서 토론회를 진행하기 어렵다면 온라인 화상 회의 시스템을 활용하여 토론회를 진행하는 융통성을 발휘할 수 있다.

확증

확증(confirmation)은 발표에 참석한 사람의 경험과 감정을 확인하는 단계이다. 사진 전시회나 토론회에 참석한 사람들은 발표를 어떻게 받아들였는지, 포토보이스 연구자와 참여자가 의도한 메시지는 충분히 전달되었는지, 그리고 참석자들은 어떠한 인식을 하였는지 등에 대한 평가가 수반되는 활동이다. 구체적인 평가 방법으로는 설문지를 활용하거나 간단한 면담을 실시할 수 있다. 설문과 면담을 결합하여 더욱 신뢰 있는 평가를 이끌어 낼 수 있다. 또한 연구자는 사진 전시회나 토론회에 참석한 사람들의 반응을 토대로 연구 결과에 대한 확산 방안을 마련할 수 있다.

포토보이스의 타당도

포토보이스는 사진을 활용한 사용자 친숙함(user-friendliness)으로 인해 장기간 현장에 머물며 연구를 수행하는 문화기술적 참여와 몰입을 대신할 수 있는 신속하고 손쉬운 대체물로 인식되면서 연구방법의 엄격함을 상실할 위험성이 내포되어 있다(Gubrium & Harper, 2013). 이러한 이유로 연구의 타당도를 확보하려는 노력이 요구된다. 포토보이스 연구에서 요구되는 타당도 확보 전략으로 오영범(2023b)이 언급한 사진의 현실성 및 진실성, 연구 참여자의 주체성 보장을 중심으로 살펴보고자 한다.

사진의 현실성 및 진실성

오영범(2023b)은 포토보이스 연구의 타당도를 확보할 수 있는 전략으로 현실성과 진실성을 제시하면서 그 개념을 다음과 같이 밝히고 있다.

> 현실성이란 사진을 통해 연구 참여자가 삶을 영위하고 있는 공동체의 현실이 반영되는 정도를 말하고, 진실성이란 사진이 조작되거나 거짓 없이 연구 참여자가 직접 찍은 사진이 사용되었는지를 말하는 것으로 연구의 윤리성과도 연결된다(오영범, 2023b).

현실성은 다시 반영성, 맥락성, 관련성의 세 가지 하위 요소로 구성된다. 또한 진실성은 다시 직접성, 사실성, 윤리성의 세 가지 하위 요소로 구분된다. 연구자는 포토보이스 연구를 수행하는 동안, 현실성과 진실성 관련 질문을 바탕으로 스스로 자문자답하면서 의식적으로 고려할 수 있어야 한다. 또한 연구 참여자들과 토론 혹은 면담 활동을 통해 현실성 및 진실성 관련 질문을 의도적으로 제시할 수 있다. 현실성과 진실성 각 요소에 따른 질문을 바탕으로 5점 리커트 척도를 활용한 설문지를 만들어 활용한다면 타당도 정도를 수량화하여 활용할 수 있다.

〈표 8-3〉 포토보이스에서 사진의 현실성 및 진실성을 파악할 수 있는 질문

범주	요소	관련 질문
현실성	반영성	사진에 연구 참여자의 일상생활이 반영되고 있는가?
	맥락성	사진에 포착된 맥락은 어떠한 문제를 내포하고 있는가?
	관련성	사진 속 장면(문제)은 연구 참여자의 삶과 어떠한 관계가 있는가?
진실성	직접성	연구 참여자가 직접 찍은 사진인가?
	사실성	조작되거나 꾸미지 않은 있는 그대로의 사진인가?
	윤리성	인물이 나오는 경우, 초상권 및 사용에 대한 동의를 구하였는가?

연구 참여자의 주체성 보장

포토보이스 연구의 타당도를 확보할 수 있는 전략으로 연구 참여자의 주체성 보장 정도를 확인하는 것이다. 참여적 행동 연구의 한 형태인 포토보이스는 자발적 의지를 가진 연구 참여자의 능동적인 주체성을 강조한다. 연구 참여에 대한 주체성은 사회 문제에 적극적으로 관심을 기울이고, 문제의 원인이 어디에서 비롯된 것인지 지적 탐구의 과정을 거친다. 문제의식을 가진 개인의 학습이 다른 참여자들과 공유하면서 집단 지식을 형성하고, 다 함께 문제를 해결하기 위해 협력하고 연대한다. 문제 해결의 커다란 동력이 되는 협력과 연대는 사회 변화를 위한 행동을 촉진한다. 이 과정에서 연구자와 참여자들은 연구에 대한 소유권을 공유하고 함께 지식을 만들어 가는 주체로 거듭난다. 결국 지식 생산의 민주화를 창출해 낸다(Kemmis & McTaggart, 2005; Latz, 2017). 이로 인해 포토보이스 연구에서는 참여자들을 연구 문제를 인식하고 사회 변화를 위해 지식을 창출하는 능동적인 존재로 간주한다(Liebenberg, 2018; Sutton-Brown, 2014). 연구 참여자를 연구에 필요한 자료만을 제공하는 수동적인 존재로 인식하지 않는다. 이에 포토보이스 각 단계에서 수행해야 할 과업을 중심으로 참여자의 주체성을 파악하기 위한 질문을 〈표 8-4〉에 제시하였다.

〈표 8-4〉 포토보이스 연구 절차에 따른 연구 참여자의 주체성 확인 사항

단계	관련 질문
모집	• 연구 참여자는 연구에 자발적으로 참여하였는가? • 연구 참여자는 공동체 문제에 대해 정확히 인지하고 있는가?
교육	• 연구 참여자는 전반적인 연구 내용에 대해 숙지하고 있는가? • 연구 참여자는 포토보이스 연구방법이 무엇인지 알고 있는가? • 연구 참여자는 사진 촬영하는 방법을 알고 있는가?
기록	• 연구 참여자는 주어진 과제에 맞는 사진을 촬영하였는가?
서술	• 연구 참여자는 주도적으로 사진에 의미를 부여하였는가? • 연구 참여자는 집단 토론 활동에 적극적으로 참여하였는가?
관념화	• 연구 참여자는 연구자(들)와 협력하여 연구 결과를 도출하였는가? • 연구 참여자의 사진과 목소리가 연구 결과에 잘 반영이 되었는가?
발표	• 연구 참여자는 전시를 통해 그들의 목소리를 알리고 있는가?
확증	• 연구 참여자의 목소리가 사회 변화를 이끌어 냈는가?

참고문헌

김도헌(2016). 교육 분야 질적 연구의 도구로서 사진에 관한 시론적 고찰. **교육인류학연구**, 19(2), 1-35.

오영범(2023a). 포토보이스 연구방법의 이론적 토대 탐색: 개념 및 특징, 이론적 근거, 연구 절차, 타당도를 중심으로. **질적탐구**, 9(1), 1-34.

오영범(2023b). **포토보이스: 사회 변화를 위한 목소리**. 경기: 교육과학사.

오영범(2023c). 국내 교육학 분야의 포토보이스 연구동향. **학습자중심교과교육연구**, 23(9), 731-748.

오영범, 백승미(2024). 육아의 현실에 관한 포토보이스. **학습자중심교과교육연구**, 24(3), 665-687.

오영범, 심석순, 권순애, 장정은, 황현녀, 염동문(2023). 장애인 자립의 현실과 평생교육의 방향에 관한 포토보이스. **질적탐구**, 9(2), 131-164.

진영학, 오영범(2022). 코로나19를 경험하는 초등학생의 감정 탐색: 포토보이스 연구방법을 적용하여. 학습자중심교과교육연구, 22(16), 581-599.

Barthes, R. (1981). *Camera Lucida*. 조광희 역(1998). 카메라 루시다. 경기: 열화당.

Bradbury, H., & Reason, P. (2003). Action research an opportunity for revitalizing research purpose and practices. *Qualitative Social Work, 2*, 155-175.

Collier, J. (1957). Photography in anthropology: A report on two experiments. *American Anthropologist, 59*, 843-859.

Gubrium, A., & Harper, K. (2013). *Participatory visual and digital methods*. Walnut Creek, CA: Left Coast Press.

Harper, D. (2002). Talking about pictures: A case for photo elicitation. *Visual Studies, 171*, 13-26.

Hussey, W. (2006). Slivers of the journey: The use of photovoice and storytelling to examine female to male transsexuals' experience of health care access. *Journal of Homosexuality, 51*(1), 129-158.

Kemmis, S., & McTaggart, R. (2005). Participatory action research: Communicative action and the public sphere. In N. K. Denzin & Y. S. Lincoln (eds.), *The Sage handbook of qualitative research* (3rd ed, pp. 559-603). Thousand Oaks, CA: Sage.

Latz, A. O. (2017). *Photovoice research in education and beyond: A practical guide from theory and exhibition*. 김동렬 역(2018). 포토보이스 연구방법: 참여적 행동연구. 서울: 학지사.

Liebenberg, L. (2018). Thinking critically about photovoice: Achieving empowerment and social change. *International of Qualitative Methods, 17*, 1-9.

Shaffer, R. (1983). *Beyond the dispensary*. Nairobi: AMREF (The African Medical and Research Foundation).

Sutton-Brown, C. A. (2014). Photovoice: A methodological guide. *Photography & Culture, 7*(2), 169-186.

Tsang, K. K. (2020). Photovoice data analysis: Critical approach phenomenological approach, and beyond. *Beijing International Review of Education, 2*, 136–152.

Wang, C. C. (1999). Photovoice: A participatory action research strategy applied to women's health. *Journal of Women's Health, 8*, 185–192.

Wang, C. C., & Burris, M. A. (1994). Empowerment through photo novella: Portraits of participation. *Health Education Quarterly, 21*, 171–186.

Wang, C. C., & Burris, M. A. (1997). Photovoice: Concept, methodology, and use for participatory needs assessment. *Health Education & Behavior, 24*(3), 369–373.

Wang, C. C., Burris, M. A., & Ping, X. Y.(1996). Chinese village women as visual anthropologists: A participatory approach to reaching policymakers. *Soc, Sci, Mde, 42*(10), 1391–1400.

Whyte, W. F., Greenwood, D. J., & Lazes, P. (1991). Participatory action research: Through practice to science in social research. *Participatory Action Research, 32*(5), 19–55.

09

합의적 질적 연구

1 합의적 질적 연구 개관

합의적 질적 연구(Consensual Qualitative Research: CQR)는 다양한 질적 연구방법의 장점을 통합하여 질적 자료를 체계적으로 분석하고 신뢰성 있는 결과를 도출하려는 혁신적인 접근법이다. 질적 연구방법은 연구 질문에 효과적으로 답하기 위해 지속적으로 개발·확장되어 왔으며, 이러한 맥락에서 CQR은 많은 신진 질적 연구자의 신뢰를 얻고 있다.

1) 합의적 질적 연구의 정의와 목적

CQR은 자료 분석의 모든 단계에서 합의(consensus) 과정을 요구하는 질적 연구방법으로, 여러 단계에서의 합의를 통해 신뢰할 수 있는 결과를 도출하고, 궁극적으로는 적용 가능한 이론을 도출하기 위해 개발되었다(Hill, Thompson, & Williams, 1997). 이와 관련하여, Hill 등(2005)은 CQR을 개발한 이유에 대해 다음과 같이 설명한 바 있다.

> 기존의 질적 연구방법들은 여러 유용한 특징을 가지고 있지만, 설명이 모호하고 이해하기 어려우며 실행하기도 어려웠다. 따라서 우리는 기존 방법들의 장점을 통합하면서도 배우기 쉽고 엄격한 연구방법을 개발하고자 했고, 그 결과 CQR이 탄생했다(Hill et al., 2005, p. 196).

Hill 등(2005)은 CQR이 새로운 질적 연구방법으로서 효과적으로 사용되고 있는지를 평가하기 위해 27편의 연구 논문을 검토하였다. 이를 통해 CQR의 철학적 기반과 핵심 구성요소를 공고히 하는 동시에, CQR이 인간의 내적 경험, 태도, 신념 등 수치화하기 어려운 현상을 탐구하는 데 유용한 방법임을 재확인하였다. CQR은 주로 사회과학 분야에서 활용되며, 귀납적 접근을 통해 참여자들의 경험과 관점을 심층적으로 탐구하는 데 유용하다. 특히 개인의 내면적 경험이나 신념처럼 풍부한 서술이 필요한 현상을 연구하는 데 적합하다고 보고되고 있다(Hill et al., 2005).

2) 합의적 질적 연구의 철학적 배경

CQR은 다양한 연구방법들의 관점과 특징을 통합하는 실용주의적 입장을 가진다(Gazzola, De Stefano, Thériault, & Audet, 2014; Hill, Thompson, & Williams, 1997). CQR은 현상학적 연구(phenomenological research)와 근거이론(grounded theory)의 요소뿐만 아니라 일부 후기실증주의(post-positivism)적 특성도 가지고 있다. CQR은 자료를 수집할 때 개방형 질문을 사용하고, 언어로 현상을 기술하며, 소수의 사례를 바탕으로 사회적 맥락 안에서 귀납적으로 자료를 분석하는 질적 연구의 보편적 특징을 가지고 있다(Kim, 2016). 동시에, 여러 명의 합의에 기반해 결론을 도출하고, 외부 감수자와의 합의 절차를 통해 결과의 객관성을 확보하기 위해 연구 절차를 표준화하려는 양적 연구 요소도 부분적으로 가지고 있다. 이와 관련하여, Hill 등(2005)은 CQR의 철학적 입장이 주로 구성주의적이지만 일부 후기실증주의적 특징도 포함한다고 설명하면서, CQR의 철학적 배경을 Ponterotto(2005)가 제시한 연구 패러다임의 다섯 가지 개념(존재론, 인식론, 가치론, 수사구조, 방법론)으로 정리하여 제시하였다.

(1) 존재론(ontology, 실재의 본질)

CQR은 다중적이고 주관적인 진실이 존재하며, 사람들 간의 공유된 경험이 존재한다는 관점을 가진다(Wang & Heppner, 2011). 즉, 하나의 현상에 대해 여러 가지 현실이 공존할 수 있음을 전제로 하는데, 이는 곧 CQR이 가지는 구성주의적 면모이다.

(2) 인식론(epistemology, 연구자와 참여자의 관계)

CQR은 연구자와 참여자가 상호적으로 영향을 주고받음을 인정하며, 이러한 상호작용 속에서 지식이 공동으로 구성된다고 보는 구성주의적 관점을 취한다. 이때에 연구자는 참여자의 입장에서 신뢰할 만한 보고자(trustworthy reporter)의 역할을 수행하고자 노력한다. 이와 같이 CQR은 해석학적 구성주의를 따르면서도 동시에 일부 후기실증주의적 요소를 포함한다(Hill et al., 2005).

(3) 가치론(axiology, 연구자의 가치와 역할)

CQR은 연구자의 개인적 가치나 편향이 연구에 영향을 미칠 수 있음을 인정하되, 이러한 영향력을 최소화하려고 노력한다. 연구자는 자신의 편향을 인식하고 공개하며, 그것이 연구 결과에 미친 영향을 기술해야 한다. 또한 연구의 결과를 제시할 때 연구자의 해석보다는 참여자의 원 진술, 즉 원 자료에 가까운 형태로 기술하도록 독려되는데, 이는 객관성을 중시하는 후기실증주의적 면모라 할 수 있다(DiGiorgio et al., 2004; Hill et al., 2005).

(4) 수사 구조(rhetorical structure, 연구 보고 방식)

CQR에서 연구 결과는 제3자의 관점에서 기술되고, 과도한 해석보다는 원 자료에 가까운 형태로 보고된다. 이는 연구자가 자신의 주장보다는 자료 자체에 충실하도록 하는 실증주의적 특징이다(Hill et al., 2005).

(5) 방법론(methods, 연구 결과 분석 방식)

CQR의 자료 수집은 자연주의적인 환경에서 이루어지며, 자료 분석은 해석적이고 질적인 과정을 따른다(Wang & Heppner, 2011). 즉, 인위적 실험 상황보다는 실제 맥락에서 자료를 수집하고, 숫자보다는 언어를 통한 의미 분석에 중점을 둔다.

요컨대, CQR은 구성주의나 실증주의 양측의 철학을 절충하는 실용적 입장을 취한다(Kim, 2016). CQR의 철학은 절대적 진리가 존재하지는 않지만, 연구팀의 합의를 통해 비교적 객관적이고 신뢰할 수 있는 지식을 도출할 수 있다는 믿음에 기반하는데, 이러한 실용적 철학은 질적연구 특유의 풍부함을 유지하면서도 결과의 신뢰성을 확보하는 토대가 된다. 또한 기존의 질적 연구방법과 CQR을 구별 짓는 중요한 특징이 된다(Hill et al., 2005).

3) 합의적 질적 연구의 핵심 요소

CQR을 구성하는 필수 요소는 다음과 같다(De Stefano, Mann-Feder, & Gazzola, 2010; Hill, 2012; Hill et al., 2005; Hill & Knox, 2021; Hill, Thompson, & Williams, 1997).

① 반구조화된 개방형 질문을 사용한 자료 수집

면담 질문은 반구조화(semi-structured), 반개방형으로 설정되어 참여자들이 맥락에서 크게 벗어나지 않고 자신의 경험을 자유롭게 표현할 수 있도록 한다.

② 소규모의 참여자 표집

CQR은 비교적 적은 수의 참여자로부터 심층적인 자료를 수집한다. CQR에서 적정 참여자 수에 대한 권장사항은 시간에 따라 다소 변경되어 왔다. Hill 등(2005)은 동질의 경험을 가진 참여자 8~15명을 제시하였으나, Hill(2012)은 참여자들의 경험이 매우 동질적일 경우, 최소 2인까지도 가능하다고 밝혔다. 최근 Hill과 Knox(2021)는 참여자 경험의 동질성 여부에 따라 표집 규모를 달리 권장하는데, 경험이 동질적일 경우에는 13~15명, 참여자 내 하위 집단이 존재할 가능성이 있는 경우에는 15~19명을 표집하도록 제안하였다.

③ 언어를 기반으로 하는 자료 수집

CQR은 숫자가 아닌 언어적 표현으로 된 자료를 수집하고 분석한다. 주로 심층면담을 통해 자료를 얻지만, 필요한 경우 참여자들이 작성한 저널이나 일지 등의 텍스트 자료도 활용할 수 있다. 따라서 참여자가 사용한 언어 표현 하나하나를 중요한 자료로 간주한다.

④ 자료 분석에서의 맥락적 고려

자료를 해석할 때 참여자가 처한 상황과 맥락을 충분히 고려한다. 즉, 개별 진술이나 행동을 그 사람이 처한 사회문화적 맥락 속에서 이해하려는 노력을 강조한다(Hill, 2012).

⑤ 다양한 관점이 통합된 결과 도출

연구팀에는 연구자를 포함하여 최소 3인 이상으로 구성된 평정팀과 1인 이상의 외부 감수자가 포함됨으로써 서로 다른 관점이 분석에 반영된다(Hill et al., 2005). 합의 과정에서는 팀원 간 상호 존중과 동등한 참여와 권한(power)의 공유가 요구되는데, 예를 들어, 연구팀은 교수와 대학원생 간의 위계 관계와 같은 팀 내 사회적 권력의 불균형을 인식하고 완화하도록 노력해야 하며, 이러한 노력은 다양한 관점이 통합된 결과를 도출되는 중요한 기반이 된다.

⑥ 도메인, 핵심 개념, 교차분석을 활용한 체계적인 자료 분석과 결과의 재현 가능성

CQR은 도메인(domain), 핵심 개념(core idea), 교차분석(cross-analysis) 등 일련의 체계적인 자료 분석 단계를 통해 진행된다. 이와 같은 절차의 엄격성은 다른 연구자들이 유사한 연구를 수행했을 경우에 비슷한 결과를 도출할 수 있도록 하는 재현 가능성을 높인다. 이는 CQR의 후기실증주의적 요소 중 하나로, Hill 등(2005)은 이를 작은 범위에서의 일반화(small generalization)라고 설명하였다.

요컨대, CQR은 1997년 Hill 등에 의해 처음 개발된 이후 다양한 분야의 질적 연구에 활용되어 왔다. CQR의 핵심 구성 요소와 철학적 토대는 Hill과 동료들(2005), Hill(2012), Hill과 Knox(2021) 등의 지침에 따라 더욱 명확해졌으며, 최근에는 CQR의 변형들도 제시됨에 따라 그 연구 적용 범위가 한층 확대되었다.

4) 합의적 질적 연구의 절차

Hill과 Knox(2021)가 제시한 CQR의 주요 절차는 다음과 같다. ① 연구 주제 정하기,

② 문헌 고찰하기, ③ 구체적인 연구 문제 구성하기, ④ 연구팀 구성 및 외부 감수자 선정하기, ⑤ 면담 질문 구성 및 면담자 훈련하기, ⑥ 면담을 통한 자료 수집하기, ⑦ 자료 분석 및 결과 도출하기, ⑧ 연구 결과 보고 및 논의 기술하기 등이다. 이 절차 중에서도 CQR의 핵심 요소이자 다른 질적 연구방법들과 차별화되는 단계는 연구팀 구성 및 외부 감수자 선정하기 단계, 그리고 자료 분석 및 결과 도출하기 단계이다.

일반적으로 연구팀 구성 및 외부 감수자 선정하기 단계에서는 최소 3명 이상의 평정팀을 구성하고 1명 이상의 외부 감수자를 포함할 것이 권장된다(Hill et al., 2005). 그리고 자료 분석 및 결과 도출하기 단계는 크게 '사례 내 분석(analyzing within cases)'과 '사례 간 분석(analyzing across cases)'으로 구분된다(Hill & Knox, 2021). 사례 내 분석은 각 사례에 대해 개별적인 도메인 분석과 핵심 개념 도출, 그리고 외부 감수 과정을 거치는 것을 의미한다. 사례 간 분석은 모든 사례를 종합하여 교차분석을 수행하는 단계이다. 일반적으로 사례 내 분석을 먼저 수행한 뒤 사례 간 분석을 진행하며, 사례 간 분석 결과에 따라 필요한 경우 다시 사례 내 분석으로 돌아가 추가 분석을 실시하기도 한다. 결과 도출 과정을 세 단계로 설명하자면, ① 평정팀 합의를 통해 각 참여자의 진술을 주요 주제별 도메인으로 분류하고, ② 각 도메인 내 진술의 요지를 핵심 개념으로 요약한다. 이후 ③ 모든 사례의 도메인과 핵심 개념을 종합하여 범주를 도출하고, ④ 각 범주의 출현 빈도를 바탕으로 해당 범주를 일반적 · 전형적 · 변동적 범주로 분류하여 보고한다.

5) 합의적 질적 연구의 확장과 변형

CQR은 본래 심리학 및 상담심리학 분야에서 소규모 표본을 대상으로 하는 심층적 연구에 적합한 방식으로 설계되었지만, 2012년에 이 한계를 보완 · 확장한 변형 방법론들도 제시되었다. 그 대표적인 예가 합의적 질적 연구-내용분석판(Consensual Qualitative Research-Content Analysis: CQR-C)과 합의적 질적 연구-변형판(Consensual Qualitative Research-Modified: CQR-M)이다(Hill, 2012). 이 두 변형은 CQR의 철학과 기본 원칙(평정, 합의, 감수, 교차분석 등)을 그대로 유지하면서, 연구 목적과 데이터 특성에 따라 일부 절차를 수정한 것이다. CQR-C는 단일 사례연구나 사례별 심층 분석을 위해 제안된 변형이고, CQR-M은 대규모 참여자들의 비교적 짧고 간단한 질적 응답들을 분석하기 위해 개발된 변형이다.

(1) 합의적 질적 연구-내용분석판(CQR-C)

CQR-C는 CQR의 원리를 개별 사례의 심층적 고찰에 적용하기 위해 개발되었다. 전통적 CQR이 여러 사례 간에 공유되는 공통 경험을 도출하는 데 초점을 두는 반면, CQR-C는 하나의 사례 안에서 시간에 따른 변화나 반복 패턴을 분석하는 데 초점을 둔다(Hill, 2012). 즉, 단일 사례의 종단적 자료나 반복 면담 자료를 분석하기에 적합한 방식이다. CQR-C에서는 한 사례의 여러 시점을 각각 하나의 사례로 간주하여 교차분석을 수행함으로써 시간 경과에 따른 반복적인 패턴을 도출할 수 있다(Jackson, Chui, & Hill, 2012). CQR-C의 절차는 기본 CQR과 유사하게 도메인 분석, 핵심 개념 추출, 교차분석의 단계로 구성되지만, CQR-C의 목적은 이론의 도출보다는 특정 사례에 대한 심층적 이해에 있으므로, 교차분석 단계에서 범주의 빈도를 일반적·전형적·변동적으로 분류하지 않는다(Hill, 2012). CQR-C는 단일 사례에 대한 깊이 있는 이해를 가능케 하며, 기존의 질적 사례연구에 CQR 특유의 체계성과 타당성 검증 절차를 도입한 새로운 방법론이다.

(2) 합의적 질적 연구-변형판(CQR-M)

CQR-M은 참여자 수가 많고 자료의 내용이 비교적 짧은 경우에 유용한 CQR의 변형이다. 예를 들어, 수십 명에서 수백 명이 응답한 설문지의 개방형 문항에 대한 짧은 텍스트 답변들을 분석할 때 CQR-M을 사용하는 것이 효과적이다(Hill, 2012). CQR-M의 절차는 기본적으로 CQR의 틀을 따르면서도 몇 가지 변형적 요소들을 가진다(Hill & Knox, 2021). 첫째, CQR-M에서는 핵심 개념 추출 단계가 생략된다. 자료 자체가 비교적 짧고 명료하기 때문에 굳이 진술을 핵심 개념으로 요약하지 않고 바로 범주화하는 것이다. 둘째, CQR-M에서는 각 범주의 출현 빈도를 비율 또는 구체적인 빈도수로 보고하도록 권장한다. 예를 들어, 전체 100명 중 46명에게서 나타난 범주라면 '해당 범주는 46명(46%)에게서 나타났다.'와 같이 있는 그대로의 빈도와 비율을 제시한다. 셋째, 참여자가 매우 많은 경우, 합의를 도출하는 과정의 어려움을 완화하기 위해 CQR-M에서는 2인 이상의 평정자와 1인의 감수자를 최소 구성으로 하되, 필요하면 평정팀을 2개 이상 만들어 각 팀이 자료의 일부를 병렬적으로 평정하고 그 결과를 종합하는 것도 가능하다. 그러나 결과 도출의 모든 과정은 합의적이어야 한다는 원칙에는 변함이 없다. 요컨대, CQR-M은 대규모 및 단순한 질적 자료 분석에 CQR의 체계를 적용한 새로운 방법으로, 질적 문항·내용 분석이나 혼합방법 연구 등에 유용한 도구가 된다(Hill, 2011; Hill & Knox, 2021).

CQR-C과 CQR-M은 CQR의 유용성을 확장했다는 점에서 중요한 의미를 가지며, 연구자는 연구의 질문과 자료의 성격에 따라 CQR의 기본형과 두 가지 변형 기법 중 가장 적합한 방법을 선택하여 활용할 수 있다. 예를 들어, 학교 현장에서 고찰하려는 특수한 사례들은 CQR-C로 분석하고 대규모 참여자를 대상으로 하는 설문의 질적 응답은 CQR-M으로 분석할 수 있다. 그리고 이 두 결과를 종합하여 이론을 도출하고 보고할 수도 있다. 이와 같이, CQR, CQR-C, 그리고 CQR-M은 상보적인 역할을 할 수 있다.

결론적으로, CQR은 질적 연구의 신뢰성과 타당성을 높이려는 노력의 산물로서, 체계적 합의 절차와 다각적 검증을 통해 풍부하면서도 신뢰할 수 있는 연구 결과를 도출하기에 유용한 질적 연구방법이다. CQR은 여러 분야의 연구에서 그 유용성이 입증되어 왔다. 또한 Hill을 선두로 여러 연구자의 지속적인 개선 노력에 따라, CQR의 철학과 절차는 더욱 명료하고 정교해졌으며, 새로운 변형들로 확장되어 왔다. 구성주의와 후기실증주의적 요소를 접목한 실용적인 방법론인 CQR은 자료 분석의 전 과정에 여러 평정자가 참여하여 합의를 통해 귀납적으로 결과를 도출하며, 감수자의 활용을 통해 연구 결과의 타당성과 신뢰성을 확보하는 체계적인 질적 방법론이다.

2 합의적 질적 연구 주요 용어 해설

합의consensus

CQR에서 가장 핵심적인 개념으로, 최소 3인 이상의 연구자로 구성된 평정팀이 자료 분석 과정에서 하나의 결론에 도달하는 과정을 말한다(Hill, 2012; Hill et al., 2005; Hill & Knox, 2021). 이 과정에는 크게 두 가지 방법이 있는데(Hill et al., 2005), 먼저 각 연구자가 개별적으로 자료를 검토하고 평정한 뒤, 평정 결과에 대해 팀원 모두가 동의할 때까지 서로가 가진 이견에 대해 토론하는 방법이다. 또 하나는 처음부터 평정팀이 다 함께 자료를 검토하고 평정하면서 이견에 대해 토론하고 합의해 가는 방법이다.

합의 과정에서 평정팀은 서로의 다양한 관점을 공유하고 소수 의견까지 반영함으로써 최종 결과의 풍부함을 높인다(Hill & Knox, 2021). 합의는 자료 분석의 모든 단계에서 평정팀이 만장일치의 동의에 이르는 과정이므로, 이 과정은 팀원들의 의사소통 능력, 상호존중, 동등한 참여, 권한의 공유 그리고 종종 인내심을 필요로 한다(Hill, Thompson, & Williams, 1997). 즉, 합의에 있어 모든 팀원이 동등한 발언권을 가지고 적극적으로 토론에 참여하며, 최종 합의는 다수결이 아닌 전원의 동의로 이루어진다. 이러한 합의 과정은 다수의 평정자가 공동으로 결과를 도출하는 과정이므로, 자료 분석의 타당성과 연구결과의 신뢰성을 확보하는 핵심 메커니즘이다(Hill et al., 2005).

합의 과정에서 유의할 점도 있다. 먼저, 평정팀은 사회적 권력관계로 인한 특정 평정자의 주도성이나 영향력 행사로 인한 집단사고(groupthink)의 발생을 방지해야 한다(Hill et al., 2005). 그 대책 중 하나는 평정 과정에서 발언 순서를 교대로 변경하여 동일인이 언제나 우선권을 갖지 않고 모든 팀원이 평등한 참여를 보장받도록 하는 것이다. 그리고 각 연구자의 고유한 편견이나 고정관념이 합의 과정을 불필요하게 지연시키는 것을 방지해야 한다. 이를 위하여 평정팀은 자료를 분석하기에 앞서 각자의 신념, 기대, 편견 등을 서로 나누고 이들이 자료 분석에 미칠 수 있는 영향에 대해 충분히 토론할 수 있다(Hill et al., 2005). 또한 합의를 도출하는 과정은 많은 시간, 노력 그리고 인내를 요구한다. 의견의 불일치가 해소되지 않아 합의에 진전이 보이지 않는 경우, 평정자들은 언제나 원 자료로 돌아가 참여자의 실제 진술과 그 맥락을 함께 검토함으로써 개인의 해석이나 의견이 아닌 원 자료 자체가 합의를 이끌도록 해야 한다(Hill et al., 2005; Hill, Thompson, & Williams, 1997). 또한 감수자를 활용하여 중립적인 조언을 구하는 것도 한 방법이 된다.

평정judging/rating

합의에 앞서 평정자가 자료를 분석하고 코딩하는 과정이다. 이는 자료 분석의 가장 초기 단계로, 평정자는 면담의 전사 자료를 반복해서 주의 깊게 읽으면서 중요한 진술들을 분석하고 의미를 추출한다(Hill, 2012). CQR에서는 평정을 최소 3인 이상이 팀을 이루어 시행하도록 권장하는데, 이는 연구 결과의 신뢰성을 확보하는 중요한 장치이다(Schlosser, Knox, Moskovitz, & Hill, 2003). 평정 과정에서 각 평정자가 독립적으로 자료를 분석하여 평정을 시행한 뒤 팀으로 모여 서로의 평정을 바탕으로 논의하면서 합의된 결과를 도출할 수도 있고, 처음부터 평정팀이 함께 평정하며 합의를 도출할 수도 있다. 그러나 평정자 각자가 개별적으로 자료에 대해 평정한 뒤에 이를 종합하여 합의를 도출하는 것이 통상적이다(Hill et al., 2005).

평정과정은 도메인 평정에서 출발하는데, 이때 평정팀은 면담 질문을 바탕으로 도메인에 대한 대략적인 틀을 가지고 평정을 시작할 수도 있고, 아무런 틀 없이 시작할 수도 있다(Hill et al., 2005). 예를 들어, 면담 질문이 10개였다면, 평정팀은 이에 해당하는 10개의 도메인을 염두에 두고 평정을 시작할 수 있다. 도메인에 대한 합의가 이루어지면 핵심 개념 도출 단계로 넘어가며, 단계마다 감수자의 피드백을 받게 된다.

평정 과정에서 가장 중요하게 고려해야 하는 것은 객관성과 신뢰성인데, 이는 엄격한 평정 절차 준수와 합의, 평정자들의 편견과 가치편향에 대한 통찰, 그리고 평정자들 간의 권력 차이에 대한 대처를 통해 확보될 수 있다(Hill, 2012; Hill et al., 2005). 또한 평정자들 간의 합의와 감수 과정이 평정의 신뢰성을 더욱 공고히 한다(Hill, Thompson, & Williams, 1997).

감수auditing

평정팀에 속하지 않는 외부 전문가가 평정팀의 분석 과정과 결과를 검토하고 피드백을 제공하는 절차를 말한다(Hill et al., 2005). CQR에서는 방법론에 익숙한 최소 한 명의 감수자(auditor)가 요구되는데(Hill & Knox, 2021), 가장 흔한 감수자는 지도교수 또는 동료 학자이다. 감수자는 연구팀과 원만한 소통 관계를 가져야 하며 전문성 면에서 평정팀이 신뢰할 수 있는 사람이어야 한다. 감수자는 도메인, 핵심 개념, 교차분석 등 모든 평정 과정에서의 결과물을 검토하게 되는데, 평정팀이 미처 생각하지 못했던 편향을 지적할 수도 있고, 평정 절차에 대해 조언할 수도 있으며, 합의에 어려움을 겪을 때 이견을 중재하기도 한다. 감수는 평정팀의 집단사고(groupthink)를 방지하고, 분석 결과의 신뢰성과 타당성을 높이는 장치이며, 감수자의 핵심 역할은 평정 결과가 원 사료의 모든 중요한 내용을 충실히 반영하였는지를 확인하는 것이다(Hill et al., 2005).

감수자의 피드백은 서면, 줌(Zoom) 같은 온라인 또는 대면 방식으로 전달될 수 있는데, 중요한 점은 감수자의 피드백일지라도 평정팀이 이를 무조건적으로 받아들이는 것이 아니라 합의적으로 받아들여 평정을 수정하거나 재조정한다는 것이다(Hill et al., 2005). 즉, 평정팀은 감수자의 피드백을 수용할지의 여부에 대해서도 합의하는데, 만약 감수자의 피드백에 대하여 합의적으로 동의하지 않을 경우에는 이에 대한 이유를 논문의 절차 부분에서 언급하도록 한다(Hill & Knox, 2021).

도메인domain

CQR 자료 분석의 기본 단위로, 자료를 주제나 내용에 따라 분류한 상위 범주를 의미한다. 예를 들어, 음악치료사의 이직 경험을 연구한다면 '근무 환경' '소진' '동료 관계' 등이 도메인이 될 수 있다. CQR에서는 평정팀이 한두 개의 사례를 검토하면서 귀납적으로 도메인 목록을 만들기도 하고 연구 질문이나 면담 질문을 바탕으로 대략적 도메인 목록을 가지고 평정을 시작하기도 한다(Hill et al., 2005). 통상적으로 도메인은 연구 질문과 거의 부합하지만, 평정 과정에서 새로운 도메인이 추가되거나 복수의 도메인이 하나로 통합되기도 한다. 이와 관련하여 다수의 CQR 연구에서는 평정팀이 첫 번째 인터뷰 자료를 코딩하며 도메인 목록을 만든 후, 추가 자료를 분석하면서 필요에 따라 도메인 목록을 수정해 나가는 방식으로 도메인 분석이 진행되었다(Hill et al., 2005). 즉, 처음에는 연구 질문, 면담 질문, 또는 첫 사례를 바탕으로 예상 범주를 만들어 사용하지만, 자료를 검토해 나가는 과정에서 새로운 도메인을 추가하거나 불필요한 도메인을 다른 도메인과 통합하기도 하는 것이다. 평정팀은 자료를 반복적으로 읽어 나가며 중요한 진술들을 도메인에 할당하는데, 이 과정을 도메인 분석이라고 한다(Hill & Knox, 2021).

도메인은 자료 분석에 있어 기본적 틀이 되므로, 이후 진행되는 핵심 개념 코딩과 교차분석은 도메인 틀 안에서 이뤄진다. 평정팀은 원 자료를 반복적으로 검토하면서 각 도메인이 자료의 내용과 본질을 잘 담아내는지를 확인한다. 그리고 합의를 통해 도메인을 코딩한다. 이후, 감수자의 피드백을 거쳐 최종 도메인을 확정하고, 이를 바탕으로 핵심 개념 추출과 교차분석을 시행한다(Hill et al., 2005).

핵심 개념core idea

참여자 진술에서 핵심적인 의미를 간결하게 추출한 요약을 뜻한다(Hill, 2012; Hill & Knox, 2021). 예를 들어, 음악치료사의 이직경험에 대한 면담 자료에서 동료관계에 관한 중요한 진술의 핵심을 '동료와의 불편한 관계가 이직의 가장 큰 이유가 됨'과 같이 요약하는 것이다. 핵심 개념을 추출할 때에는 참여자의 표현을 최대한 있는 그대로 유지하면서 그 핵심을 요약하는 것이 중요하다(Hill et al., 2005). 즉, 핵심 개념화는 참여자의 진술을 명료화하는 작업으로, 각 도메인 안에서 자료의 핵심적 요지를 추출하는 것이다. 원 자료의 방대한 내용을 핵심 개념화하는 과정은 다음 분석 절차인 교차분석을 용이하게 한다.

핵심 개념을 추출할 때에는 자료의 요약과 해석을 구분하여 불필요한 해석을 지양하는 것이 중요하다(Hill et al., 2005). 이를 위하여 평정팀은 참여자의 언어적 표현을 최대한 살려서 핵심 개념을 추출하도록 노력해야 한다. 또한 너무 긴 문장이나 여러 진술이 합쳐진 문장은 지양하고 군더더기 없이 핵심만을 추려 간결하게 요약하려고 노력해야 한다. CQR에서는 핵심 개념 추출 과정에서도 평정팀의 합의가 필수적이다(Hill & Knox, 2021). 팀원들은 참여자 진술에 대한 각자의 요약을 비교 검토하면서 합의적으로 핵심 개념을 추출하며, 이에 대하여 감수자는 추출된 핵심 개념이 원 자료를 충실히 반영하고 있는가를 검토하고 피드백을 제공한다.

교차분석cross-analysis

각 사례에서 추출된 핵심 개념들이 전체 참여자들 사이에서 어느 정도 공유되는가를 분석하는 과정이다(Hill, Thompson, & Williams, 1997). 교차분석은 사례 내 분석을 넘어 사례 간 공통된 패턴과 주제를 도출하는 CQR의 최종 필수 단계로, 각 사례의 도메인에 따라 핵심 개념들이 추출되면, 평정팀은 이를 종합하여 전체 사례에서 공통적으로 나타나는 핵심 개념들을 묶어 범주(category)를 만든다. 요컨대, 교차분석은 여러 사례에서 공통적으로 나타나는 범주들을 찾아내어 분석하는 것이다(Hill et al., 2005). 따라서 여기에서 말하는 범주는 도메인을 구성하는 하위 유형으로, 여러 사례에서 공유되는 경험을 의미한다. 예를 들어, '근무 환경' 도메인에서 참여자들이 공통적으로 언급한 핵심 내용들이 있다면 그것을 하나의 범주로 명명할 수 있다. 범주가 형성된 후에는 각 범주가 전체 사례 중 몇 사례에서 나타났는지, 즉, 전체 사례에서 나타나는 범주의 빈도(frequency)를 집계한다. 그리고 이를 일반적(general) · 전형적(typical) · 변동적(variant)으로 분류한다(Hill et al., 2005). 이러한 빈도 평정은 해당 주제가 사례 간 얼마나 공유되는가를 나타내며, 각 범주의 중요도를 직관적으로 보여 준다. CQR의 고유한 빈도 분류 체계는 준통계(quasi-statistics)적인 방법으로, CQR 연구의 타당성과 투명성을 높이는 역할을 한다(Hill, Thompson, & Williams, 1997).

CQR의 교차분석은 개별 사례의 고유하고 독특한 경험뿐만 아니라 전체 사례에서 공유되는 경험들에 대한 통찰을 종합하는 최종 결과 도출 단계로, CQR 결과 분석의 핵심 중 핵심이라 할 수 있다. 이처럼 중요한 교차분석의 결과에 대한 타당성과 신뢰성은 평정자들의 합의, 감수 그리고 참여자의 진술에 기반한 결과 보고를 통해 확보된다(Hill et al., 2005). 먼저, 평정자들은 교차분석의 모든 단계에서 합의를 거쳐 결과를 도출하고, 감수자는 각 도메인에 해당하는 범주와 각 범주에 해당하는 핵심 개념들이 잘 평정되었는가를 검토한 후에 필요한 수정보완을 제안한다. 그리고 감수자의 피드백에 대하여 평정팀은 합의를 통해 최종 교차분석 결과를 도출한다. 연구자는 교차분석의 결과를 보고할 때 각 범주에 해당하는 참여자의 대표 진술을 기술함으로써, 결과의 타당성과 신뢰성을 제시한다(Hill & Knox, 2021).

CQR이 처음 개발되었을 당시에는 일부 사례를 남겨 두고 1차 교차분석을 실시한 후, 남겨 두었던 사례들을 더해 2차 교차분석을 실시하여 결과의 신뢰성을 확인하도록 하는 '안정성 확인(stability check)' 절차가 권유되었지만(Hill, Thompson, & Williams, 1997), CQR 방법론에 대한 수정보완을 제시한 Hill 등(2005)은 연구의 전 과정에서 신뢰성을 확보하는 절차를 충분히 준수하고 보고한다면 안정성 확인이 반드시 필요하지 않다고 확인한 바 있다. 따라서 최근의 CQR 연구들은 안정성 확인의 단계를 생략하는 추세이다.

〈표 9-1〉 교차분석 예시: 심리치료 전문가들의 훈련 과정 경험에 대한 합의적 질적 연구

도메인	카테고리	핵심 개념	빈도(n/N)
훈련 과정에서 경험한 저항	훈련가와 집단원에 대한 신뢰 문제	훈련가와 집단원들이 얼마나 나를 잘 이해하고 받아들여 줄 것인가를 확인하는 데 시간이 걸림	일반적(8/9)
	자기 개방에 대한 두려움	나의 부족함이나 이슈에 대해 집단 안에서 개방하고 다루는 것이 두려웠음	전형적(7/9)
	능력에 대한 평가 불안	훈련가와 집단원들이 나의 전문성을 어떻게 평가할지 걱정되었음	전형적(6/9)
	훈련 과정에 대한 양가 감정	훈련 과정에서의 새로운 경험에 대해 설레면서도 불안했음	변동적(3/9)

일반적 범주general category

모든 사례 또는 한 사례를 제외한 모든 사례에서 공통적으로 나타난 범주를 의미한다(Hill et al., 2005). 예를 들어, 15명의 참여자 중 14~15명이 공통적으로 진술한 경험이 있다면, 이는 일반적 범주로 분류된다. 일반적 범주는 연구하는 현상을 설명하는 가장 중요하고 핵심적인 경험이라 할 수 있으므로, 결과 해석 시에도 우선적으로 논의된다. 일반적으로 분류된 범주들을 보고할 때에는 구체적으로 'n/N명에게서 나타남'과 같은 형태로 사례 수를 병기하여 그 객관적 비중을 밝혀 주는 것이 바람직하다(Hill and Knox, 2021). 예를 들어, 15개의 사례 중 14개의 사례에서 공유된 경험이라면, '일반적(14/15)'으로 표기한다.

특정 현상을 구성하는 일반적 경험을 도출하고 이를 바탕으로 이론을 제시하고자 하는 CQR에서는 일반적 범주가 차지하는 중요성이 크다. 그런 만큼, 평정팀은 일반적으로 분류되는 범주들에 대하여 그 맥락을 살펴 범주화에 문제가 없는지 재확인하는 것이 필요하다. 만약, 일반적 범주가 전형적 · 변동적 범주에 비해 너무 많이 도출되는 경우, 평정팀은 이질적인 경험들이 하나의 범주로 묶여 있는 것은 아닌지 의심해 보아야 한다. 반대로, 일반적 범주가 너무 적은 경우에는 동질한 경험들이 이질적인 경험들로 잘못 분석된 것은 아닌지 재고해야 한다. 경험적으로 보았을 때, 하나의 도메인에 일반적 · 전형적 · 변동적 범주들이 골고루 분포하는 것이 이상적이다.

전형적 범주typical category

총 사례의 절반 이상에서 나타나지만 일반적 범주보다는 낮은 빈도로 나타나는 범주를 말한다(Hill et al., 2005). 예를 들어, 총 15인의 참여자들 중 8~13명의 사례에서 공유되는 범주를 전형적이라 분류한다. 절반 이상의 사례에서 공유되는 경험이므로 전형적 범주는 일반적 범주와 함께 다수의 참여자가 공통으로 경험하는 유의미한 현상으로 간주된다(Hill & Knox, 2021). 전형적 범주와 일반적 범주와의 차이는 빈도의 차이이며, 이를 질적인 차이로 해석하기에는 무리가 있다. 즉, 전형적 범주가 일반적 범주에 비해 덜 중요한 경험은 아니며, 오히려 일반적 범주와는 달리 거의 모든 사례에서 나타나지 않는다는 점에서, 현상의 다양성을 보여 주는 역할을 한다(Hill et al., 2005). 이와 관련하여, 연구자가 전형적 범주에 대해 논할 때, 왜 해당 범주가 모든 참여자에게서 공유되지 않는 것인가에 대해 탐색한다면 독자들에게 흥미로운 논점을 제시할 수 있다.

전형적 범주에 대해 언급할 때에도 빈도수(n/N)를 밝힐 것이 권장된다(Hill et al., 2005). 예를 들어, 총 15명의 참여자를 대상으로 하는 연구에서 9명의 참여자가 공통적으로 경험한 현상을 나타내는 범주라면 '전형적(9/15)'이라 표기한다. 같은 전형적 범주라 하더라도 총 15개 사례 중 9개 사례가 공유한 경험과 13개 사례가 공유한 경험이 가지는 의미가 다를 수도 있기 때문이다. 사례들이 공통적으로 경험하는 현상들을 바탕으로 적용 가능한 이론을 도출하고자 하는 CQR에서는 전형적 범주들이 일반적 범주와 함께 중요한 위치를 차지한다. 이와 관련하여 Hill, Thompson과 Williams(1997)는 CQR 연구를 보고할 때 일반적·전형적으로 분류되는 범주들을 주로 다루도록 권장하였다.

변동적 범주variant category

전형적 범주에 비해 빈도가 낮은 범주를 말하며, 2개 이상의 사례에서 공통으로 나타나지만 과반수에는 못 미치는 범주가 이에 속한다(Hill et al., 2005). 예를 들어, 총 15명의 참여자들 중 2~7명의 사례에서 공통적으로 나타나는 범주를 변동적 범주라고 하는데, 일반적·전형적 범주에 비해 상대적으로 덜 공유되는 경험을 뜻한다. 그러나 변동적 범주들은 경험의 다양성을 반영하는 가치를 가지며, 이는 소수의 사례라도 그 경험이 가지는 가치를 존중해야 한다는 질적 연구의 철학과도 연결된다(Hill et al., 2005). 변동적 범주에 대하여 해석하고 논의할 때 연구자는 그 경험의 맥락을 살피고 왜 이 경험이 다수에게서 공유되지 않은 것인지, 또는 소수에게서만 공유된 경험이지만 이것이 가지는 시사점이 무엇인지에 대해 다룰 수 있다. 소수에게서만 공유된 경험이라도 문제 해결에 있어 새로운 방향성과 통찰을 제시할 수 있기 때문이다.

CQR에서는 한 사례에서만 나타나는 주제는 범주화하지 않고 본문에서도 다루지 않는 것이 원칙이지만, 그 범주가 특별한 의미를 가진다고 판단되는 경우에는 결과 또는 논의에서 언급할 수 있다. 하나의 도메인 안에 변동적 범주가 너무 많다면, 범주화를 필요 이상으로 엄격하게 한 것이 아닌지 재고해 볼 필요가 있다. 즉, 같은 범주로 묶여야 할 경험들이 다른 범주로 나뉜 것은 아닌지 살펴보아야 한다. 반대로, 하나의 도메인 안에 일반적·전형적 범주들만 있고 변동적 범주는 없는 경우, 이질적 범주들이 하나의 범주로 묶여 있거나 제대로 나뉘지 못한 것은 아닌지 의심해 볼 필요가 있다.

일반적 · 전형적 범주에 비해 변동적 범주가 많을 경우, 소수 사례의 독특한 다양성을 드러내는 장점이 있지만, 다수가 공유하는 경험을 바탕으로 이론을 도출하려는 CQR의 목적을 염두에 둔다면, 일반적 · 전형적 · 변동적 범주의 균형을 고려하는 것이 필요하다. 이와 관련하여 Spangler 등(2012)은 CQR의 수정형인 CQR-M에서 범주를 일반적 · 전형적 · 변동적으로 구분하지 않고, 빈도수를 그대로 제시함으로써 변동적 범주가 너무 많이 생기는 것을 방지하고, 독자가 각 범주의 중요도를 직접 파악할 수 있도록 하는 것을 제안하기도 하였다. 그러나 전통적 CQR에서는 일반적 · 전형적 · 변동적 범주의 구분이 표준적 결과 보고 방식이며, 이는 각 경험이 공유되는 정도를 직관적으로 나타내는 유용한 방식이다.

CQR은 질적 연구의 심층적 고찰과 양적 연구의 체계적 엄격성을 절충하는 실용적인 철학을 토대로 개발된 방법론이다. 연구팀 내 합의 과정과 외부 감수 절차를 통해 자료 해석의 신뢰성을 높이면서도, 참여자의 주관적 경험의 맥락과 의미를 풍부하게 드러내도록 고안된 점에서 CQR이 가지는 학문적 의의가 크다.

참고문헌

De Stefano, J., Mann-Feder, V., & Gazzola, N. (2010). A qualitative study of client experiences of working with novice counsellors. *Counselling and Psychotherapy Research, 10*(2), 139-146. https://doi.org/10.1080/14733141003770713

DiGiorgio, K. E., Arnkoff, D. B., Glass, C. R., Lyhus, K. E., & Walter, R. C. (2004). EMDR and theoretical orientation: A qualitative study of how therapists integrate eye movement desensitization and reprocessing into their approach to psychotherapy. *Journal of Psychotherapy Integration, 14*(3), 227-252. https://doi.org/10.1037/1053-0479.14.3.227

Gazzola, N., De Stefano, J., Thériault, A., & Audet, C. (2014). Positive experiences of doctoral-level supervisors-in-training conducting group-format supervision: A qualitative investigation. *British Journal of Guidance & Counselling, 42*(1), 26-42. https://doi.org/10.1080/03069885.2013.799263

Hill, C. E. (2012). *Consensual qualitative research: A practical resource for investigating social science phenomena*. Washington, DC: American Psychological Association.

Hill, C. E., & Knox, S. (2021). *Essentials of consensual qualitative research*. Washington, DC: American Psychological Association.

Hill, C. E., Knox, S., Thompson, B. J., Williams, E. N., Hess, S. A., & Ladany, N. (2005). Consensual qualitative research: An update. *Journal of Counseling Psychology, 52*(2), 196-205. https://doi.org/10.1037/0022-0167.52.2.196

Hill, C. E., Thompson, B. J., & Williams, E. N. (1997). A guide to conducting consensual qualitative research. *The Counseling Psychologist, 25*(4), 517-572. https://doi.org/10.1177/0011000097254001

Jackson, L. I., Chui, Y. P., & Hill, C. E. (2012). Consensual qualitative research for content analyses of single cases (CQR-C). In C. E. Hill (Ed.), *Consensual qualitative research: A practical resource for investigating social science phenomena* (pp. 127-142). Washington, DC: American Psychological Association.

Kim, D. M. (2016). Consensual qualitative research in music therapy. In B. Hesser (Ed.), *Music therapy research*. Barcelona Publishers.

Ponterotto, J. G. (2005). Qualitative research in counseling psychology: A primer on research paradigms and philosophy of science. *Journal of Counseling Psychology, 52*(2), 126-136. https://doi.org/10.1037/0022-0167.52.2.126

Schlosser, L. Z., Knox, S., Moskovitz, A. R., & Hill, C. E. (2003). A qualitative examination of graduate advising relationships: The advisee perspective. *Journal of Counseling Psychology, 50*(2), 178-188. https://doi.org/10.1037/0022-0167.50.2.178

Spangler, P. T., Liu, J., & Hill, C. E. (2012). Consensual qualitative research for simple qualitative data: An introduction to CQR-M. In C. E. Hill (Ed.), *Consensual qualitative research: A practical resource for investigating social science phenomena* (pp. 243–256). Washington, DC: American Psychological Association.

Wang, Y. W., & Heppner, P. P. (2011). A qualitative study of childhood sexual abuse survivors in Taiwan: Toward a transactional and ecological model of coping. *Journal of Counseling Psychology, 58*(3), 393–409. https://doi.org/10.1037/a0023522

10

현상학적 질적 연구

1 현상학적 질적 연구 개관

철학으로서 현상학에 영향을 받은 현상학적 질적 연구(Phenomenological Qualitative Research)는 사회과학의 주요한 질적 연구방법으로 자리 잡았다. 북미의 다양한 학자가 현상학적 질적 연구를 주요한 질적 연구의 하나로 소개하고 있으며(Creswell & Poth, 2017; Wa-Mbaleka & Rosario, 2022; Willig & Rogers, 2017), 또한 이를 기반으로 하여 다양한 연구가 사회과학 분야의 다양한 영역에서 인간의 경험을 탐구하고 있다. 이와 더불어, 많은 학자가 현상학적 질적 연구에 대한 심도 있는 논의를 제공하고 있다(Hermann, 2013; Teskereci & Boz, 2019).

이러한 북미의 학문적 현상은 우리나라에서도 예외라 할 수 없을 것이다. 먼저, 질적 연구에 대한 관심 자체가 증대되고 있어, 우리나라의 사회과학 분야에서도 많은 연구가 질적 접근을 기반으로 하여 이루어지고 있다. 이는 우리나라에서 발표되는 다양한 학술지와 서적들을 통해서도 확인할 수 있는데, 사회과학 분야의 주요한 학술지에서 질적 연구물의 비중이 늘어나고 있는 것이 바로 그러한 관심을 확인시켜 준다 할 수 있다(서유진, 2021; 신혜원, 2021; 조혜경, 2022). 이러한 흐름 속에서 질적 연구방법론에 대한 심도 깊은 논의들이 이루어지고 있으며(변기용, 2020; 윤택림, 2013; 이동성, 2012), 이에 기반하여 많은 연구가 수행되어 왔다.

이러한 질적 연구 자체에 대한 관심뿐만 아니라, 현상학적 질적 연구에 대한 관심 또한 높아지고 있다. 구미의 현상학적 질적 연구 학자들의 다양한 논의가 국내에 소개되고 있음과 더불어(김분한 외, 1999; 유혜령, 2015; 정상원, 2018), 국내의 학자들 또한 이에 대한 논의를 지속적으로 제시하고 있다(김영천, 2013; 신경림, 조명옥, 양진향, 2004; 이남인, 2014). 이러한 관심은 실제 사회과학 분야의 연구들을 통해서 확인해 볼 수 있는데, 교육학(김진선, 2020; 김혜진, 김옥분, 2014), 경영학(강수돌, 2020; 김미영, 2018), 간호학(박은영 외, 2020; 박정혜, 전인숙, 2008) 등에서 인간의 경험을 대상으로 하는 다양한 연구가 현상학적 질적 연구방법으로 이루어지고 있다. 현상학적 질적 연구, 더 나아가 질적 연구라는 연구방법 전통이 우리에게 알려진 기간이 상대적으로 짧음을 고려하면, 이러한 현상학적 질적 연구방법론에 대한 논의와 이에 따른 다양한 연구의 증가는 이에 대한 우리나라 연구자들의 높은 관심을 확인시켜 준다 할 것이다.

아마도 이 책을 접하고 있는 독자들 또한 이러한 관심으로 현상학적 질적 연구에 접근하고 있을 것이라 예상된다. 하지만 우리가 현상학적 질적 연구에 대해 관심을 가질 때 그 방법적 측면, 즉 절차 혹은 기법과 같은 연구방법적인 측면에 먼저 관심을 가지기보다는 그 방법론적 측면에 더욱 관심을 가져야 할 필요가 있다. 왜냐하면 다양한 질적 연구방법론들을 차별화시켜 주는 것은 그 방법론적 차이 때문이다.

현상학적 질적 연구는 철학의 한 사조인 현상학의 영향을 받아 발전되어 온 질적 연구방법이라 통칭할 수 있다. 그리고 이를 둘러싼 논의들에는 현상학과 현상학적 질적 연구와의 관련성, 연구대상, 접근 방법 등과 관련한 다양한 방법론적 논의가 포함된다. 이러한 논의들은 현상학적 질적 연구가 가지는 존재론적 · 인식론적 특징을 밝히는 논의들이라 할 것이고, 이러한 논의들이 체득되었을 때 현상학적 질적 연구를 현상학적 질적 연구답게 접근할 수 있을 것이기 때문이다. 이에 여기서는 현상학적 질적 연구가 가지는 방법론적 측면을 드러내는 몇몇의 용어를 중심으로 하여 그 방법론적 기반을 살펴보고자 한다.

2 현상학적 질적 연구 주요 용어 해설

현상학적 질적 연구phenomenological qualitative research

현상학으로부터 영감을 받은 질적 연구방법이다. 이 연구방법론은 크게 세 가지 성격을 가진다.

첫째, 현상학의 영향을 받았다. 현상학적 질적 연구는 현상학의 영향을 받아, 현상학의 지향과 그 방법론적 개념을 수용하여 전개되었다.

둘째, 질적 연구방법이다. 현상학적 질적 연구는 현상학의 영향을 받았으나 현상학과 달리 경험적 자료를 수집하고 이에 대한 분석을 통해 연구의 결과를 도출한다.

셋째, 사회과학 연구방법이다. 현상학적 질적 연구는 인간의 행위에 관심을 가지는 사회과학 연구방법이며, 이 중 인간 경험의 의미 구조를 탐구하는 것에 초점을 맞춘다.

van Manen(1990)은 이러한 현상학적 질적 연구의 몇몇 성격을 논의하고 있는데, 이는 인간의 체험을 연구하는 것, 의식에 나타나는 그대로의 현상을 해명하는 것, 현상의 본질을 연구하는 것, 체험적 의미를 우리가 겪은 그대로 기술하는 것, 인간과학적인 것 등으로 종합할 수 있다. 이러한 논의 또한 현상학적 질적 연구가 가진 사회과학적 성격으로서, 현상학과의 관련성, 인간의 경험에 대한 관심, 사회과학 연구로서의 성격 명료화 등을 논의하고 있는 것으로 간주할 수 있을 것이다.

우리의 방법론을 부르는 데 있어 '현상학적 질적 연구'라는 명칭이 통일성을 가지고 사용되는 것은 아니다. 실제 이와 같은 연구방법론은 다양한 명칭을 사용하고 있는데, 그것들에는 '현상학' '현상학적 연구' 등이 포함된다. 하지만 이러한 명칭들은 철학사조인 현상학과 혼동될 우려가 있다. 따라서 사회과학 연구방법론으로서의 성격을 명확히 하기 위해서는 '현상학'과 '질적 연구'의 두 가지 개념을 포함하는 명칭을 확립할 필요가 있다.

이와 관련하여, '현상학'과 '질적 연구'라는 두 가지 성격을 표현하는 유형의 명칭이 시도되어 왔다. 흔하게 보이는 형태는 '현상학'과 '질적 연구'라는 두 가지 개념을 병렬적으로 구성하는 방식이다. '해석학적 현상학적 분석을 통한 질적 연구(qualitative study using interpretative phenomenology)'(Rake & Paley, 2009), '~에 대한 현상학적 연구: 질적 연구(phenomenological study on~: a qualitative study)'(Hassani et al., 2017), '현상학적 지향의 질적 분석(qualitative analysis of a phenomenological orientation)'(Rochette et al., 2006)과 같은 표현은 이러한 병렬적 형태의 모습이라 할 것이다. 이러한 명칭들은 현상학적 접근과 질적 연구라는 2개의 개념을 포괄하는 표현을 도모한 것이라 할 수 있다.

앞과 같은 단순한 병렬적 조합을 넘어서 방법론 자체를 '현상학적 질적 연구(phenomenological qualitative study)'라 표방한 연구들도 찾아볼 수 있다(Todd et al., 2016; Irandoost et al., 2020). 이러한 명칭들은 연구의 성격을 밝히기 위해 '현상학'과 '질적 연구'를 병렬적으로 구성하였다 할 수 있지만, 더 나아가 현상학의 영향을 받을 우리의 연구방법론 자체를 '현상학적 질적 연구'로 지칭하는 것이라고도 할 수 있을 것이다.

방법론의 명칭에 대한 이러한 시도들은 우리나라의 현상학적 질적 연구물들에서 역시 살펴볼 수 있다. 우선, 병렬적 배열을 통한 시도로서 '질적 차원에 관한 현상학적 연구'(유태균, 1992), '질적 연구: 현상학'(구정화, 2018; 박병애, 2022)과 같은 명칭을 살펴볼 수 있다. 이러한 명칭을 시도한 연구자들은 현상학적 질적 연구를 철학으로서의 현상학과 차별화하고 이를 명칭을 통해 드러내고자 하였다 할 것이다. 이에 더해 몇몇의 학자들은 '현상학적 질적 연구'의 명칭을 통해 그러한 성격을 더욱더 분명히 드러내고자 하였다. 장연집(2000)의 연구에서 하나의 방법론의 지칭으로 시도된 '현상학적 질적 연구'의 명칭은, 이후 장연집과 강차연(2004)의 미술심리치료 체험에 대한 연구에서 또다시 시도되었다. 이후 최주희와 남현우(2017), 구양희와 김고은(2020) 등이 자신들의 연구를 현상학적 질적 연구로 지칭하였으며, 이를 비롯한 몇몇의 연구들이 '현상학적 질적 연구'를 방법론의 명칭으로 사용하였다.

개별 연구들을 넘어, '현상학적 질적 연구'를 하나의 방법론적 전통을 지칭하는 용어로 사용한 시도들은 방법론의 명칭으로서 '현상학적 질적 연구'의 가능성을 드러낸다 할 것이다. 유혜령(2013, 2015), 이남인(2014, 2019) 등은 '현상학적 질적 연구'를 하나의 방법론적 차원에서 논의하고 있으며, 이는 단순히 개념적 병렬을 위한 조작적 표현으로서 현상학적 질적 연구가 아닌 하나의 방법론의 명칭으로서 '현상학적 질적 연구'의 타당성을 보여 주는 것이라 할 것이다.

이러한 현상학적 질적 연구는 다른 질적 연구 전통들과 존재론적 · 인식론적 · 연구 결과의 측면에서 차별화될 수 있는데, 존재론적 측면은 무엇을 탐구하는가, 인식론적 측면에서는 그것에 어떻게 접근할 수 있는가, 연구 결과의 측면에서는 연구의 결과로서 무엇을 도출해야 하는가에 해당한다 할 것이다. 정상원(2022)은 이와 관련해서 현상학적 질적 연구는 인간의 경험을 탐구하며, 환원을 통해 그것에 접근하며, 연구의 결과로서 경험의 본질적 의미 구조를 도출해야 함을 논의한 바 있다.

현상학phenomenology

현상학은 Edmund Husserl로부터 시작된 철학사조로서 현상의 본질을 있는 그대로 탐구하고자 한 존재론적 인식론적 논의이다. 현상학의 개념은 그 역사만큼이나 다양하게 전개되었기에 이를 여기서는 현상학적 질적 연구에 영향을 준 측면에 초점을 맞추어 개괄적으로 살펴보도록 하자.

먼저, 현상학은 '사태 자체로(zu den sachen selbst)'로 돌아가 현상을 있는 그대로 탐구하는 것을 추구한다(이남인, 2004). 있는 그대로 탐구한다는 것은 그 어떤 중간 단계를 거치지 않고 그것을 직접적으로 탐구하는 것을 의미한다. 그리고 이러한 태도로서 우리 의식이 가진 지향성에 주목한다.

지향성(intentionality)은 인간의 의식이 가진 특성 중의 하나이다. 이남인(2004)에 따르면 우리의 의식은 언제나 '~를 향한 의식'의 형태로 나타난다. 그러한 측면에서 본다면 지향성은 의식이 어떤 것을 향한 의식의 형태로 나타남을 드러낸 것이라 할 수 있고, 지향성의 구조라는 것은 의식이 대상을 접근하는 방식을 드러내는 것이라 할 수 있다. 이러한 점에서 현상학적으로 어떠한 대상을 향한 지향성의 구조를 탐구한다는 것은 우리가 아무런 방해 없이 직접적으로 지향성을 탐구하여 우리의 의식이 대상을 다룰 때 어떻게 그것에 접근하고 있는 것인지를 탐구한다고 할 수 있다.

하지만 우리가 지향성의 구조를 탐구하고자 하여도 이러한 탐구를 방해하는 것이 존재하는데 그것은 바로 그 대상에 대한 우리의 선입견이다. 따라서 우리는 여타 다른 것들이 우리의 탐구를 방해하지 못하게 하기 위한 특별한 방법론적 개념을 필요로 하는데,

그것이 바로 '환원(reduction)'이다. 즉, 우리는 환원을 통해 일체의 선입견이나 선지식이 우리의 탐구를 방해하지 못하도록 한 후에야 '사태 자체'로서 지향성의 구조에 접근할 수 있다.

현상학적 질적 연구와 현상학의 관계

현상학적 질적 연구와 현상학이 서로 어떤 관계를 가지는가에 대해서는 크게 세 가지 관점이 논의된다. 그것은 현상학적 질적 연구를 현상학의 하위 분과로 바라보는 관점, 현상학적 질적 연구를 현상학과 관련 없는 별개의 연구방법론으로 보는 관점, 현상학적 질적 연구를 현상학의 영향을 받은 연구방법론으로 바라보는 관점이다.

현상학적 질적 연구를 현상학과 동일한 것으로 바라보는 관점

현상학적 질적 연구를 현상학과 동일선상에서 바라보는 관점은 현상학적 질적 연구를 현상학의 전개 과정에서 등장한 하나의 지류로 보는 관점이라 할 것이다. 이와 관련하여 몇몇 학자들의 논의를 살펴보도록 하자.

van Manen(2014)은 현상학적 질적 연구의 등장을 현상학 전개의 연장선상에서 논의하고 있다. 그는 현상학 흐름의 전개를 논의하며 유럽의 현상학 전개과정과 현상학자들의 논의를 제시하며 이를 Amedio Giorgi, Clark Moustakas, Max van Manen의 사회과학 연구방법론으로 귀결시킴으로써 현상학적 질적 연구를 현상학의 전개 선상에서 바라보고 있다 할 것이다. 특히 그는 그의 책에 『실제의 현상학(Phenomenology of Practice)』이라는 제목을 붙임으로서 자신이 논의하는 사회과학 연구방법이 현상학과 동일선상에 존재하는 어떤 것으로 간주하고 있음을 드러내고 있다 할 것이다.

하지만 그의 논의도 현상학과 현상학적 질적 연구를 완전히 동일한 어떤 것으로는 간주하지는 않는다. 그는 현상학과 현상학적 질적 연구를 각각 '철학적 현상학(philosophical phenomenology)'과 '인간과학적 현상학(phenomenology)'으로 지칭하였는데, 이러한 그의 논의는 이 둘 사이에 차이점이 존재하고 있음을 드러내는 것이라 할 것이다(van Manen, 2017).

이남인(2014)의 논의 또한 앞서 살펴본 van Manen(2014, 2017)의 논의와 유사하다 할 것이다. 그는 「현상학과 질적 연구: 응용 현상학의 한 지평」(이남인, 2014)에서 현상학적 질적 연구를 체험연구로 지칭하며 논의를 전개하고 있다. 논의 속에서 그는 체험연구를 현상학에 그 기원을 두고 있는 연구방법론으로 간주하며, 그 방법론적인 개념을 현상학의 관점에서 논의한다. 특히 그는 현상학적 질적 연구를 '응용 현상학'이라 지칭하고 있는데, 이러한 명칭은 현상학적 질적 연구를 현상학의 하위 분과로 보는 관점을 드러낸다.

그럼에도 불구하고, 그 또한 현상학과 현상학적 질적 연구의 차이점을 분명히 제시하고 있다. 그는 자신의 논의를 통해 다양한 체험연구를 구분하고 있는데, 이 중 '본질적 체험연구'와 '경험적 체험연구'를 통해 본질을 탐구하는 현상학과 경험을 탐구하는 현상학적 질적 연구의 차이를 구분하고 있다.

이 밖에도 현상학적 질적 연구를 지시하고 있는 '응용 현상학'(홍성하, 2002) '실천 현상학'(이근호, 2007)과 같은 명칭들도 결국 현상학과 현상학적 질적 연구의 관계를 선형적으로 바라보며, 현상학적 질적 연구를 현상학을 기반으로 하여 변형된 방법론적 담론으로 바라보고 있다 할 것이다.

현상학적 질적 연구를 현상학과 별개의 연구방법론으로 보는 관점

앞선 논의와는 다르게 현상학적 질적 연구와 현상학의 관련성을 상대적으로 낮게 바라보는 관점도 존재한다. 이러한 관점들은 현상학적 질적 연구를 현상학과는 별개의 어떤 것으로 보고 현상학적 질적 연구의 독특성을 강조하는 입장이다.

먼저, Paley(1997, 1998)는 현상학의 두 거장인 Husserl과 Heidegger의 논의와 현상학적 질적 연구와의 관련성을 비판적으로 바라본다. 그는 현상학적 질적 연구에서 논의되는 주요한 방법론적 개념인 현상적인 환원(phenomenological reduction), 현상(phenomena), 본질(essence)와 같은 개념이 Husserl이 논의하는 현상학적 개념과 일치하지 않고(Paley, 1997), 현상학적 질적 연구가 과학적·실증적 접근에 대한 대안으로서 Heidegger의 해석학적·현상학적 접근을 수용하고 있으나, Heidegger의 해석학적 현상학이 실증적이지는 않지만 어느 정도 과학적 접근을 보이고 있다는 측면에서 이 두 접근을 동일한 것으로 보는 것은 모순점이 있음을 지적한 바 있다(Paley, 1998).

Crotty(1996)의 논의는 현상학적 질적 연구의 전개에 초점을 맞추며 현상학적 질적 연구와 현상학의 차이점에 대한 논의를 제시하고 있다. 그에 따르면 유럽의 현상학이 북미에 전파되며 북미 철학인 프래그머티즘의 영향을 받아 신현상학(new phenomenology)으로 전개되었고, 현상학적 질적 연구는 이러한 신 현상학의 전통에서 기인한 것이다. 그리고 이러한 영향으로 현상학적 질적 연구가 현상학에서 논의되고 있는 주요한 개념을 방법론적 개념으로 지칭하고 있지만 이러한 것들이 다루어지는 방식이 현상학에서 다루어지는 그것과는 크게 차이를 보이고 있기에 이 둘을 동일한 것으로 볼 수 없다. 따라서 현상학적 질적 연구는 현상학과 동일한 어떤 것이 아닌 현상학과 병립할 수 있는 방법론으로 간주해야 한다. 이에 더 나아가 Crotty(1996)는 많은 현상학적 질적 연구자가 현상학적 질적 연구와 현상학을 동일한 것으로 간주함으로써 그들이 하고 있는 과업의 새로움을 깨닫지 못하고 있음을 우려하였다.

▶ 현상학적 질적 연구를 현상학의 영향을 받은 연구방법론으로 보는 관점

현상학적 질적 연구를 현상학의 영향을 받은 연구방법론으로 보는 관점은 현상학적 질적 연구가 현상학의 다양한 방법론적 논의에 영향을 받은 것을 인정하나 그것들을 사회과학 연구방법론이자 질적 연구방법에 적합하게 변용하여 적용하고 있다고 보는 관점이다.

실제 사회과학 연구방법으로서 현상학적 질적 연구와 철학으로서 현상학은 그 수행에 있어서 현격한 차이를 보인다. 현상학적 질적 연구는 사회과학 연구방법론으로서 연구대상에 대한 과학적 접근을 시도한다. 따라서 과학적 접근으로서 현장으로부터의 자료와 문헌과 같은 실증적 자료들을 수집하고 이에 대한 분석을 통해 현상에 접근한다. 반면, 현상학은 탐구하고자 하는 대상에 대한 연구자의 내적 탐색을 통한 관념적 접근을 취한다. 또한 현상학이 본질에 접근하기 위해 기존의 선지식 및 선이해 등에 대해 엄밀한 환원을 수행하고자 하는 반면, 현상학적 질적 연구는 사회과학 연구로서 현상학이 추구하는 완전한 형태의 환원과 이에 따른 유아론적 태도가 허용되기 힘들다. 그리고 본질 개념에 있어서도 현상학이 추구하는 보편자로서의 본질 개념은 맥락과 시간성 속에서의 현상을 탐구하는 사회과학 연구들이 추구하기에 적절하다 할 수 없을 것이다. 이러한 측면에서 본다면, 현상학적 질적 연구와 현상학은 동일한 것이라 보기 힘들다는 학자들의 논의가 나름의 타당성을 가진다 할 것이다. 하지만 현상학적 질적 연구에 있어서 방법론적 개념의 배경으로서, 철학으로서 현상학이 가지는 의미 또한 중요하다. 따라서 이 둘을 동일한 것도 별개의 것도 아닌, 또 다른 대안적 관점에 대한 탐색이 필요할 것이다.

이와 관련하여 Giorgi(1992)의 논의는 우리에게 현상학적 질적 연구를 바라보는 새로운 관점을 제공한다. 그는 사회과학 분야에 있어 질적 접근이 여러 철학적 논의에 영감(inspired)을 얻은 것임을 논의하며, Husserl로부터 영감을 받은 기술적(descriptive) 접근으로서 기술적 현상학적 질적 연구를 제시하고 있다. 영감을 받았다는 것이 그것으로 영향을 받았으나 그것과는 다른 새로운 것임을 드러내는 기술이다.

또한 현상학적 질적 연구는 현상학 이외에 프래그머티즘(pragmatism)과 상징적 상호작용(symbolic interactionism) 등과 같은 다양한 철학적 전통으로부터 영향을 받았다(Dowling, 2007). 연구자의 사고와 추론을 넘어 실제적 자료를 수집하고 이에 대한 해석적 분석을 통해 그 의미를 드러내고자 한다는 점, 그리고 인간의 행위를 그 주체적 의미 구성을 통해 이해하고자 한다는 점이 바로 이러한 철학적 전통들이 끼친 영향을 확인시켜 준다. 이러한 측면을 고려하면 사회과학 연구방법으로서 현상학적 질적 연구가 철학인 현상학의 영향을 받았다고 해서 이 둘을 동일한 것으로 보기는 힘들 것이다. 실제 현상학은 현상학적 질적 연구뿐만 아니라 여타 다른 질적 연구 전통들에도 영향을 미쳤다. 예를 들어, 쿠레레 방법(currere method; Pinar, 1994), 민속방법론(손민호, 조현영, 2014) 등 또한 현상학을 그 방법론적 기반으로 제시하고 있다. 더 나아가 다양한 질적 연구 전통은 다양한 철학적 전통으로부터 영감을 받았다. 현상학 외에도 해석학, 상징적 상호작용, 프래그머티즘과 같은 다양한 철학적 전통이 질적 연구 전통들 전반에 영향을 미치고 있다. 예를 들어, 상징적 상호작용은 근거이론의 철학적 기반을 제공하였으며(Aldiabat & Le Navence, 2011), 혼합연구(mixed research approach)의 철학적 기반으로 프래그머티즘이 논의된다(Maarout, 2019). 하지만 우리는 철학적 전통으로부터 영향을 받았다 해서 어떠한 연구방법론을 그 철학적 전통과 동일시하지 않는다.

이러한 관점을 가지고 현상학적 질적 연구와 현상학을 바라본다면 이 둘의 관련성을 좀 더 분명하게 확인할 수 있을 것이다. 즉, 현상학적 질적 연구는 철학으로서의 '현상학'의 개념들에 영향을 받았지만, 그것들을 사회과학 연구법으로서의 성격에 부합하게 적용하고 있는 연구방법론이라 보아야 할 것이다. 이와 관련하여, Zahavi(2019)는 철학으로서 현상학에 있어서 에포케(epoche)와 환원(reduction)과 같은 방법론적 개념이 핵심적인 것은 사실이지만 이는 철학으로서의 현상학에 해당하는 것이며, 질적 연구에 합당한 형태의 에포케나 환원은 철학으로서 현상학에서의 그것과는 다를 수 있음을 논의한 바 있으며, Vagle(2014)은 현상학적 질적 연구에 있어서 현상학에서의 보편자로서의 본질 개념에 대한 대안적 개념을 제시한 바 있는데, 이러한 학자들의 관점들 또한 철학으로서의 현상학과 현상학적 질적 연구의 변증법적 관계를 시사하는 것이라 할 것이다.

현상학 연구

현상학적 질적 연구를 지칭하는 명칭 중에 하나이다. 일반적으로 우리의 방법론은 '현상학'이라는 표현을 중심으로 다양한 개념이 포함되는 방식으로 불리고 있다. '현상학' 혹은 '현상학 연구'라는 명칭이 그중 하나이다(공병혜, 2004; 전정화, 엄태완, 2019; 조현주 외, 2019). 하지만 '현상학에서 낯설음의 문제'(박인철, 2007) '이방인의 현상학'(김광기, 2007)과 같은 철학으로서의 현상학 연구들의 연구명을 고려해 본다면, 이러한 '현상학'이나 '현상학 연구'와 같은 명칭은 질적 연구방법으로써 현상학적 질적 연구를 철학으로서 현상학과 차별화시켜 주지 못하고 있다 할 것이다. 더욱이 이러한 명칭에는 '현상학'이라는 표현만을 포함하고 있을 뿐 사회과학 연구방법으로서 질적 접근을 드러내는 표현이 없음을 고려하면, 이러한 명칭의 사용은 사회과학 연구로서 현상학적 질적 연구와 철학으로서의 현상학의 구분을 모호하게 하며, 더 나아가 이 둘의 관계에 대한 혼란을 가져올 수 있는 위험성도 내포하고 있다 할 것이다.

현상학적 연구, 현상학적 접근

현상학적 질적 연구를 지칭하는 명칭 중의 하나이며 상대적으로 빈번하게 사용되는 명칭이다. 현상학적 질적 연구는 '현상학적(phenomenological)'이라는 표현을 중심으로 다양하게 기술되는 경향이 있다. '현상학적 연구'(최종윤, 손영수, 2012; 홍성하, 2011), '현상학적 접근'(손승아, 2001; 김희정, 송현순, 2013) 등과 같은 표현이 이러한 형식의 주요한 명칭이라 할 것이다. 하지만 이 또한 현상학적 질적 연구에 영감을 준 철학적 전통으로서 현상학을 규정하고 있을 뿐, 실증적 자료를 기반으로 하여 그것에 대한 연구자의 해석을 기반으로 한 분석을 중심으로 이루어지는 방법론적 지향을 표현하고 있다 보기 힘들다. 이뿐 아니라, '현상학적'이라는 표현이 연구방법론뿐만 아니라 '현상학적 영화이론'(연희

원, 2003), '현상학적 윤리학'(정인재, 2004), '현상학적 디자인'(천세근, 2013) 등과 같이 '연구' 이외의 다양한 개념과도 함께 사용되는 경우를 고려해 본다면, 단순히 '현상학적 연구' 혹은 이와 유사한 형태의 표현이 현상학적 질적 연구의 개념을 명확히 밝히고 있다고 보기 힘들 것이다.

체험 연구

현상학적 질적 연구로 분류할 수 있는 방법론 중 하나이다. 이 방법론은 van Manen(1990)의 방법론적 논의에 기반하는데, 그는 자신의 저서 『체험 연구(Researching Lived Experience)』(1990)를 통해 이러한 체험 연구의 대상과 그 방법론적 개념에 대해 논의하였다. 이러한 논의에 따르면 체험 연구는 체험(lived experience)이라는 특수한 유형의 경험을 탐구하기 위한 것이고, 이러한 체험을 탐구하는 데 있어 현상학적 질적 연구의 대표적인 방법론적 개념이 사용된다.

체험lived experience

체험은 특수한 형태의 경험으로서 인간이 경험한 그 당시의 생생한 경험을 말한다. van Manen(1990)은 체험에 대해 반성 이전에 세계를 경험하는 방식이며, 이러한 체험은 체험의 그 순간에는 포착되지 않으며, 경험에 대한 반성을 통해 탐구될 수 있다고 논의한 바 있다. 예를 들어, '걷기'라는 체험에 대해 생각해 보자. 걷기라는 체험은 체험의 그 순간에는 우리가 그것을 의식하지 못한다. 만약 우리가 '걷기'라는 체험을 의식하며 그것을 체험한다면 이미 그 체험은 우리가 탐구하고자 했던 그 '걷기'가 아니다. 그리고 이러한 '걷기'라는 체험은 인간의 의식을 거쳐 '걷기' 경험이라는 형태로 변화한다. 따라서 우리가 경험하는 바로 그 순간의 체험으로서 '걷기'는 경험으로서 '걷기'와 동일한 것이 아니며, 경험이라는 '걷기'에 대한 반성을 통해 체험으로서 '걷기'에 다가갈 수 있다. 체험을 탐구하는 체험 연구의 목적은 이러한 경험을 통해 체험을 탐구하는 것이다.

~에 대한 경험experience of ~

'~에 대한 경험'은 현상학적 질적 연구의 탐구 대상이다. 현상학적 질적 연구는 인간의 연구를 탐구하고자 한다(van Manen, 1990; Moustakas, 1994; Smith, Flowers, & Larkin, 2009; Friesen, Henriksson, & Saevi, 2012). 이는 학자들에 따라 다양한 방식으로 기술되는데, 경험의 기술(description of experience; Moustakas, 1994), 체험(lived experience; van Manen, 1990), 경험된 현상(phenomena that can be experience; Giorgi, 2005), '개인적 경험에 대한 순수한 기술'(Giorgi, 1985) 등이 그것이다.

하지만 현상학적 질적 연구의 대상으로서의 경험은 좀 더 특정화할 필요가 있다. 왜냐하면 경험이라는 범주를 크게 확대할 경우, 사회과학 분야의 모든 탐구 대상이 결국 '인간의 경험'으로 귀결될 수 있기 때문이다. 예를 들어, 문화, 사회적 제도나 패턴 등도 인간의 경험에 포함될 수 있다. 따라서 현상학적 질적 연구의 탐구 대상으로서 경험은 좀 더 특정한 형태의 경험으로 축소시킬 필요가 있다.

이와 관련해서 현상학의 '지향성'은 현상학적 질적 연구의 탐구 대상으로 경험이 어떠한 유형이어야 하는지에 대한 단서를 제공한다. 즉, '지향성'이 '~에 대한 의식'이라면 현상학적 질적 연구의 탐구 대상으로서의 경험은 '~에 대한 경험'으로 특정화될 수 있다. 이와 관련하여 van Manen(2017)은 현상학적 질적 연구의 연구 문제 형식으로서 '이러한 체험은 어떠한가(what is this lived experience like)?' '이러한 현상 혹은 사건의 경험은 어떠한가(what is like to experience this phenomena or event)?' 등을 제시하였는데, 이러한 그의 논의 또한 '~에 대한 경험'의 형태가 현상학적 질적 연구의 주요 탐구 대상임을 확인시켜 주는 것이라 할 것이다.

환원reduction

환원은 현상 자체에 다가가기 위해 일체의 선입견이나 선지식이 우리의 의식에 영향을 미치지 못하게 하는 것을 말한다. 즉, 우리가 대상에 있는 그대로 다가서는 데 있어서 이전에 가지고 있는 다양한 유형의 선지식이 그것을 방해하기 때문에 이러한 선지식이 우리의 탐구를 방해하지 못하게 조치를 취해야 하고 그것이 바로 환원이다.

이러한 환원은 현상학의 방법론적 개념으로서 환원에 대한 논의와 비교할 수 있다. Husserl은 현상학에 대한 논의를 통해 우리의 탐구를 방해하는 선지식 등을 우리의 의식에서 떨어뜨려 놓기 위해 특별한 조치를 취해야 함을 천명하였고 이를 위한 방법론적 개념으로서 환원에 대한 논의를 제공하였다. 그리고 이러한 논의를 통해 그 대상과 방식에 따라 '현상학적 심리학적 환원' '현상학적 심리학적 판단중지' '초월론적 현상학적 환원' '초월론적 현상학적 판단중지' '형상적 환원' 등과 같은 다양한 유형의 환원을 소개한 바 있다(이남인, 2004).

현상학적 질적 연구에서도 환원과 더불어 그 유사한 방법론적 개념들을 논의하고 있는데 그것들에는 '에포케(epoche)' '판단중지(suspend)' '괄호치기(bracketing)' 등이 포함된다. 하지만 현상학적 질적 연구에서는 이러한 개념들이 유사한 성격을 가지는 방법론적 개념으로서 서로 호환적인 어떤 것을 다루는 경향을 보인다. 즉, 현상학적 질적 연구에서는 이러한 개념들에 대해 선지식이나 선개념이 우리의 탐구에 영향을 미치지 못하게 하기 위해 우리의 의식에서 떨어뜨려 놓는 일련의 방법론적 개념으로 보편적으로 다루어지고 있다. 따라서 환원 및 환원과 유사한 방법론적 개념들이 크게 구분 없이 언급되고 있는 모습을 보인다.

하지만 이러한 환원은 선지식이나 선개념을 부정하거나 의심하는 것이 아니다. 다만, 그것에 대한 일체의 판단을 하지 않고 우리의 탐구에서 멀리 떨어뜨려 놓음으로써 그것이 우리의 탐구를 방해하지 못하게 하는 것이다.

에포케epoche

에포케는 그리스어로 '멀리 떨어뜨려 놓음'을 뜻한다. 현상학적 질적 연구에서는 우리의 선이해나 선입견을 멀리 떨어뜨려 놓아 우리의 탐구를 방해하지 못하게 하는 일련의 방법론적 개념을 뜻한다.

판단중지suspend

대상에 대한 선지식, 선이해 등에 대한 일체의 판단을 중지하는 것을 말한다. 현상학적 질적 연구에서의 판단중지는 환원과 유사한 방법론적 개념으로 사용된다.

괄호치기bracketing

우리가 가진 일체의 선지식, 선이해 등을 괄호 안에 집어넣는 것을 의미한다. 다시 말해, 우리가 현상학적 질적 연구를 수행하는 데 있어서 대상과 관련한 일체의 선이해나 선지식을 명백히 밝히고 이러한 것들을 괄호 안에 집어넣음으로서 그것들이 우리의 탐구를 방해하지 못하게 하는 것이다.

본질적 의미 구조essential meaning structure

경험의 본질적 의미 구조는 현상학적 질적 연구가 도출해야 할 연구 결과이다(Colaizzi, 1978; Giorgi, 2009; van Kaam 1996; van Manen, 2014). 이러한 본질적 의미 구조는 '본질' '의미' '의미 구조'라는 세 가지 측면으로 나누어 살펴볼 수 있다.

본질essence

현상학적 질적 연구에서의 '본질'은 경험을 구성하고 있는 핵심 요소를 의미한다 할 수 있다. 이를 위해 현상학에서의 '본질'이 무엇을 의미하는지 살펴보도록 하자. 현상학에서 논의되는 본질은 대상들이 바로 그러한 의미를 지닌 대상들로 존재할 수 있도록 해 주는 그 무엇이다(이남인, 2004). 예를 들어, 우리가 어떠한 대상을 '책상'으로 생각하는 것은 그 대상이 우리들로 하여금 그것을 '책상'으로 인식할 수 있는 요소를 가지고 있기 때문이다. 또한 현상학에서 그러한 '본질적' 요소는 시공간을 초월한 보편자로서의 성격을 가진다.

하지만 현상학적 질적 연구에서 '본질'의 의미는 현상학에서의 그것과는 다르게 경험을 구성하는 핵심 요소로 받아들여야 할 필요가 있다. 현상학적 질적 연구는 사회과학 연구방법론이며, 사회과학은 맥락성 및 시간성과 같은 요소들이 현상을 규명하는 데 핵심적인 영향을 미친다. 예를 들어, '모성'이라는 개념은 시대의 흐름과 사회적 상황에 따라 다양하게 간주되어 왔다. 따라서 '모성'이라는 개념을 구성하는 시공간을 초월한 보편자와 같은 요소들이 있다고 말하긴 힘들다. 이러한 측면에서 현상학적 질적 연구에서 말하는 '본질'의 의미를 현상학에서의 그것과 동일한 것으로 간주하는 것은 사회과학 연구방법론이라는 현상학적 질적 연구의 성격과 부합하는지 않는다고 할 수 있다. 그리고 이는 현상학적 질적 연구의 관점에서 '본질'의 의미를 다르게 받아들여야 함을 의미한다.

현상학적 질적 연구 학자들도 이러한 관점과 유사한 논의를 제시하고 있는데, 우선 van Mancn(1990)은 "본질의 탐구에 있어 개별성(particularity)과 보편성(universality)을 함께 고려해야 한다."라고 주장한 바 있고, 이후 현상학적 질적 연구가 탐구해야 하는 것은 불변적(immutable) · 보편적(universal) · 일반적(generalization)인 것이 아닌 '그럴 법한' 인간 경험에 대한 숙고임을 논의한 바 있다(van Manen, 2014). 또한 Giorgi(2009)는 현상학에서 논의되는 본질 개념이 사회과학의 맥락에 적용되는 것을 비판한 바 있다. 따라서 현상학적 질적 연구에서의 '본질'은 인간 경험을 구성하고 있는 핵심 혹은 정수의 의미로 받아들이는 것이 타당하다.

의미 meaning

현상학적 질적 연구에서의 '의미'는 인간이 어떠한 경험에 부여하고 있는 주관적인 가치이다. 이는 객관성을 강조하는 '사실'과는 다른 개념으로서 주체가 대상에 부여하는 구성적인 개념이다. 예를 들어, 우리가 '꽃'에 '아름다움'이라는 의미를 부여할 때, '아름답다'는 '꽃' 그 자체가 가진 요소가 아닌 우리가 대상에 부여하는 것이다. 그리고 이러한 의미는 의미를 부여하는 주체가 누구인가에 따라 달라질 수 있다. 따라서 현상학적 질적 연구에서 경험의 의미를 탐구한다는 것은 '사실'을 탐구하는 것이 아닌, 그 경험의 주체가 그 경험에 어떠한 의미를 부여하고 있는지를 탐구하는 것이다.

의미 구조meaning structure

현상학적 질적 연구에서 경험의 주관적 의미를 재현하는 진술체계이다. 학술적 과업은 '이론'으로 진술된다. 이때 이론은 탐구의 대상을 설명하는 일련의 진술체계이며, 이러한 진술체계는 '요소'와 그러한 요소들 사이의 '관계'로 구성된다. 이러한 측면에서 '의미'는 경험을 구성하는 요소에 대응하는 것이며, 현상학적 질적 연구는 그러한 '의미'들이 서로 어떠한 관련성을 가지는지 규명하여, 그것을 통해 전체의 의미를 설명하는 '의미 구조'를 도출해야 한다.

직관intuition

경험의 의미 구조를 획득하는 사고 과정이며, 현상학적 질적 연구에서 우리가 경험이 가진 본질적 요소의 파악할 수 있게끔 하는 사고로서 언급된다(van Manen, 2014). van Manen(2014)은 직관은 우리로 하여금 구체적인 사례를 통해 그것을 호명하는(vocative) 방식으로 어떠한 의미를 획득하는 것이라 논의하는데, 이는 현상학적 질적 연구에서 직관이 어떻게 작동될 수 있는지를 보여 준다. 즉, 우리가 현상학적 질적 접근을 통해 경험에 대한 다양한 사례를 수집하고 이러한 사례들에 대한 성찰을 하는 과정에서 직관적으로 그것이 가진 본질적 의미 구조를 포착하게 되는 것이다.

이러한 직관의 작동 방식의 대표적 사례로 아르키메데스의 사례를 들 수 있다. 일화 속에서 아르키메데스는 금관의 금 함량을 확인하기 위한 방법을 고심하다 욕탕의 물이 넘치는 것을 보고 직관적으로 그 해결방법을 포착한다. 이는 문제에 대한 해답으로 나아가는 과정이 논리적이고 연역적이기보다 직관적일 수 있음을 의미한다 할 것이다.

이러한 논의를 고려하면 현상학적 질적 연구에서 본질적 요소를 파악하는 직관은 경험적 자료에 대한 지속적인 성찰과 반성, 해석, 숙고 등을 수반하는 사고 과정이며, 이 속에서 논리적 · 연역적이기보다는 즉각적이고 직접적으로 본질적 요소와 그 관계성을 획득하는 과정이라 할 수 있다.

상상적 변형imaginary variation

탐구의 대상이 되는 체험을 다양한 시각으로 살펴보는 것이다(Moustakas, 1994). 즉, 직관을 통해 본질적 요소를 획득하기 위해 그 경험을 다양한 관점으로 살펴보는 것이다. 이러한 방법론적 개념은 현상학의 형상적 환원에서 그 유사성을 찾을 수 있다(이남인, 2004).

형상적 환원은 대상을 사고 속에서 다양한 모습으로 변형시켜 가며, 그것이 가진 본질적 요소를 찾아가는 과정이다(이남인, 2004). 어떠한 대상에는 그것을 '그것'이라 부를 수 있게 만드는 본질적 요소들이 존재한다. 우리는 그것들에 기반하여 그것을 '그것'이라 인식한다. 하지만 그것 안에는 이러한 본질적 요소 이외의 비본질적 요소들도 함께 존재한다. 예를 들어, 우리는 '모자'라는 대상의 본질적 요소를 파악하기 위해 그것을 살펴볼 때, '머리에 쓸 수 있는' '의도적으로 만들어진'과 같은 요소들을 파악하며 본질적 요소를 파악할 수 있다. 하지만 '모자'라는 대상 안에는 '색' '모양' '재질'과 같이 비본질적 요소들이 함께 포함되어 있다.

이때 우리는 '모자'라는 대상을 다양한 방식으로 변형해 볼 수 있다. 색이 다른 모자, 모양이 다른 모자, 재질이 다른 모자 등을 상상해 보고 그것을 여전히 모자라 부를 수 있다면 그런 것들은 모자의 본질적 요소가 아닐 것이다. 하지만 '쓸 수 없는 모자' 등을 생각해 보았을 때 그것을 더 이상 '모자'라 부를 수 없다면 '머리에 쓸 수 있음'은 모자의 본질적 요소라 할 것이다.

현상학적 질적 연구에서의 상상적 변형도 이러한 형상적 환원과 유사한 개념이라 할 수 있다. 즉, 탐구의 과정에서 그 대상이 되는 경험을 다양한 관점에서 살펴보고 그 경험을 구성하고 있는 본질적 의미들을 직관적으로 파악하는 것이다.

참고문헌

강수돌(2020). 스웨덴 남성의 육아휴직 경험과 윤리경영. 윤리경영연구, 20(1), 33-66.

공병혜(2004). 간호연구에서의 현상학. 철학과 현상학 연구, 23, 151-178.

구양희, 김고은(2020). 만5세 행복반 유아들이 경험하는 미술-놀이의 의미에 관한 현상학적 질적 연구. 육아지원연구, 15(2), 55-84.

구정화(2018). 예비사서들의 도서관실습 교육경험에 대한 질적 연구 - Giorgi의 기술적 현상학 방법을 적용하여 -. 한국비블리아학회지, 29(4), 269-296.

김광기(2007). 이방인의 현상학. 철학과 현상학 연구, 33, 41-67.

김미영(2018). 신입 대졸 해외취업자들의 취업 및 현지적응에 관한 현상학적 연구: 베트남 지역을 중심으로. 비서사무경영연구, 27(3), 63-68.

김분한, 김금자, 박인숙, 이금재, 김진경, 홍정주, 이미향, 김영희, 유인영, 이희영(1999). 현상학적 연구방법의 비교고찰: Giorgi, Colaizzi, Van Kaam 방법을 중심으로. 대한간호학회지, 29(6), 1208-1220.

김영천(2013). 질적 연구방법론 2: Method. 경기: 아카데미프레스.

김진선(2020). 건강장애 학생이 체험하는 화상교육수업에 관한 현상학적 연구. 학습자중심교과교육연구, 20(9), 449-470.

김혜진, 김옥분(2014). 화학올림피아드 계절학교 영재 교육경험에 대한 현상학적 연구. 영재와 영재교육, 13(3), 175-203.

김희정, 송현순(2013). 초등실과교육의 노작 활동에 대한 현상학적 접근. 실과교육연구, 19(1), 1-22.

박병애(2022). 기독 북한이탈여성의 외상 후 성장에 대한 질적 연구: 밴 매넌(Van Manen)의 해석학적 현상학 연구방법. 신앙과 학문, 27(3), 147-185.

박은영, 신봉자, 정희자, 김희량, 김영미(2020). 임상간호사의 상급종합병원에서 종합병원으로의 이직경험: 현상학적 연구. 대한질적 연구학회지, 5(1), 14-25.

박인철(2007). 현상학에서 낯설음의 문제. 철학과 현상학 연구, 33, 181-207.

박정혜, 전인숙(2008). 신규간호사의 임상적응 경험에 관한 현상학적 연구. 질적 연구, 9(2), 99-110.

변기용(2020). 근거이론적 방법: 현장 기반 이론 생성을 위한 질적 연구. 서울: 학지사.

서유진(2021). 국내 특수교육 관련 학술지에 나타난 질적 연구 동향 분석. 초등교육연구, 32(1), 147-156.

손민호, 조현영(2014). 민속방법론: 현상학적 사회학과 질적 연구. 서울: 학지사.

손승아(2001). 어머니로의 적응과정에 관한 현상학적 접근. 심리치료: 다학제적 접근, 1, 97-118.

신경림, 조명옥, 양진향(2004). 질적 연구방법론. 서울: 이화여자대학교출판부.

신혜원(2021). 간호학에서 질적 연구 동향 분석(2011~ 2020년). 질적 연구, 22(2), 61-73.

연희원(2003). 현상학적 영화이론. 철학과 현상학 연구, 21, 365-388.

유태균(1992). 레저경험의 질적차원에 관한 현상학적 연구. 한국여가레크리에이션학회지, 9, 39-51.

유혜령(2013). 현상학적 질적 연구에 대한 오해와 이해: 연구 논리와 연구 기법 사이에서 길 찾기. 현상해석학적교육연구, 10(1), 5-31.

유혜령(2015). 현상학적 질적 연구의 논리와 방법: Max van Manen의 연구방법론을 중심으로. 가족과 상담, 5, 1-20.

윤택림(2013). 문화와 역사연구를 위한 질적 연구방법론. 서울: 아르케.

이근호(2007). 질적 연구방법론으로서의 현상학-독특성과 보편성 사이의 변증법적 탐구 양식. 교육인류학연구, 10(2), 41-64.

이남인(2004). 현상학과 해석학. 서울: 서울대학교 출판부.

이남인(2014). 현상학과 질적 연구: 응용현상학의 한 지평. 경기: 한길사.

이남인(2019). 현상학적 질적 연구 심사자를 위한 현상학과 질적 연구. 질적 연구, 20(1), 1-14.

이동성(2012). 질적 연구와 자문화 기술지. 경기: 아카데미프레스.

장연집(2000). 건강을 위한 심리학과 현상학적 질적 연구. 질적 연구, 1(1), 1-11.

장연집, 강차연(2004). 미술심리치료를 통해 여성건강 체험을 다룬 현상학적 질적 연구의 분석. 여성연구논총, 19, 23-39.

전정화, 엄태완(2019). 미혼모의 체험에 대한 현상학 연구. 인문사회 21, 10(6), 1469-1484.

정상원(2018). van Manen의 해석학적 현상학의 방법론적 탐구. **질적탐구**, 4(1), 1-30.

정상원(2022). 사회과학 연구방법론으로서 현상학적 질적 연구의 개념 탐색. **질적탐구**, 8(4), 1-37.

정인재(2004). 현상학적 윤리학 정립을 위한 양명 철학적 시론. **철학과 현상학 연구**, 22, 131-153.

조현주, 노승혜, 이현예, 정현희(2019). 자기비난 체험과정에 대한 현상학 연구. **한국심리학회지 상담 및 심리치료**, 31(4), 1053-1089.

조혜경(2022). 영아 관련 질적 연구 동향 분석: 2011년~2021년 KCI 등재학술지를 중심으로. **학습자중심교과교육연구**, 22(19), 645-659.

천세근(2013). 현상학적 디자인프로세스를 적용한 서울디자인센터 실내디자인 연구. **디자인학연구**, 26(3), 363-377.

최종윤, 손영수(2012). 정신지체 아동의 장애인생활시설 내에서의 집단놀이 활동을 통한 타인과 어울리기에 대한 현상학적 연구. **현상해석학적 교육연구**, 9(1), 5-29.

최주희, 남현우(2017). 시설보호 청소년의 음악치료 경험에 대한 현상학적 질적 연구. **예술심리치료연구**, 13(2), 181-202.

홍성하(2002). 질적 연구와 현상학. **대동철학**, 19, 209-225.

홍성하(2011). 간호학에서의 '돌봄'(caring)에 대한 현상학적 연구. **철학과 현상학 연구**, 50, 213-241.

Aldiabat, K. M., & Le Navence, C. L. (2011). Philosophical roots of classical grounded theory: Its foundation in symbolic interaction. *The Qualitative Report, 16*(4), 1063-1080.

Colaizzi, P. E. (1978). Psychological alternatives for psychologist view it. In R. S. Valle & M. King (Eds.), *Existential-phenomenological alternatives for psychology*. New York: Oxford University Press.

Creswell, J. W., & Poth, C. N. (2017). *Qualitative inquiry and research design: Choosing among five approaches* (4th ed.). Los Angeles: Sage.

Crotty, M. (1996). *Phenomenology and nursing research*. South Melbourne, Vic.: Churchill Livingstone.

Dowling, M. (2007). From Husserl to van Manen: A review of different phenomenological approaches. *International Journal of Nursing Studies, 44*(1), 131–142.

Friesen, N., Henriksson, C., & Saevi, T. (Eds.). (2012). *Hermeneutic phenomenology in education: Method and practice*. Rotterdam, Boston: Sense Publishers.

Giorgi, A. (1985). *Phenomenology and psychological research*. Pennsylvania: Duquesne University Press.

Giorgi, A. (1992). Description versus interpretation: Competing alternative strategies for qualitative research. *Journal of Phenomenological Psychology, 23*(2), 119–135.

Giorgi, A. (1997). The theory, practice, and evaluation of the phenomenological method as a qualitative research procedure. *Journal of Phenomenological Psychology, 28*(2), 235–260.

Giorgi, A. (2000). Concerning the application of phenomenology to caring research. *Scandinavian journal of caring sciences, 14*(1), 11–15.

Giorgi, A. (2005). The phenomenological movement and research in the human sciences. *Nursing science quarterly, 18*(1), 75–82.

Giorgi, A. (2009). *Descriptive phenomenological method in psychology: A modified Husserlian approach*. Duquesne University Press.

Hassani, P., Izadi–Avanji, F. S., Rakhshan, M., & Majd, H. A. (2017). A phenomenological study on resilience of the elderly suffering from chronic disease: A qualitative study. *Psychology Research and Behavior Management, 10*, 59–67.

Hermann, R. S. (2013). High school biology teachers' views on teaching evolution: Implications for science teacher educators. *Journal of Science Teacher Education, 24*(4), 597–616.

Irandoost, S. F., Ziapour, A., Gharehghani, M. A. M., Azar, F. E. F., Soofizad, G., Khosravi, B., & Solhi, M. (2020). Experiences and challenges of prostitute women in Iran: A phenomenological qualitative study. *Heliyon, 6*(12), e05649.

Maarout, H. (2019). Pragmatism as a supportive paradigm for the mixed research approach: Conceptualizing the ontological, epistemological, and axiological stances of pragmatism. *International Business Research, 12*(9), 1–12.

Moustakas, C. (1994). *Phenomenological research methods.* Thousand Oaks, Calif.: Sage.

Paley, J. (1997). Husserl, phenomenology and nursing. *Journal of Advanced Nursing, 26*(1), 187–193.

Paley, J. (1998). Misinterpretive phenomenology: Heidegger, ontology and nursing research. *Journal of Advanced Nursing, 27*(4), 817–824.

Pinar, W. (1994). *Autobiography, politics, and sexuality: Essays in curriculum theory 1972–1992.* New York: Peter Lang.

Rake, C., & Paley, G. (2009). Personal therapy for psychotherapists: The impact on therapeutic practice. A qualitative study using interpretative phenomenological analysis. *Psychodynamic Practice, 15*(3), 275–294.

Rochette, A., Tribble, D. S. C., Desrosiers, J., Bravo, G., & Bourget, A. (2006). Adaptation and coping following a first stroke: A qualitative analysis of a phenomenological orientation. *International Journal of Rehabilitation Research, 29*(3), 247–249.

Smith, J. A., Flowers, P., & Larkin, M. (2009). *Interpretative phenomenological analysis.* California: SAGE.

Teskereci, G., & Boz, İ. (2019). "I try to act like a nurse": A phenomenological qualitative study. *Nurse Education in Practice, 37,* 39–44.

Todd, A., Holmes, H., Pearson, S., Hughes, C., Andrew, I., Baker, L., & Husband, A. (2016). 'I don't think I'd be frightened if the statins went': A phenomenological qualitative study exploring medicines use in palliative care patients, carers and healthcare professionals. *BMC Palliative Care, 15*(1), 1–7.

Vagle, M. D. (2014). *Crafting phenomenological research.* Walnut Creek, California: Left Coast Press, Inc.

van Kaam, A. (1966). *Existential foundations of psychology.* Pittsburgh, PA: Duquesne University Press.

van Manen, M. (1990). *Researching lived experience: Human science for an action sensitive pedagogy.* Albany, N.Y.: State University of New York Press.

van Manen, M. (2014). *Phenomenology of practice*. Walnut, CA.: Left Coast Press.

van Manen, M. (2017a). But is it phenomenology?. *Qualitative Health Research, 26*(6), 775–779.

Wa–Mbaleka, S., & Rosario, A. (2022). *The sage handbook of qualitative research in the Asian context* (1st ed.). Los Angeles; London: Singapore; Washington DC; Melbourne: Sage.

Willig, C., & Rogers, W. S. (Eds.) (2017). *The sage handbook of qualitative research in psychology* (2nd ed.). Thousand Oaks, CA: SAGE.

Zahavi, D. (2019). Getting it quite wrong: Van Manen and Smith on phenomenology. *Qualitative Health Research, 29*(6), 900–907.

찾아보기

01 근거이론

인명

내용명

02 내러티브 탐구

인명

내용명

03 문화기술지

인명

내용명

04 사례연구

인명

내용명

05 생애사 연구

인명

내용명

06 실행연구

인명

내용명

07 초상화법

인명

내용명

08 포토보이스

09 합의적 질적 연구

10 현상학적 질적 연구

인명

내용명

저자 소개

홍영숙(Hong, Young Suk)

캐나다 University of Alberta 박사(내러티브 탐구 전공, 교육학)

전 ▸ 캐나다 Mahatma Gandhi Canadian Foundation for World Peace, Educational Coordinator
캐나다 University of Alberta, Visiting Scholar
중원대학교 교양학부 교수
중원대학교 국제교류원장, 교양학부장

현 ▸ 한국내러티브탐구연구소 소장
한국질적탐구학회 회장
한국내러티브교육학회 부회장

주요 저서 및 논문

- 『내러티브 탐구』 (2024, 학지사)
- 「'관계적 탐구'로서의 내러티브 탐구」 (2019, 질적탐구)
- 「캐나다의 한국계 이민 가정 자녀의 언어 중개(Language Brokering) 경험 탐구: 부모와의 관계성을 중심으로」 (2019, 교육문화연구)

강이화(Kang, E Wha)

독일 Georg August Universitaet Goettingen 박사(교육과정 전공, 교육학)

전 ▸ 한국대학교육협의회 고등교육연구소 연구원

현 ▸ 부산교육대학교 교육학과 교수(교육과정)

주요 저서 및 논문

- 『교육과정 연구방법론』 (공저, 2023, 교육과학사)
- 「쿠레레 접근을 통한 초등 초임교사의 교원 양성 교육과정 경험 탐색」 (공동, 2025, 한국교원교육연구)
- 「교사와 학부모의 교육혁신의 의미찾기와 주체되기에 관한 연구」 (2020, 성인계속교육연구)

김동민(Kim, Dong Min)

미국 Lesley University 표현예술치료학 박사
이화여자대학교 심리학 박사(발달 및 발달임상 전공)

현 ▸ 전주대학교 예술심리치료학과 교수
한국질적탐구학회 이사 및 연구윤리위원장
(사)전국음악치료사협회 이사

주요 저 · 역서

- 『Music Therapy Research』 (3판, 공저, 2016, Barcelona Publishers)
- 『음악심리치료』 (공저, 2010, 학지사)
- 『음악치료 핸드북』 (공역, 2016, 시그마프레스)

김한별(Kim, Han Byul)

미국 University of Georgia(성인교육 전공, 철학박사)

현 ▸ 한국교원대학교 교육학과 교수

주요 저 · 역서

- 『평생교육론』 (4판, 2025, 학지사)
- 『질적연구방법의 이해』 (공저, 2018, 박영스토리)
- 『프레이리의 교사론』 (2020, 오트르랩)

박승민(Park, Seung Min)

서울대학교 박사(교육상담 전공, 교육학)

전 ▸ 숭실대학교 상담센터 센터장/부부가족상담연구소장
(사) 한국상담학회 법인이사
(사) 한국상담학회 산하 심리치료상담학회 회장

현 ▸ 숭실대학교 기독교학과 상담심리 전공 교수

주요 저서 및 논문

- 『개념도 연구방법을 활용한 상담연구과정』 (공저, 2023, 박영스토리)
- 『근거이론 접근을 활용한 상담연구과정』 (공저, 2012, 학지사)
- 「상담자가 경험하는 정서작업의 어려움과 대처 과정」 (공동, 2025, 한국심리학회지: 상담 및 심리치료)

오영범(Oh, Young Beom)

부산대학교 박사(교육공학 전공, 교육학)

전 ▸ 경상남도교육청 초등교사, 장학사
부산대학교, 진주교육대학교, 전주교육대학교, 창원대학교, 창신대학교, 부산외국어대학교, 경성대학교 외래강사

현 ▸ 창원용남초등학교 교감

주요 저서 및 논문

- 『포토보이스: 사회변화를 위한 목소리』 (2023, 교육과학사)
- 『교사 전문성과 수업: 질적 연구를 통한 실천적 접근』 (2017, 교육과학사)
- 「생성형 인공지능과 교육에 관한 언론보도 토픽 분석」 (공동, 2024, 학습자중심교과교육연구)

이동성(Lee, Dong Sung)

부산대학교 박사(교육사회학 전공, 교육학)

전 ▸ 국가교육회의 전문위원
전주교육대학교 기획처장
한국질적탐구학회장

현 ▸ 전주교육대학교 초등교육과 교수(교육사회학, 평생교육)

주요 저서

- 『질적 연구와 자문화기술지』 (2판, 2020, 아카데미프레스)
- 『작은 학교가 희망이다』 (2018, 기역)
- 『생애사 연구』 (2015, 아카데미프레스)

이현주(Lee, Hyun Ju)

미국 University of Illinois at Urbana-Champaign(Curriculum & Instruction, 과학교육전공)

전 ▸ 서울 숭인중학교 교사

현 ▸ 이화여자대학교 과학교육과 교수
한국질적탐구학회 부회장
학습자중심교과교육학회 부회장
한국과학교육학회 부회장

주요 저서

- 『함께 해보는 과학기술 쟁점해결과 실천: ENACT 프로젝트』 (공저, 2022, 박영스토리)
- 『SSI 교육이란 무엇인가』 (2018, 박영스토리)
- 『질적연구: 열다섯 가지 접근』 (공저, 2017, 아카데미프레스)

정상원(Jung, Sang Won)

경북대학교 박사(교육과정 전공, 교육학)

전 ▸ 경상남도교육청 초등교사

현 ▸ 춘천교육대학교 교육학과 교수(교육과정, 수업, 교육평가)

주요 저서 및 논문

- 『질적연구방법론 V: Data Analysis』 (공저, 2017, 아카데미프레스)
- 「교육연구방법론으로서 이방인 탐구의 가능성 탐색」 (공동, 2024, 문화교류와 다문화교육)
- 「사회과학 연구방법론으로서 현상학적 질적 연구의 개념 탐색」 (2022, 질적탐구)

조재성(Jo, Jae Seong)

한양대학교 박사(교육과정 전공, 교육학)

전 ▸ 경상남도교육청 초등학교 교사

현 ▸ 광주교육대학교 교육학과 조교수

주요 저서 및 논문

- 『실행연구: 이론과 방법』 (공저, 2016, 아카데미프레스)
- 「교육대학교에서의 '창의적 체험활동 교육론' 교과목 개발과 운영에 관한 실행연구」 (2024, 한국교원교육연구)
- 「전남 초등학교 교사들의 소규모 학교 근무 경험 탐색」 (공동, 2024, 질적탐구)

용어로 이해하는 질적 연구방법

Qualitative Research Methods Understood Through Terminology

2025년 12월 20일 1판 1쇄 인쇄
2025년 12월 30일 1판 1쇄 발행

지은이 • 홍영숙, 강이화, 김동민, 김한별, 박승민,
오영범, 이동성, 이현주, 정상원, 조재성

펴낸이 • 김진환

펴낸곳 • (주) 학지사
04031 서울특별시 마포구 양화로 15길 20 마인드월드빌딩

대표전화 • 02)330-5114 팩스 • 02)324-2345

등록번호 • 제313-2023-000041호

홈페이지 • http://www.hakjisa.co.kr
인스타그램 • https://www.instagram.com/hakjisabook

ISBN 978-89-997-3600-1 93370

정가 23,000원

저자와의 협약으로 인지는 생략합니다.
파본은 구입처에서 교환해 드립니다.